REFORMA SANITÁRIA
Em busca de uma teoria

Dados Internacionais de Catalogação na Publicação (CIP)
(Câmara Brasileira do Livro, SP, Brasil)

Reforma sanitária : em busca de uma teoria / Sonia Fleury Teixeira, organizadora – 4. ed. – São Paulo : Cortez ; Rio de Janeiro : Associação Brasileira de Pós-Graduação em Saúde Coletiva, 2011.

ISBN 978-85-249-0189-8

1. Política médica – Brasil 2. Saneamento – Brasil 3. Saúde Pública I. Teixeira, Sonia Maria Fleury. II. Série

CDD-363.720981
89-0959 -362.10981

Índices para catálogo sistemático:

1. Brasil : Política de saúde : Bem-estar social 362.10981
2. Brasil : Política sanitária : Problemas sociais 363.720981
3. Brasil : Reforma sanitária : Problemas sociais 363.720981

SONIA FLEURY TEIXEIRA
Organizadora

CARLOS NELSON COUTINHO • EDMUNDO GALLO
GERALDO LUCCHESI • JENI VAITSMAN
MARIA HELENA MENDONÇA • PAULO CÉSAR NASCIMENTO
ROMUALDO DÂMASO • SARAH ESCOREL
SILVIA GERSCHMAN • SONIA FLEURY TEIXEIRA

REFORMA SANITÁRIA

Em busca de uma teoria

4ª edição

CORTEZ EDITORA

REFORMA SANITÁRIA. Em busca de uma teoria.
Carlos Nelson Coutinho, Edmundo Gallo, Geraldo Lucchesi, Jeni Vaitsman, Maria Helena Mendonça, Paulo César Nascimento, Romualdo Dâmaso, Sarah Escorel, Silvia Gerschman, Sonia Fleury Teixeira

Capa: Edição de arte: Roberto Yukio Matuo
Arte-final: Maria Regina da Silva
Ilustração: Milton José de Almeida
Revisão: Maria de Lourdes de Almeida
Composição: Dany Editora Ltda.
Coordenação editorial: Danilo A. Q. Morales

Direitos para esta edição
CORTEZ EDITORA
Rua Monte Alegre, 1074 – Perdizes
05014-001 – São Paulo – SP
Tel.: (11) 3864-0111 Fax: (11) 3864-4290
E-mail: cortez@cortezeditora.com.br
www.cortezeditora.com.br

Impresso no Brasil – março de 2011

OS AUTORES

- CARLOS NELSON COUTINHO, filósofo, com doutorado em ciência política
- EDMUNDO GALLO, médico, especialista em medicina social com mestrado em saúde pública
- GERALDO LUCCHESI, farmacêutico-bioquímico, sanitarista, com mestrado em saúde pública
- JENI VAITSMAN, socióloga, mestre em antropologia, com doutorado em sociologia
- MARIA HELENA MAGALHÃES DE MENDONÇA, socióloga, com mestrado em saúde pública
- PAULO CÉSAR NASCIMENTO, historiador, mestre em história e em filosofia
- ROMUALDO DÂMASO, sociólogo, com mestrado em ciência política, especialista em medicina alternativa e práticas alimentares
- SARAH ESCOREL, médica, especialista em saúde pública, mestre em saúde pública
- SILVIA GERSCHMAN, socióloga, mestre em sociologia, com doutorado em saúde pública
- SONIA FLEURY TEIXEIRA, psicóloga, mestre em sociologia, com doutorado em ciência política

"Y como contestación a las objeciones anárquicas de que aplazamos la Revolución Socialista, diremos: no la aplazamos, sino que damos el primer paso hacia la misma por el único procedimiento posible, por la única senda certera, a saber: por la senda de la república democrática.

Quien quiera ir al socialismo por otro camino que no sea el de la democracia política, llegará infaliblemente a conclusiones absurdas y reaccionarias, tanto en el sentido económico como en el político."

(LÊNIN, "Dos tacticas de la social democracia en la revolución democrática", in *Obras escogidas,* Editorial Progresso, Moscou)

Esta coletânea é um dos produtos da pesquisa “Estudos das políticas e estratégias de construção do sistema de saúde: perspectivas da Reforma Sanitária”, financiada pelo Programa de Estudos Sobre Políticas de Saúde (PESPS) do Ministério da Saúde/Banco Mundial/IPEA, através da Secretaria de Ciência e Tecnologia do Ministério da Saúde, e realizada pelo Núcleo de Estudos Político-Sociais em Saúde da Escola Nacional de Saúde Pública, com o apoio da Presidência da Fiocruz.

SUMÁRIO

APRESENTAÇÃO

Muito se tem escrito, em anos recentes, sobre a política de saúde do Estado brasileiro, ora realizando-se análises conjunturais, ora buscando encontrar relações explicativas entre atores sociais, projeto de sociedade e saúde, em periodizações da prática médica e dos modelos de organização de serviços com maior ou menor grau de consistência.

Já as indagações teóricas em torno dos elementos determinantes da formulação e execução das políticas sociais em geral e da política de saúde em particular, não têm recebido a abordagem sistemática que exige sua importância no contexto científico e político que vive a moderna sociedade brasileira.

O Núcleo de Estudos Político-sociais em Saúde (NUPES) do Departamento de Administração e Planejamento em Saúde da Escola Nacional de Saúde Pública/FIOCRUZ, constituído em anos recentes, e trabalhando ativamente em torno da questão, passou a colocar sucessivos questionamentos teóricos em torno do movimento que se convencionou chamar de Reforma Sanitária Brasileira. E o fez no contexto do projeto de pesquisa "Estudos das Políticas e Estratégias de Construção do Sistema de Saúde: Perspectivas da Reforma Sanitária Brasileira", financiada pela FIOCRUZ, pela FINEP e pela Secretaria de Ciência e Tecnologia do Ministério da Saúde.

Buscando uma atitude inovadora frente ao exercício da prática científica, o grupo constituído vem trabalhando orientado por uma original formulação coletiva do quadro teórico-metodológico, a realização de Seminários de Pesquisa abertos a outros pesquisadores com interesses nesta área de trabalho (intermediários no trabalho de investigação) e o concurso de profissionais de diversas formações básicas: ciência política, medicina, sociologia, enfermagem, economia e filosofia. Este trabalho multidisciplinar, a despeito das dificuldades de sua concretização, tem oportunizado inúmeros bons resultados: um texto de apoio da coleção da ENSP sobre *Antecedentes da Reforma Sanitária* foi seu primeiro produto, reunindo um amplo conjunto de reflexões, analisando as conjunturas do sanitarismo desenvolvimentista (1955-64) e a privatização do social na modernização autoritária (1964-74).

Após a realização de dois Seminários de Pesquisa, com a apresentação das hipóteses e grandes delineamentos da pesquisa, e a participação de grande número de pesquisadores externos ao projeto, incluindo os experimentados Profs. Giovani Berlinguer — professor da Universidade de Roma e, na qualidade de Senador italiano, um dos políticos mais comprometidos com a Reforma Sanitária daquele país — e Carlos Nelson Coutinho, cientista político brasileiro, partia o grupo para a realização dos estudos, trabalho que resulta neste *Em busca de uma teoria da Reforma Sanitária.*

No seu primeiro artigo, "Reflexões teóricas sobre Democracia e Reforma Sanitária", Sonia Fleury — coordenadora do projeto de pesquisa e organizadora da coletânea — introduz bases fundamentais para a compreensão do papel das políticas de saúde como projeto setorial de um Estado que, numa sociedade de classes, representa inequivocadamente os interesses da classe dominante, sem deixar de apresentar a possibilidade de expressão dos interesses contra-hegemônicos na aparente homogeneidade do Estado. Discute amplamente as dificuldades enfrentadas pela concepção histórico-estrutural, que usa, na análise das questões da saúde no interior da sociedade, apontando, entretanto, um elenco criativo de saídas metodológicas e hipóteses inovadoras que buscam explicar a emergência do conceito de Reforma Sanitária num contexto democrático.

Carlos Nelson discute como, notadamente na teoria social moderna, aparecem as questões da representação de interesses, da formulação de políticas e da hegemonia, categorias fundamentais no esquema conceitual e analítico do projeto de pesquisa sobre a Reforma Sanitária do NUPES e, por conseqüência, da presente publicação. Enfatiza as visões do liberalismo de Locke, a rigorosa visão do "interesse de classes de Marx e, fundamentalmente, do renovador da teoria marxista, Antonio Gramsci.

A identificação de atores significativos na cena política de construção dialética do conceito e da prática da Reforma Sanitária desdobra-se nos capítulos seguintes do livro, escritos pelos pesquisadores envolvidos no projeto, jovens e promissores, investindo com seriedade e madura reflexão nos objetos de suas dissertações. A individualização dos atores ou dos campos temáticos envolvidos com a questão da Reforma Sanitária, para melhor examiná-los, longe de atomizar a análise, permite vislumbrar uma expressiva unidade conceitual e metodológica que percorre o livro inteiro.

As questões relativas ao saber e à prática científica no interior do movimento sanitário; do corporativismo de grupos privados organizados; e da burocracia estatal identificados como elementos importantes na configuração das propostas e da prática da Reforma Sanitária — são examinadas, respectivamente, por Romualdo Dâmaso, Jeni Vaitsman e Geraldo Lucchesi. Trazem ângulos novos e instigantes para as questões que abordam, como se verá.

Romualdo Dâmaso estabelece, inicialmente, sua compreensão dos conceitos em torno dos quais se moverá, *saber* e *práxis*, usando alguns dos seus formuladores modernos (mas já clássicos): Bachelard e Foucault. No seu texto, realiza fundamentalmente uma leitura muito interessante das formulações relativas ao saber e a práxis científica do chamado *movimento sanitário*, e sua articulação no plano político, com o exame de alguns trabalhos fundamentais de Arouca, Donnangelo e outros.

Partindo do entendimento que, na teoria política e sociológica, o termo corporativismo tem sido aplicado para designar diferentes ordens de fenômenos, Jeni Vaitsman revisa inicialmente o uso corrente do conceito, para deter-se na sua utilização visando esclarecer a relação entre representação de interesses organizados e formulação de políticas. Analisa sumariamente os casos da indústria farmacêutica, dos empresários de hospitais e do movimento sanitário para ilustrar, no campo da saúde, a aplicação do conceito.

Lucchesi examina a burocracia estatal como espaço de luta política, tratando inicialmente a questão de um ponto de vista mais teórico e, a seguir, examinando com mais detalhes, o caso brasileiro e, particularmente, o da burocracia no setor saúde.

O texto de Silvia Gerschman disserta sobre a formulação de políticas sociais no estado capitalista e o faz tomando como referência a leitura de diferentes autores e abordagens teóricas, que contextualiza e das quais aponta possibilidades e limitações. A proposta de um enfoque integrado na análise das políticas sociais, com uma preocupação final centrada sobre a questão da política de saúde no caso brasileiro, completam o capítulo.

O capítulo elaborado por Edmundo Gallo e Paulo César Nascimento, a partir da introdução das categorias gramscianas de hegemonia e bloco histórico, discute o processo recente de formulação de políticas de saúde. Relacionando as disputas pela direção setorial — a questão da luta pela hegemonia no plano social, apontam as dificuldades e as perspectivas na construção de um movimento sanitário — possível manifestação setorial de um novo bloco histórico — que consiga contrapor-se ao projeto neo-liberal.

A discussão sobre a possibilidade da luta específica no campo da saúde (a partir do desenvolvimento de uma consciência sanitária) vir a se transformar em questão nacional é a tônica do texto de Sarah Escorel. Utilizando as categorias gramscianas de questão nacional, hegemonia, bloco histórico e intelectual orgânico, a autora procura identificar o papel do chamado movimento sanitário na construção de valores ideológicos na classe trabalhadora e da luta da saúde na construção de uma sociedade socialista.

O capítulo final reveste-se de especial interesse na medida em que procura indagar acerca das semelhanças e diferenças dos processos em curso no campo da saúde na Itália e Brasil, países sabidamente distintos seja ao se considerar os perfis social, econômico e político, seja na própria história de ambos os países. O esforço de Sonia Fleury e Maria Helena Mendonça é regiamente compensado, pois logram as autoras realizar uma abordagem rica e precisa dos dois casos, com destaque para o trabalho sobre o Brasil, e apontar o papel dos diferentes atores políticos (sindicatos, movimento médico, políticos etc.) na construção de ambos os projetos, brasileiro e italiano.

Finalmente, merece especial menção a coexistência de duas funções simultâneas no trabalho do grupo da pesquisa (e autores do livro): ao tempo em que indaga, examina, registra, conclui, ou seja, realiza o trabalho de investigação, investe também no plano político, atuando junto à entidades governamentais, científicas e da sociedade civil: as descobertas da prática científica aliadas à prática política, numa interação dialética que beneficia a sociedade e enriquece a reflexão dos pesquisadores.

Devo, por fim, compartilhar com o leitor que — curioso e meticuloso, pois lê desde os créditos e orelhas, passando pela apresentação — chegou até aqui, as dificuldades de apresentar um livro tão rico em detalhes, ângulos de visão, abordagens inovadoras e argutas hipóteses. Assim, convido-o a passar direto para os textos constitutivos desta publicação para emergir, do outro lado da leitura, com a certeza de ter percorrido um texto fundamental para a compreensão deste complexo processo que é a Reforma Sanitária Brasileira.

Paulo Marchiori Buss

Rio de Janeiro, maio de 1989.

REFLEXÕES TEÓRICAS SOBRE DEMOCRACIA E REFORMA SANITÁRIA

Sonia Fleury Teixeira

1. SAÚDE: DETERMINAÇÕES ESTRUTURAIS E CIDADANIAS

A introdução da concepção histórico-estrutural à área de saúde inaugura um novo paradigma no conhecimento da relação entre medicina e sociedade e conseqüentemente do papel do Estado nessa relação.

O aprofundamento do estudo sobre a relação entre Estado e Saúde sob a ótica histórico-estrutural se dá pela reafirmação do caráter de classe das sociedades modernas, cujo reconhecimento torna-se vital à análise dos determinantes do crescimento da intervenção estatal na sociedade em geral, particularmente na saúde.

Em poucas palavras, podemos identificar as relações entre a estrutura de classes e as políticas e práticas no campo da saúde em três níveis:

— ao nível econômico, através das diferentes necessidades de reprodução ampliada do capital que incidem ou se realizam através do setor saúde;

— ao nível político, ao compreender as políticas de saúde como parte do processo de legitimação do poder do Estado, e, conseqüentemente, da manutenção do domínio de classe;

— ao nível ideológico, ao desvendar as articulações entre a produção científica, as práticas sociais e o conjunto de valores que organiza o universo cultural e moral dos profissionais de saúde, com a inserção desses agentes na estrutura social.

Embora esse seja um esquema abrangente, que pode dar conta de uma multiplicidade de aspectos envolvidos na dinâmica atual de saúde, superando todos os modelos teóricos precedentes, sua maior limitação reside no tratamento dado aos diferentes níveis analíticos mencionados.

Nesse sentido, observa-se que todas as interpretações convergem para a explicação mais fundamental, relativa às articulações entre saúde e produção econômica. Os níveis político e ideológico, embora presentes, não recebem um tratamento capaz de elucidar não só sua dinâmica própria, como também as relações contraditórias com os outros níveis. Reproduzem-se no campo da saúde as dificuldades encontradas no marxismo com relação à problemática da determinação entre os níveis infra-estrutural e super-estrutural.

A incorporação do método e categorias marxistas ao setor saúde convergiu para a construção de um esquema analítico da intervenção do Estado através das políticas de saúde. Inicialmente, a partir da categoria *medicina estatal*, buscava-se apreender tanto as modificações do aparelho do Estado como resposta às alterações do papel da medicina no processo de acumulação, quanto as modificações na própria prática médica enquanto uma ação estatal.

Esses estudos convergiram para a busca de explicações para o crescimento da intervenção estatal no setor, estabelecendo um modelo de determinações simultâneas em que esse fenômeno era creditado "ao crescimento das necessidades sociais, que são determinadas tanto pelo processo de acumulação de capital como pela elevação do nível da luta de classes" (Navarro, V., 1983: 88-100).

Essa afirmação fazia-se acompanhar por duas precauções metodológicas:

1ª "Não há uma única explicação para políticas sociais: elas se explicam pela combinação, e a natureza e o número destas combinações dependerão das origens históricas de cada fator, da forma política que os fatores determinem sua relação com os outros e de sua função nessa formação social específica;

2ª "não há um corte dicotômico claro entre as necessidades sociais do capital e as demandas sociais do trabalho. Qualquer política utilizada pode servir a ambas" (1983: 147).

A primeira característica desse modelo explicativo é o abandono da noção de causalidade e sua substituição pelo conceito de determinação. Assim, a concepção de determinação, oriunda da categoria determinação social do processo saúde/doença, permite superar mesmo os modelos multicausais, ao introduzir a noção de determinações contraditórias e simultâneas decorrentes de necessidades do capital e do trabalho.

Embora o modelo pretendesse incorporar a análise da determinação como desenvolvimento e superação de contradições dialéticas, na verdade suas aplicações ficaram muito aquém das intenções. Provavelmente como conseqüência do pouco desenvolvimento das discussões ao nível epistemológico, a utilização do modelo de determinação tem sofrido freqüentes truncamentos mecanicistas, ao procurar enquadrar as políticas sociais ora sob o ângulo da acumulação, ora sob a perspectiva da legitimação.

Apesar da grande utilização desse modelo na explicação das políticas de saúde, e, por certo, de sua grande utilidade como instrumental analítico, há necessidade de estudos epistemológicos que busquem desenvolver a noção de determinação da intervenção estatal no campo da saúde.

Eis algumas questões que mereciam ser aprofundadas:

— As relações entre modelos de causalidade distintos: a social, em busca de especificidades históricas, e a biológica, que trata das generalizações ao nível da espécie. Embora essas questões tenham sido tratadas no âmbito da epidemiologia social, a mera transposição do conceito de determinação para o campo da análise política da intervenção do Estado não pode ignorar que ao lidar com políticas de saúde deve-se recorrer a outros parâmetros.

— As relações de determinação em última instância do econômico e a sobredeterminação dos níveis superestruturais — político e ideológico — no campo da saúde. A mera identificação de uma periodização da prática médica e dos modelos de organização dos serviços como decorrência das demandas ao nível do processo produtivo não tem sido capaz de dar conta da dinâmica contraditória introduzida pelas determinações situadas ao nível das lutas políticas na esfera da reprodução e dos valores e ideologias que se reproduzem no campo da saúde e no interior da prática médica.

— A relação dialética entre as necessidades do capital e as do trabalho, que incidem e conformam o campo das políticas de saúde de modo a evitar uma polarização mecânica entre supostas "políticas sanitárias de acumulação" e "políticas sanitárias de legitimidade", sem, no entanto, cair em uma integração mistificadora dos conflitos e contradições que se expressam ao nível da reprodução.

Finalmente, um último problema relacionado à aplicabilidade desse modelo diz respeito à sua concepção estrutural-funcionalista. Ao pretender deduzir de uma análise estrutural do Estado capitalista as funções das políticas sociais (Faleiros, 1980), termina-se por reduzir a política social (ou toda a política pública) a um mero papel de reprodução do modo de produção nos níveis econômico e/ou superestrutural (Oliveira, J., 1988). Independentemente da evidência acumulada sobre a funcionalidade das políticas sociais no capitalismo, autores como Coimbra (in Abranches, S. H., 1987) apontam alguns problemas embutidos no modelo marxista-funcionalista, tais como a substituição da reflexão sobre causalidade pela lógica da determinação acumulação x legitimidade, a subordinação das manifestações histórico-concretas a um modelo estrutural e, finalmente, a concepção da determinação como fenômeno externo ao Estado.

A simples introdução da noção de interesses de classe não garante que a análise política ultrapasse o nível da reificação das funções das políticas sociais. A questão da análise dos determinantes da intervenção estatal passa assim a requerer uma reflexão mais acurada da própria natureza do Estado, recuperando a noção básica da contradição e de suas manifestações históricas concretas.

A análise da crescente intervenção do Estado através das chamadas políticas sociais requer, pois, que se compreenda o próprio desenvolvimento da cidadania no Estado moderno, configurando padrões de direitos sociais próprios a cada nação.

Se a coerção estatal é sua própria condição de emergência, enquanto instância separada do econômico, não há como negar sua atuação na articulação do consenso, que vai requerer a busca do fundamento de sua legitimidade em um lugar que seja a negação do fracionamento e da luta que se dão na sociedade.

A cidadania é, ao nível político, a abstração necessária à constituição, fundamento e legitimidade do poder político. Enquanto abstração, que implica uma igualdade formal entre os indivíduos isolados perante o Estado, é condição de reprodução da dominação social desde que nega a existência das relações contraditórias de exploração. Nega inclusive a existência de atores coletivos, classes sociais e seus interesses antagônicos — sendo portanto essencial para a construção da ideologia liberal do Estado como representante da vontade coletiva.

Este efeito de mascaramento é responsável pela reprodução social na medida em que a condição de cidadania passa a ser o fundamento do dever político, ampliando o consenso relativo à ordem política, reservando assim à coerção física uma posição permanente, porém virtual. No entanto, se por um lado a cidadania enquanto relação individual de direito entre o cidadão e o Estado, é a negação da existência das classes sociais, por outro lado, seu reconhecimento, contraditoriamente, foi imprescindível para a constituição, organização e luta das classes dominadas.

Assim como o Estado capitalista é mais que um instrumento da dominação burguesa, devendo ser compreendido em sua natureza complexa, da mesma forma a cidadania é mais que uma mistificação da relação de igualdade burguesa, sendo necessário compreendê-la em sua gênese e desenvolvimento, para além de sua funcionalidade.

A análise dos determinantes da intervenção do Estado através das políticas sociais leva em consideração, inicialmente, duas ordens de fatores: primeiro, que a política social é a resultante possível e necessária das relações que historicamente se estabeleceram no desenvolvimento das contradições entre capital e trabalho, e, ao mesmo tempo, é fator determinante no curso posterior da relação entre as forças sociais fundamentais; segundo, que para o campo das políticas sociais confluem interesses de natureza diversa e mesmo contraditórios, advindos da presença dos atores na cena política, de sorte que a problemática da emergência da intervenção estatal sobre as questões sociais encontra-se quase sempre multideterminada.

Podemos agrupar os determinantes da intervenção estatal em duas grandes categorias: as necessidades decorrentes do processo de *acumulação* capitalista e a luta pela *hegemonia.*

Como será possível observar, mesmo buscando tratar a questão da determinação da intervenção estatal a partir de uma visão que recupera a contradição e reintroduz a luta de classes no interior do próprio Estado, vemos que o esquema analítico baseado nas funções de acumulação X legitimidade acaba por impor restrições à dialética necessária à compreensão da luta pela hegemonia.

No entanto, apesar das limitações representadas pela incorporação de um modelo de determinação oriundo de uma concepção restrita do Estado foi precisamente o aprofundamento dessa discussão

— a nível da determinação da política de saúde — que requereu (e ainda requer) uma ampliação da concepção do Estado.

Ao tratar a dicotomia acumulada X legitimidade foi necessário introduzir a problemática da luta e dos interesses de classe na formulação e implementação das políticas sociais. Os interesses das classes dominadas foram, no início, tratados unicamente como capazes de mobilizar uma ação totalizante e cooptadora via políticas sociais, pelas quais reforçava-se a dominação de classes e legitimava-se o exercício do poder estatal. Ao introduzir os interesses das classes dominadas, mesmo que subordinados, colocou-se a perspectiva e necessidade de se tratar o Estado de forma a comportar a análise da luta de classes. A incorporação das análises dos teóricos marxistas contemporâneos a respeito do Estado possibilitou transpor a compreensão da política pública para além de seu caráter legitimador, como um espaço na luta pela manutenção da hegemonia ou na consolidação de propostas contra-hegemônicas e formação de um novo bloco histórico.

A tentativa de superação da análise de legitimação pela análise da luta pela hegemonia, pela sua própria origem e trajetória, não pôde ainda construir categorias homogêneas na análise das políticas de saúde. Assim, observa-se freqüentemente a utilização do conceito de hegemonia juntamente com uma concepção restrita do Estado, ou conseqüentemente, em franca contradição com uma visão do processo de transformação que absolutiza a "quebra do Estado".

Estas considerações iniciais acerca do modelo de análise dos determinantes da intervenção estatal tiveram o objetivo de apontar caminhos que o nível atualmente alcançado nessa linha de estudos está a indicar como possibilidades em aberto. Não se pretendeu com isso negar validade às análises já realizadas e que constituíram-se na mais profícua vertente interpretativa da questão do Estado na área de saúde.

Um outro campo de aplicação da ciência política à saúde têm sido as análises relativas ao processo de formulação de políticas. Neste caso, procura-se conhecer não apenas os determinantes estruturais da intervenção estatal mas, mais especificamente, os processos históricos que configuram distintos padrões de relação Estado/sociedade, bem como as características dessa configuração no encaminhamento das propostas de mudança do setor saúde. O conhecimento de uma realidade sanitária específica, bem como dos seus processos de formulação de políticas implica considerar o desenvolvimento do aparelho estatal responsável neste campo como um produto do desenvolvimento histórico das relações entre as forças políticas fundamentais. A análise das políticas sociais deverá ter em conta não apenas os modelos de desenvolvimento nacionais como também a ordem política, os regimes políticos que organizam as relações entre os cidadãos, as classes e as instâncias institucionais. Processos políticos implicam, por outro lado, considerar o sistema de representação de interesses e suas conseqüências na política de saúde. Finalmente, todas essas análises convergem para a discussão das estratégias de mudança no setor saúde, isto é, a condução política da Reforma Sanitária.

Como se verá a seguir, a questão da hegemonia só tem seu tratamento mais aprofundado — embora seja ainda muito incipiente — quando rompe-se com o modelo original da dupla determinação em direção à análise das condições de realização da Reforma Sanitária. O estudo da constituição dos padrões de cidadania em distintos contextos nacionais tem inspirado um conjunto de estudos sobre a incorporação das demandas sociais tanto através de um modelo liberal-democrata como a partir do capitalismo autoritário.

O padrão de política social emergente em um contexto de industrialização retardatária foi marcadamente distinto daquele que se originou na liberal-democracia. Em primeiro lugar, há um consenso sobre a necessidade de proteção que perpassa toda a sociedade, e, em segundo lugar, o Estado é o mentor do projeto e não os trabalhadores. Resulta desse processo um sistema de proteção social que não se orienta pelos princípios da universalização e garantia do mínimo vital, mas sim pela diferenciação das categorias de trabalhadores em relação à pauta de benefícios a que têm acesso, quase sempre estabelecidos por uma relação contratual e mantendo uma proporção com as contribuições realizadas pelo trabalhador.

Neste tipo de sistema, além das políticas sociais funcionarem como um mecanismo de preservação das desigualdades do mercado, os benefícios concedidos a certas frações da classe trabalhadora caracterizar-se-iam como privilégios de grupos ao invés de direitos universais da cidadania.

Para Abranches (1984), este padrão conservador traria embutida a lógica da cooptação de setores da sociedade no processo de assimilação das demandas sociais. A segmentação política e legal da classe operária em categorias funcionais, gozando de privilégios diferenciados, tem sido denominada por Santos (1979) sob o conceito de *cidadania regulada*, isto é, regulada pela condição de inserção no mercado de trabalho e sancionada pelo Estado. O desenvolvimento desse modelo de cidadania se faria por expansões horizontais e verticais dos privilégios, e não pela universalização dos direitos. Esse padrão de cidadania regulada pela condição de trabalho tem sido utilizado para descrever a situação latino-americana decorrente das peculiaridades de um processo de acumulação que, além de retardatário, é dependente.

O processo de acumulação latino-americano introduziria características ao nível da composição da classe trabalhadora, cujas conseqüências econômicas e políticas conformariam um padrão distinto de expressão das demandas sociais, bem como de sua assimilação através das políticas sociais.

Diferentemente dos países desenvolvidos, as economias retardatárias/dependentes caracterizam-se pela incorporação de tecnologia elevada e concentradora de capital, de forma abrupta e fragmentada, sem uma articulação orgânica ou um efeito expansivo para o conjunto dos setores produtivos. Essa modalidade desde o início monopolística de organização da produção tem como característica central a heterogeneidade estrutural da economia com a concomitância do processo de expansão das relações capitalistas e a manutenção, como partes integrantes desse processo de acumulação, de formas de inserção na divisão social do trabalho não tipicamente capitalistas (Kowarick, L., 1981: 61). Resulta desse complexo processo de acumulação uma classe trabalhadora altamente heterogênea, com diferentes formas de inserção na produção.

A identidade que será encontrada não será pois enquanto produtores, dada a diversidade apontada, mas enquanto consumidores, na luta por sua reprodução individual e social. Assim como a fábrica é o *locus* da produção, é na família, na casa, no bairro que se desenrolam as lutas na esfera da reprodução. A consciência alcançada, neste caso, é a de cidadania, sendo que a organização não poderá absolutizar o sindicato e o partido. Ao contrário, a proliferação dos movimentos sociais urbanos, de composição policlassista e que tomam o Estado provedor dos meios de consumo coletivos como seu alvo, dá mostras da diversidade apresentada também ao nível da organização.

As possibilidades de articulação entre as diferentes formas de organização passam assim a ser tarefa política fundamental para a superação do caráter fragmentário dos movimentos sociais e da debilidade estrutural do movimento sindical.

2. REGIMES POLÍTICOS E FORMULAÇÃO DE POLÍTICAS SOCIAIS

Se a relação Estado/sociedade pode ser apreendida, do ângulo das políticas sociais, a partir dos distintos padrões de incorporação das demandas, a relação entre regimes políticos e políticas de saúde é mediada pelo processo de formulação e implementação das políticas públicas. Em outras palavras, os sistemas de representação e organização de interesses, os comportamentos e alianças entre atores políticos, suas estratégias e projetos ao nível setorial só alcançam ser compreendidos à luz da análise dos regimes e instituições políticas.

Na América Latina, o principal mecanismo responsável pela proteção social tem sido o sistema de Seguridade Social, que cada vez mais assume um papel predominante no campo da atenção à saúde. A análise política da Seguridade Social identifica dois fatores fundamentais na origem e evolução desses sistemas: os grupos de pressão e a burocracia estatal.

Aqueles que, como Mesa-Lago (1978), enfatizam o papel dos grupos de pressão como fator predominante na evolução de um sistema de Seguridade Social estratificado chamam atenção para o fato de que, quanto maior o poder de pressão dos grupos, maior o número e melhor a qualidade dos benefícios obtidos, enquanto é menor a sua contribuição ao sistema. Para estes analistas, os partidos políticos, e a burocracia estatal participam da definição do modelo de proteção social sempre de forma secundária à atuação dos grupos de pressão.

Autores como Malloy (1883) enfatizam especialmente o papel do Estado em mãos das elites governamentais que, embora respondendo às pressões dos grupos de interesse, deu uma resposta seletiva e altamente política a essas demandas. Assim, os programas de proteção social constituiriam uma forma de acomodação corporativista de grupos sociais emergentes, particularmente dos trabalhadores nos modernos setores capitalistas da economia.

Qualquer uma das vertentes explicativas tem demonstrado, com inúmeras evidências, a aplicabilidade de seu esquema analítico. No entanto, a menos que essas evidências sejam referidas a uma análise mais abrangente tanto da relação Estado/sociedade quanto dos regimes políticos e seus processos institucionais, corre-se o risco de não se ultrapassar o nível descritivo.

Outros autores (Oliveira, J. A. e Teixeira, S. M. F., 1986) procuram assim estudar o comportamento tanto da burocracia quanto dos grupos de interesses nos contextos políticos que têm marcado a trajetória da maioria dos países latino-americanos: os governos populistas, os regimes burocrático-autoritários e, recentemente, os períodos de transição democrática.

Nos regimes populistas houve uma crescente politização das relações sociais, e o mecanismo institucional previdenciário foi fundamental na cooptação de frações dos trabalhadores ao projeto estatal, ao mesmo tempo em que funcionava como canal eficiente de escoamento da demanda política e social desses grupos. O resultado desse processo foi a criação e consolidação de sistemas previdenciários fragmentados, iníquos e pouco abrangentes, que, mesmo assim, representaram um avanço significativo nas condições de vida da população trabalhadora coberta pelo sistema.

A política social caracterizou-se então por ser, ao mesmo tempo, um sistema de exclusão política e social de certos grupos ocupacionais (camponeses, domésticas, autônomos); um sistema de privilégios diferenciais para os grupos mais poderosos (militares, servidores, frações da classe trabalhadora); um mecanismo institucional, administrativo e legal fragmentado, múltiplo e diversificado. Neste sentido, o sistema institucional da seguridade social foi parte atuante de um modelo de corporativização da sociedade que preservou o predomínio de um Estado forte enquanto segmentava a classe trabalhadora em categorias funcionais, através de uma incorporação alienada que impedia sua percepção enquanto classe e sua transcendência em direção aos direitos universais de cidadania.

O colapso do populismo associa-se ao acirramento das contradições no interior da coalização dominante a tal grau que tornou-se impossível preservar o controle de interesses divergentes pelo Estado, que crescentemente perdia a sua capacidade de mobilização e manipulação dos trabalhadores.

A substituição dos governos populistas por ditaduras militares deu origem a uma nova configuração política, os regimes militares autoritário-burocráticos, caracterizados por: exclusão política e econômica dos setores populares, desmobilização e despolitização da sociedade, transnacionalização da estrutura produtiva e criação de uma tecnocracia (civil e militar) detentora de enormes graus de liberdade de decisão (O'Donnell, in Coller [org.], 1982).

A exclusão dos trabalhadores do novo pacto de poder e a desmobilização através de violenta repressão às suas organizações refletiram-se nos aparelhos de política social através da maior ou menor intervenção estatal no sistema previdenciário com o conseqüente afastamento dos trabalhadores de sua direção.

Com relação aos setores dominantes, o fechamento dos canais democráticos de representação de interesses implicou sua substituição por "anéis burocráticos", (Cardoso, F. H., 1975), isto é, formas de articulação de interesses envolvendo a burocracia pública (civil e militar) e a burocracia privada (da grande empresa nacional ou internacional), inserindo e organizando os interesses privados no interior do aparelho estatal.

Desta forma, interesses privados passaram a se incrustrar nos aparelhos de política social, criando uma situação aparentemente paradoxal, no caso da assistência médica em alguns países, em que a crescente intervenção estatal foi o mecanismo que possibilitou a privatização da política pública.

No caso brasileiro, desde o início dos anos 70 acentuaram-se algumas tendências relativas à organização do sistema de saúde:

a) extensão da cobertura previdenciária, de forma a abranger a quase totalidade da população urbana e ainda parte da população rural;

b) reorientação da política nacional de saúde para uma prática médica curativo-individual, especializada e sofisticada, em detrimento de medidas de saúde pública, de caráter preventivo e interesse coletivo;

c) desenvolvimento de um padrão de organização da prática médica orientado em termos da lucratividade, propiciando a mercantilização e empresariamento da medicina através da alocação preferencial dos recursos previdenciários para compra de serviços aos prestadores privados;

d) viabilização de um complexo médico-industrial com a crescente expansão da base tecnológica da rede de serviços e do consumo de medicamentos.

Todo esse processo foi acompanhado por uma modernização administrativa e institucional dos aparelhos governamentais destinados a lidar com as políticas sociais que se caracterizou pela maior especialização de cada órgão ao lado de uma crescente centralização e concentração dos recursos institucionais.

Ao final da década, este modelo já demonstrava suas enormes inadequações à realidade sanitária nacional:

1) A prática médica dominante, curativa, sofisticada e especializada não era capaz de alterar o perfil de morbi-mortalidade no qual persistiam doenças facilmente evitáveis com medidas simples de caráter

preventivo. Ademais, os custos crescentes do cuidado médico inviabilizavam a expansão da cobertura.

2) A ausência de critérios para compra de serviços aos hospitais privados era incompatível com as necessidades crescentes de coordenação e planejamento da rede prestadora de serviços.

3) O alto grau de centralização e fragmentação em dois ministérios responsáveis pela política de saúde criava superposições, descoordenações, ausência de controle etc., reduzindo a eficácia e eficiência da ação governamental.

Essas contradições foram inicialmente acentuadas pela crise financeira da Previdência Social no início dos anos 80, que faz parte do contexto recessivo que atravessam os países em desenvolvimento da América Latina. Por outro lado, o processo de redemocratização colocou novas exigências em termos do equacionamento da enorme dívida social acumulada nos últimos anos, seja em termos do atendimento às necessidades, do aumento da eqüidade e justiça social na implementação das políticas públicas, da recuperação do princípio federativo e da melhoria da qualidade do serviço público.

3. DEMOCRACIA E REFORMA SANITÁRIA: ALGUMAS HIPÓTESES EXPLICATIVAS

Nos tópicos anteriores tratamos das diversas aplicações da análise política voltada para a elucidação das relações complexas que se estabelecem entre saúde e processos de acumulação capitalista, formas de relação Estado/sociedade, modalidades de incorporação das demandas, regimes políticos e aparelhos institucionais responsáveis pela proteção social. Essas análises, em sua maioria, caracterizam-se, por um lado, por serem estudos *ex-post-facto* e, por outro, por tenderem a tratar a configuração do setor saúde como resultante dos processos socio-econômicos considerados como seus determinantes.

No entanto, mesmo as análises aqui resumidas demonstram que, à medida que saímos do mais alto nível de abstração (determinantes da intervenção estatal) para nos acercarmos do objeto mais concreto (desenvolvimento dos sistemas de saúde e seguridade social), as relações entre os fenômenos estudados complexificam-se, e a saúde não pode mais ser concebida somente como resultante, já que se constitui em um espaço sempre específico de reprodução ampliada das relações políticas e econômicas.

Todo o esforço desenvolvido pela teoria sociológica contemporânea no sentido de compreender os fenômenos sociais simultaneamente como algo que, em sendo estruturado, é também estruturante da realidade social, precisa ser efetivamente incorporado às análises das políticas públicas.

Hipótese 1

A incorporação das demandas sanitárias por meio de um conjunto de dispositivos legais e institucionais, configurando distintas cidadanias, é, ao mesmo tempo que resultante da correlação de forças existente, um elemento ativo na conformação de identidades políticas e sociais, isto é, no desenvolvimento subseqüente da luta política.

Essa afirmação só tem sentido na medida em que a análise política passa a tratar de objetos concretos para além dos modelos estruturais abstratos.

Não se trata de negar a contribuição fundamental dos estudos realizados em um nível abstrato, mas sim de compreender que este é um nível analítico necessário, mas insuficiente, na medida em que, segundo Engels, ele "necessita ilustrar-se com exemplos históricos, manter-se em contato constante com a realidade" (Engels, F., 1973: 530).

Tratando as categorias abstrato e concreto na dialética marxista, Coutinho resume o pensamento de Marx: "(...) a dialética como um método de articulação categorial que procede mediante a elevação do abstrato ao concreto, do menos complexo ao mais complexo, essa elevação tem como meta a construção progressiva de uma 'totalidade concreta', de uma 'síntese de múltiplas determinações', na qual as várias determinações abstratas (parciais) aparecem repostas e transfiguradas na totalidade que as mediatiza e — precisamente por isso — as concretiza" (Coutinho, C. N., 1984: 15).

O processo de elevação do abstrato ao concreto, do mais simples ao mais complexo correspondeu no campo da saúde à passagem de uma conceituação abstrata da saúde como "estado de completo bem-estar físico, psíquico e social", à busca de uma aproximação cada vez mais acercada à complexa realidade abarcada neste campo teórico e de prática política.

Na prática política atual observa-se a utilização de uma concepção abrangente de saúde, como ficou evidenciado no *Relatório final* da 8ª Conferência Nacional de Saúde realizada no Brasil em 1986:

"A saúde não é um conceito abstrato. Define-se no contexto histórico de determinada sociedade e num dado momento do seu desenvolvimento, devendo ser conquistada pela população em suas lutas cotidianas. Em seu sentido mais abrangente, a saúde é a resultante das condições de alimentação, habitação, educação, renda, meio ambiente, trabalho, transporte, emprego, lazer, liberdade, acesso e posse da terra e acesso a serviços de saúde. É assim, antes de tudo, o resultado das formas de organização social da produção, as quais podem gerar grandes desigualdades nos níveis de vida" (Anais da 8ª Conferência Nacional de Saúde, 1987:382).

Hipótese 2

Embora a concepção abrangente da saúde não transcenda a sua compreensão como resultante, o importante a reter aqui é que no processo político coletivo de construção do saber ocorrido na 8ª Conferência Nacional de Saúde, ela é vista ao mesmo tempo *como resultado das formas de organização social da produção, mas sempre como fruto das lutas populares cotidianas, ambos atuando na conformação de sua concretização histórica e singular*. Podemos assumir essa afirmação como 2ª hipótese explicativa, embora acrescentemos, como decorrência da nossa 1ª hipótese, que ela é ao mesmo tempo resultante/indutor das formas de organização social da produção e da luta política.

A busca de compreensão teórica da saúde enquanto "totalidade concreta", "síntese de múltiplas determinações" foi assim expressa por Arouca:

"Saúde para nós é um objeto concreto que compreende:

1) um campo de necessidades geradas pelo fenômeno saúde, enfermidade;

2) a produção dos serviços de saúde com sua base técnico-material, seus agentes e instituições organizados para satisfazer necessidades;

3) ser um espaço específico de circulação de mercadorias e de sua produção (empresas, equipamentos e medicamentos);

4) ser um espaço de densidade ideológica;

5) ser um espaço da hegemonia de classe, através das políticas sociais que têm a ver com a produção social;

6) possuir uma potência tecnológica específica que permite solucionar problemas tanto a nível individual como coletivo" (Arouca, A. S., 1982).

Essas duas definições mostram bem a dialética empregada na elevação do conceito ao nível abstrato, e sua posterior superação em um concreto que só pode ser pensado ao nível da formação econômico-social. A este nível, a questão que se coloca para a teoria do Estado na área de saúde já não é mais somente a elucidação dos determinantes de sua intervenção ou os modelos de proteção social decorrentes do processo de acumulação capitalista. A questão política e de teoria política que está colocada hoje no contexto latino-americano diz respeito às condições necessárias ao processo de democratização da saúde.

Entre nós a questão democrática emergiu com o esfacelamento dos regimes burocrático-autoritários, com diferentes projetos oriundos de distintos setores sociais. Algumas correntes da esquerda teriam sido o primeiro e principal ator político a rever suas concepções e assumir uma proposta efetiva de redemocratização da sociedade. Este processo de autocrítica não decorreu principalmente da repressão imposta pelos regimes autoritários, mas de uma longa trajetória de maturação política e teórica.

Por um lado, concorreu o desencanto com as teorias nacionalistas de origem cepalina, nas quais se propugnava um papel destacado à burocracia estatal que, através da ação planejada, criaria as condições de um desenvolvimento nacional beneficiador de toda a sociedade. Um segundo fator decorreu da própria experiência com os governos autoritários, um cruel aprendizado acerca de que nem tudo que é estatal é público, no sentido de propiciar o aumento do bem-estar da sociedade. Finalmente, o desenvolvimento teórico recente da teoria marxista do Estado retomou a questão democrática, tanto nas sociedades capitalistas como nas socialistas, como um valor universal (Welffort, F., 1984).

A compreensão do Estado, não mais como exclusivamente um comitê de negócios da burguesia, mas como uma arena de lutas políticas crivada das contradições que atravessam a estrutura de classes tem como correspondente a identificação de que o poder passa tanto pela direção/dominação hegemônica quanto pela coerção.

A luta pela hegemonia por parte das classes dominadas recoloca a questão da democracia não só como um valor tático, mas também estratégico. A democracia, enquanto uma modalidade plural de exercício do poder político, passa a ser vista como o espaço ideal de formulação de uma contra-hegemonia, ampliando o campo de alianças das camadas populares, de sorte que os intelectuais oriundos das classes médias e da burguesia vêm a ser um aliado fundamental neste processo de formulação de um projeto político e cultural dos setores dominados.

Esta revisão da perspectiva "golpista" das esquerdas (no sentido de buscar soluções de cúpula, sem mobilização das bases) aponta para a conquista de reformas no interior do capitalismo, como condição de consolidação de uma contra-hegemonia, e mesmo como uma via de transição a um socialismo que preserve as conquistas democráticas alcançadas.

Antes de passar à discussão mais aprofundada das conseqüências teóricas introduzidas pela questão democrática, torna-se necessário buscar algum rigor conceitual em relação à terminologia introduzida.

Em todas as propostas de democratização, o elemento comum é a busca do estabelecimento de novas relações entre Estado e sociedade, reconhecendo-se o caráter autoritário do Estado e a sua dissociação e falta de legitimidade ante uma sociedade civil de natureza complexa e tendendo cada vez mais à auto-organização. As diferentes adjetivações que recebe o conceito democracia denotam as profundas divergências de origem e significado que se lhe quer atribuir em cada projeto político, desde a suposta desestatização de economia, passando pela restauração dos instrumentos da alternância no poder, até a incorporação dos setores excluídos e suas demandas políticas e sociais em um novo pacto econômico-social (nas versões liberal-conservadora, liberal-democrata e social-democrata).

Na busca de maior precisão, pode-se afirmar que o conceito de democracia remete a três regras principais: "participação (ou participação coletiva e generalizada, ainda que indireta, nas tomadas de decisões válidas para toda a comunidade), controle a partir de baixo (com base no princípio de que todo poder não controlado tende ao abuso) e liberdade de dissenso" (Coutinho, C. N., 1980).

Esta conceituação oriunda do liberalismo democrático pode ser considerada inelástica no sentido de que se opõe à autocracia, sendo que no primeiro caso as normas jurídicas que regulam o exercício do poder político democrático são criadas por aqueles a quem elas são dirigidas e, no segundo caso, por pessoas diferentes dos seus destinatários (Bobbio, N., 1983:32).

No entanto, a indefinição dos contornos do conceito de democracia expressa-se, desde os clássicos, em torno das contraditórias noções de individualidade, igualdade e representação, nos quais se assenta o pensamento liberal, que foram traduzidas diferentemente em cada situação histórica específica.

A indefinição apontada pode ser interpretada de múltiplas maneiras. Moisés (1988), citando Adam Przeworski, sugere que o dilema democrático seja a incerteza quanto ao resultado da dinâmica do conflito social. A defesa das regras do jogo pareceria ser, pois, a única salvaguarda democrática.

Essa mesma indefinição pode ser pensada como resultado de distintos projetos de democracia como uma conseqüência da própria luta de classes. Tal assertiva não garante, no entanto, qualquer indicação do conteúdo real da democracia.

A identificação do regime democrático com o governo dos cidadãos encontra no conceito de cidadania a síntese das noções de igualdade, individualidade e representação mencionadas, buscando expressá-las a partir da vinculação jurídica de cada cidadão a um determinado Estado nacional.

Além de um conjunto de regras formais de exercício do poder político, a democracia é o *locus* de articulação das mediações entre Estado moderno e sociedade. A cidadania é, pois, a mediação que dá organicidade a esta relação, na medida em que, para além ou em negação à fragmentação das classes na estrutura social, articula o conjunto de indivíduos de uma nação ao Estado representativo, assegurando-lhe a legitimidade necessária ao exercício do poder.

O'Donnell e Schmitter (1987) concluem que "o princípio central da democracia" é o de cidadania, considerando que "isto envolve tanto o *direito* de ser tratado pelos outros seres humanos como um igual no que se refere a fazer escolhas coletivas e o *dever* por parte dos que implementam tais escolhas, de ser acessível e responsável perante todos os membros da comunidade política".

Feitas essas considerações iniciais, podemos retomar as questões teóricas colocadas a partir da discussão acerca da democracia e suas conseqüências tanto ao nível da teoria do Estado como na análise das estratégias de transição ao socialismo.

As alterações na concepção marxista do Estado podem ser tratadas a partir das categorias Estado ampliado e Estado restrito que, segundo Coutinho (1984), remeteriam tanto ao nível de abstração assumido como às formas históricas concretas que implicam maior ou menor nível de complexificação.

Em outras palavras, para esse autor, a concepção restrita do Estado encontrada nos clássicos marxistas — como "comitê de negócios da burguesia" — resulta primeiramente do fato de ela se encontrar em algumas poucas determinações abstratas do Estado. Esta abstração é necessária, mas não suficiente para explicar a natureza do Estado capitalista, cuja concepção será tanto mais ampla quanto maior for o número de determinações consideradas.

Por outro lado, a visão restrita do Estado, identificado principalmente com seu aspecto repressivo (ou ditatorial), decorreria não só do nível de abstração em que foi tratado, mas, "em grande parte, da natureza real dos Estados com que se defrontaram tanto Marx e Engels como Lênin" (Coutinho, N., 1984:64).

Ou seja, à época, a teoria restrita do Estado corresponderia ao Estado real. A alteração do Estado real decorreria, para Coutinho, da mudança ocorrida na extração do excedente — predomínio da mais-valia absoluta sobre a mais-valia relativa — o que possibilitaria uma política de conquistas e/ou concessões parciais aos trabalhadores, alterando o próprio modo de atuação do Estado.

A percepção dessas transformações ao nível teórico teria sido realizada com as contribuições de Gramsci que se esforçou tanto por compreender o fenômeno recente de socialização da política — sufrágio universal, partidos de massa, sindicatos — como por investigar as novas estratégias de transição no socialismo diante da ordenação política contemporânea.

Diferentemente da tradição hegeliana — incluindo nela Marx e Engels — que trata a sociedade civil como o conjunto das relações econômicas ou infra-estrutura, Gramsci compreende a sociedade civil como parte da própria superestrutura, juntamente com a sociedade política.

A sociedade civil, em Gramsci, designa o conjunto das instituições responsáveis pela elaboração e difusão dos valores simbólicos, das ideologias, enquanto o termo sociedade política aplica-se ao núcleo coercitivo do Estado.

Em outras palavras, a ampliação da concepção de Estado em Gramsci pode ser apreendida pela sua definição do Estado como "sociedade política + sociedade civil, isto é, hegemonia revestida de coerção".

Buci-Glucksmann (1980) apresenta o esquema do desdobramento metodológico das superestruturas em Gramsci.

Estado integral — hegemonia encouraçada de coerção

Estado ou sociedade política	Sociedade Civil
Ditadura	Hegemonia
Aparelho de coerção (exército, polícia, administração, tribunais, burocracia...)	Aparelhos de hegemonia (culturais, políticos, econômicos)
Governo (Estado em um sentido estrito)	Estado em um sentido integral
Estado como aparelho de poder	Estado como organizador do consenso
Dominação	Direção

As diferenciações entre as duas esferas decorrem tanto das funções exercidas (coerção ou consenso) quanto da materialidade própria a cada uma delas (aparelhos coercitivos estatais/aparelhos privados de hegemonia) (Coutinho, C. N., 1984).

"É essa independência material — base da autonomia relativa assumida pela figura social da hegemonia — que funda ontologicamente a 'sociedade civil' como uma esfera específica, dotada de legalidade própria, funcionando como mediação necessária entre a base econômica e o Estado em sentido estrito" (Coutinho, C. N., 1984:68).

Em outros termos, Gramsci rompe com a tradição hegeliana ao ampliar a concepção de Estado para além dos limites do governo (explodindo a dicotomia liberal público/privado). Ao mesmo tempo, introduz com o conceito de hegemonia uma nova visão das relações entre as classes, já que o poder político, a supremacia, não é garantida apenas pela dominação (coerção/Estado restrito), mas também pela direção intelectual e moral (consenso/Estado ampliado).

Ao tratar a questão da hegemonia ao nível intelectual e moral, isto é, da construção de um consenso, Gramsci não se confunde com o pensamento político liberal, cuja noção de consenso ignora as relações contraditórias existentes: "o fato da hegemonia pressupõe indubitavelmente que se leve em conta interesses e grupos sobre os quais a hegemonia se exerce, que se forme um certo *equilíbrio de compromisso*, isto é, que o grupo dirigente faça sacrifícios de ordem econômico-corporativista; mas é evidente que tais sacrifícios e tal compromisso não podem dizer respeito ao essencial. Porque se a hegemonia é *ético-política, ela não pode deixar de ser econômica*, ela não pode deixar de ter seu *fundamento* na função decisiva que o grupo dirigente exerce nos setores decisivos da produção (*apud* Buci-Glucksmann, 1980: 100).

A ampliação da concepção de Estado levou Gramsci a investigar as estratégias de transição para o socialismo através de algumas categorias polares: Oriente/Ocidente e guerra de movimento/guerra de posição. No primeiro caso, designa uma sociedade como "oriental" aquela na qual o Estado (restrito) predomina sobre uma sociedade civil gelatinosa e pouco complexa. Nesse caso, o Estado (restrito) é apenas uma trincheira avançada e a transição para o socialismo se daria (como de fato se deu na Rússia) com a tomada e posterior quebra dos aparelhos de Estado pela classe trabalhadora. No caso das sociedades "ocidentais", que apresentam uma sociedade civil rica e complexa, a tomada do poder pressupõe a conquista da hegemonia, a construção de um novo bloco histórico: as classes revolucionárias devem ser dirigentes antes de ser dominantes.

Essa seria a grande contribuição de Gramsci à teoria da transição ao socialismo, cujos aspectos centrais gostaria de destacar:

• a necessidade de transformação cultural:

"não pode haver uma classe operária autônoma, organizada, sem luta por *uma visão de mundo autônomo* em todos os aspectos da existência... toda revolução é um grande fato *cultural* e não somente econômico e político" (*apud* Buci-Glucksmann, 1980:112);

• a concepção de que todos os homens são intelectuais;

• a identificação dos intelectuais orgânicos como necessários à construção da hegemonia de classe, agindo como "organizador, persuasor permanente";

• o caráter processual e molecular da transição revolucionária, a guerra de posições: "a expansão da hegemonia das classes subalternas implica a conquista *progressiva* de posições através de um processo gradual de agregação de um novo bloco histórico, que inicialmente altera a correlação de forças na sociedade e termina por impor a ascensão de uma nova classe (ou bloco de classes) ao poder de Estado (Coutinho, C. N., 1984:74).

Essa noção de guerra de posições vem a ser retomada e ampliada por Togliatti (*apud* Oliveira, J., 1988), identificando-se à noção de *democracia progressiva*, que não se confunde com a mera ocupação do aparelho de Estado da estratégia social-democrata nem com a guerra de movimento (tomada e quebra do Estado restrito), já que a quebra do Estado aqui é pensada na sua concepção ampliada, realizando-se anteriormente à tomada da sociedade política (Oliveira, J., ibidem: 87).

Essa concepção ampliada do Estado e suas conseqüências ao nível das estratégias de transição têm informado as discussões mais recentes acerca do processo de democratização da saúde. Alguns autores enfatizam o caráter universal da democracia, bem como o da saúde:

"La salud es un fin en si misma y la gente percebe quien tiene una concepción instrumental de la salud (...)"

"(...) considerar la democracia como un simples instrumento, cuando es — como la salud — un valor universal, aunque pueda expresarse en formas diferentes" (Berlinguer, G., 1987).

Outros autores têm procurado apontar o caráter revolucionário da democracia potencialmente oposta ao capitalismo em geral ou à sua forma dependente.

"Se o liberalismo de participação restrita foi, em dado momento, a forma adequada da dominação burguesa, a democracia de massas que vai se construindo a partir das lutas populares é, a longo prazo, incompatível com a perpetuação do capitalismo" (Coutinho, C. N., 1984: 97).

Já autores, como Falletto (1981), que se dedicam ao estudo do sistema político latino-americano chegam mesmo a afirmar que, na medida em que a burguesia entre nós prescindiu da democracia para implantar a sua dominação, as bandeiras democráticas desfraldadas no continente nos últimos anos têm, por sua vez, um cunho revolucionário e anticapitalista.

Os argumentos em favor dessas posições me parecem carecer de base científica e de evidência histórica. Em primeiro lugar, a contradição entre a socialização da política e a apropriação privada do poder não parece ser de caráter antagônico, já que possibilitou um verdadeiro movimento de "transformismo" nos capitalismos desenvolvidos, demonstrando as possibilidades criadoras de sua coexistência (*Welfare State*, sistema partidário competitivo, política keynesiana).

Por outro lado, atribuir à burguesia latino-americana uma qualidade intrínseca de atrasada e reacionária é desconhecer o caráter relacional da constituição das classes, em outros termos, ignorar a fraqueza dos nossos trabalhadores para impor um outro modelo de relações no qual sejam reconhecidos, mutuamente, como atores coletivos.

"Na história do capitalismo as lutas dos trabalhadores, para serem reconhecidos como sujeito coletivo pelo Estado e pela burguesia, pautaram de modo complexo a extensão dos direitos democráticos no plano da cidadania política e, embora mais incompletamente, no das relações de trabalho e das relações com o Estado. As vitórias e derrotas que marcaram esse caminho fizeram com que a burguesia e os trabalhadores (e o Estado) fossem se constituindo *mutuamente* enquanto sujeitos sociopolíticos" (O'Donnell, 1988).

Hipótese 3

A democracia é o processo de reconhecimento dos trabalhadores como sujeito político a partir de suas lutas, em um processo mútuo de auto e hetero-reconhecimento de identidades sociopolíticas entre diferentes sujeitos.

Se a democracia não é necessariamente anticapitalista, qual seria, do ponto de vista teórico e estratégico, o lugar das lutas que hoje se desenvolvem pela Reforma Sanitária? Para responder a essa questão, temos de considerar, em primeiro lugar, que as lutas pela Reforma Sanitária, por mais óbvio que pareça, estão ocorrendo em países de desenvolvimento retardatário — econômico-político e social — que não alcançaram enquadrar as demandas emergentes no processo de industrialização em um padrão social-democrata de proteção social (*Welfare State*).

Hipótese 4

Os processos de Reforma Sanitária quase sempre emergem em um contexto de democratização (seja ele o da Nicarágua, Brasil, Espanha, Portugal ou Itália) e estão associados à emergência das classes populares como sujeito político (geralmente em aliança com setores médios).

As formas assumidas na luta pela Reforma Sanitária serão necessariamente determinadas pelo processo mais global de transformação da estrutura sociopolítica em cada formação social concreta.

Ademais, essas formas diferenciadas estão correlacionadas não só ao significado político que será atribuído às mudanças no setor saúde, como às possibilidades de reversão do processo de Reforma Sanitária. Se a Reforma Sanitária ocorre em um contexto de profunda alteração da estrutura de poder, por uma via revolucionária, como no caso da Nicarágua, estas condições determinarão as formas e o curso posterior do processo reformador, diferenciando-o daqueles em que a Reforma se processa no bojo de uma transição democrática, seja ela "pactada" ou por "colapso" dos governos autoritários (O'Donnell, 1987).

Hipótese 5

Assim, o caráter político da Reforma Sanitária será dado pela natureza de transição democrática experimentada em cada contexto nacional: transição revolucionária, pactada ou por colapso.

Estabelecidas essas diferenças fundamentais, é preciso pensar nas invariâncias que, identificadas, permitiriam aplicar o conceito de Reforma Sanitária a realidades político-sociais tão distintas. Não se trata de buscar um modelo teórico *da* Reforma Sanitária, já que não existe *a* Reforma Sanitária, mas sim múltiplos processos que, embora distintos em sua trajetória e conteúdo político, encontram pontos de convergência que possibilitariam análises comparativas. Em outras palavras, não existe um modelo teórico, mas sim uma teoria em construção.

A meu ver, o conceito Reforma Sanitária refere-se a um processo de transformação da norma legal e do aparelho institucional que regulamenta e se responsabiliza pela proteção à saúde dos cidadãos e corresponde a um efetivo deslocamento do poder político em direção às camadas populares, cuja expressão material se concretiza na busca do direito universal à saúde e na criação de um sistema único de serviços sob a égide do Estado.

Hipótese 6

São *elementos* desse processo:

• a ampliação da consciência sanitária;

• a construção de um paradigma analítico oriundo do campo disciplinar denominado Medicina Social ou Saúde Coletiva, organizado a partir das noções de determinação social do processo saúde-doença e da organização das práticas;

• o desenvolvimento de uma nova ética profissional;

• a construção de um arco de alianças políticas na luta pelo direito à saúde;

• a criação de instrumentos de gestão democrática e controle social sobre o sistema de saúde.

Essas características invariantes já seriam suficientes para diferenciar os processos de Reforma Sanitária da criação dos mecanismos de proteção social denominados *Welfare State*. Além disso, sabemos que a construção e expansão desses sistemas esteve relacionada ao ciclo ascendente da economia, ao predomínio da ideologia social-democrata e à política econômica keynesiana de intervenção estatal. Já os casos de Reforma Sanitária estão ocorrendo em contexto bastante desfavorável à expansão dos mecanismos de proteção social, encontrando, em cada caso, obstáculos diversos como o predomínio da ideologia liberal e/ou a escassez de recursos financeiros, ou ainda os efeitos recessivos da economia sobre a qualidade de vida.

Considerando todos os fatores acima apontados, podemos formular um conjunto de hipóteses elucidativas das diferenças quanto ao formato e conteúdo político da Reforma Sanitária. Assim, supõe-se que o formato e conteúdo político da Reforma decorrerão da confluência de pelo menos alguns fenômenos, tais como:

Hipótese 7

• o caráter político-ideológico da coalizão impulsionadora do processo de democratização e o curso de seus embates com as forças tradicionais;

• a articulação do processo de Reforma Sanitária com as estratégias de transição à democracia (socialista ou capitalista);

• o "timing" da Reforma em relação ao processo de democratização, isto é, a sua inserção desde ser um precursor das lutas pela democratização (caso Brasil) até ser o resultado do processo de democratização (caso Espanha);

• a capacidade de alterar a cultura política prevalente em direção à universalização dos direitos sociais e à garantia de práticas administrativas participativas;

- a capacidade de promover mudanças efetivas em nível da gestão institucional, de forma a elevar a qualidade dos serviços (maior eficácia/eficiência) e garantir a preservação de apoio social à Reforma;
- a existência de restrições de ordem política e financeira à construção de um sistema abrangente de proteção social;
- o equacionamento dos conflitos gerados com o processo da Reforma e outros atores sociais, tais como o setor privado e os profissionais de saúde;
- a permeabilidade da burocracia às mudanças necessárias à efetivação do processo de Reforma.

Todos esses aspectos confluem na determinação das possibilidades de superar o nível de mera reforma administrativa (imprescindível, porém insuficiente), mantendo vivo o núcleo problematizador que reside na própria temática da saúde, tal como a definimos anteriormente.

Para exemplificar invariâncias e diferenciações tomemos o caso da Nicarágua (Gonzales-Gonzales, G., 1986), cujo processo de reforma institucional teve início com a criação do Sistema Nacional Único de Saúde (decreto-lei de 8-8-1979) regido por um conjunto de princípios encabeçados pelo mais abrangente: "La salud es un derecho de todos los individuos y una responsabilidad del Estado y el pueblo organizado".

Por um lado, esse princípio orientador do Sistema Único de Saúde pode ser tomado como comum a todas as Reformas e entendido como a garantia dos direitos inerentes à condição de cidadania. Por outro lado, as diferenças entre os vários processos de Reforma estarão no conteúdo político da própria noção de cidadania, e, por conseguinte, na relação entre Estado/cidadão.

Para continuar com o exemplo, o cidadão nicaragüense é o correspondente não ao indivíduo liberal, mas ao brigadista, isto é, ao povo organizado e armado. Na Itália, o cidadão correspondeu ao operariado industrial sindicalizado que se apropria dos instrumentos capazes de regular a sua condição enquanto corpo produtivo.

No caso da Reforma Sanitária espanhola, também há uma nova lei que regulamenta o sistema de saúde, mas sua capacidade de mobilização é baixa já que a lei da Reforma foi uma conseqüência das lutas pela democracia em geral, não tendo havido uma prévia politização acerca da problemática setorial.

No Brasil, a Reforma Sanitária insere-se no processo de construção democrática na medida em que, ao propor o deslocamento efetivo de poder, desde um setor específico mas sem se reduzir a ele, trata de formular propostas contra-hegemônicas e organizar uma aliança entre as forças sociais comprometidas com a transformação.

Em todos os casos, no entanto, as inúmeras etapas e percursos dessas mudanças direcionam-se para o fortalecimento da sociedade civil e a alteração dos padrões de política pública, construindo identidades, solidariedades e mecanismos democráticos de representação dos interesses.

Hipótese 8

Exatamente por seu caráter dual, a saúde — que pode ser tomada ao mesmo tempo como valor universal e núcleo subversivo da estrutura social — é um campo especialmente privilegiado para construção de alianças suprapartidárias e policlassistas.

Em outras palavras, trata-se de um meio em que a ambivalência representa a condição de possibilidade de construção de um bloco histórico — e não é por acaso que as lutas sociais da democracia contemporânea têm se dado no campo da saúde. Estas condições seriam, dentre outras:

• o desenvolvimento da consciência sanitária, ao mesmo tempo como consciência de cidadão, que só se explicita ao nível da estrutura de classes. Esta possibilidade tem origem na dualidade representada pela incidência da saúde/doença, enquanto processos coletivos, em individualidades isoladas. Em outras palavras, trata-se da concomitância, no mesmo cidadão, do corpo biológico e do corpo socialmente investido: o corpo produtivo;

• a convergência de interesses policlassistas, envolvendo pelo menos os trabalhadores, a população organizada nos movimentos sociais, os intelectuais, parcela dos profissionais e da burocracia estatal. Essa convergência possibilitaria a criação de amplos arcos de alianças políticas necessárias para a transposição do nível corporativo de organização de cada grupo específico em direção a um projeto globalizante (uma questão nacional). Tal projeto não pode, no entanto, ser descontextualizado da grande polarização na qual tem origem: a luta entre classes dominantes e dominadas.

• a existência de um acervo de conhecimentos necessários não só à explicação dos fenômenos de saúde e doença como à transformação efetiva do perfil epidemiológico prevalente e da atual organização social da prática médica.

A constatação dessa especificidade do setor saúde na construção da democracia ou de um novo bloco histórico merece ser ressaltada já que há uma tendência atual de, ao incorporar um conjunto de categorias relativas à concepção ampliada do Estado, negar a especificidade da própria saúde como parte na construção das estratégias de transição.

Um outro problema na análise da Reforma Sanitária é a interpretação do seu conteúdo administrativo. É certo que todas as Reformas foram, sob certos aspectos, reformas administrativas, na medida em que implicaram alterações profundas no aparelho institucional. Diferentemente do conceito tradicional de reformas administrativas, no qual o eixo da mudança está dado ao nível dos próprios processos administrativos, no caso das Reformas Sanitárias o núcleo aglutinador é o deslocamento ao nível do poder político.

É certo que a compreensão do Estado como uma *relação que se cristaliza materialmente* (Poulantzas, N., 1980) deixa claro que qualquer transformação na estrutura de poder não poderá se reduzir ao nível da luta política, mas deverá ser também materializada na ossatura material do Estado. Mas, para além de uma materialização do poder, o Estado, todas as suas instâncias materiais passam a ser vistas como arena política. A estratégia de construção da hegemonia em Gramsci concentrava-se na esfera da sociedade civil, mas os estudos recentes, especialmente de Poulantzas, colocam a sociedade política, o Estado no sentido estrito, no seio da luta de classes.

Nesse sentido, os estudos tanto sobre a burocracia sanitária em seus papéis, ora de arena, ora de ator político, começam a ser desenvolvidos e certamente aportarão conhecimentos novos para a compreensão da Reforma Sanitária. Da mesma forma, torna-se necessário desvendar as articulações entre o planejamento — como instrumento privilegiado mas não exclusivo da burocracia — e o processo de transformação social (Giordani, Testa, Yero e Matus, *La planificación posible en la perspectiva socio-política de America Latina*, mimeo.).

Esses aspectos, apenas indicados aqui, deverão ser parte integrante dos futuros estudos sobre Reforma Sanitária.

Em outro momento já apontava (in Berlinguer et al., 1988) algumas das contradições existentes entre a necessidade de a Reforma Sanitária assumir o Estado capitalista como espaço de luta buscando transformar assim o próprio Estado e a lógica da seletividade estrutural e da destematização política que ali reinam.

Mesmo sabendo que os deslocamentos de poder deverão ser materializados ao nível institucional, o que traz o Estado para o campo das lutas políticas, há que se reconhecer que essa "arena", embora permeada por interesses contraditórios, preserva a unidade política fundada nos interesses das classes dominantes.

A unidade política da ação estatal está garantida tanto pela ideologia da neutralidade, da qual o pessoal do Estado é seu suporte material, como pela recriação das condições de seletividade estrutural, pela qual os interesses gerais de classe são, a longo prazo, preservados. Hirsch (in Poulantzas, N., 1977:100) enumera alguns elementos dessa prática de seletividade:

1) Preservação de um "limite do sistema" que protege a esfera da produção de uma intervenção do Estado que ponha em risco a propriedade privada e o direito privado. Assim, a ação estatal se dá prioritariamente nas atividades referentes à reprodução, na esfera da distribuição. Mesmo nesta esfera, onde se situam as políticas sociais, o limite da intervenção estatal é a acumulação capitalista, evidentemente mediada pela luta de classes e organização social. Conseqüentemente, as determinações fundamentais do desenvolvimento social não se tornam objeto destas políticas, o que caracteriza um sistema estrutural de não-decisões relativas aos pontos cruciais envolvidos nas questões sociais.

2) A relação acima apontada do Estado com a produção material implica ainda que os recursos materiais à disposição do Estado são estruturalmente restringidos no limite dos lucros do capital. Isto tem como conseqüências a impossibilidade de o Estado aumentar as taxas e/ou planificar sua captação de recursos, dado que esta é subordinada à lucratividade dos capitais individuais. Assim, a captação de recursos por parte do Estado para aplicações em políticas sociais não depende prioritariamente da demanda social, nem exclusivamente do nível em que se apresenta a luta de classes, mas encontra um limite externo que é a lucratividade do capital.

3) A seletividade estrutural do Estado é dada pela sua possibilidade de aliar à integração ideológica um esquema de repressão física capaz de desarticular muitas das formas de organização das classes dominadas, que poderiam vir a transformar as necessidades sentidas em demandas sociais efetivas, que não poderiam ser negligenciadas.

Hipótese 9

As perspectivas ta Reforma Sanitária decorrerão da capacidade apresentada pela coalizão reformadora de imprimir mudanças efetivas e no tempo certo nas estruturas institucionais, de forma a evitar que sejam filtrados pelo Estado apenas os aspectos racionalizantes dessa proposta, minando a sua base política.

Hipótese 10

Esse é o dilema reformista, enigma que poderá ser decifrado a partir da afirmação *da saúde como núcleo permanentemente subversivo da estrutura social, o que indica uma possibilidade sempre inacabada no processo de construção social.*

REFERÊNCIAS BIBLIOGRÁFICAS

ABRANCHES, S. H. *The Politics of Social welfare in Latin America*, Rio de Janeiro, IUPERJ, mimeo.

ANAIS DA 8ª CONFERÊNCIA NACIONAL DE SAÚDE. *Relatório final*, Brasília, 1987.

AROUCA, A. S. "Salud en la transición" — Ponencia realizada en el II Seminário Latinoamericano de Medicina Social, Manágua, 1982.

BERLINGUER, G. "Democracia y salud", in *IV Congresso Latinoamericano e V Congresso Mundial de Medicina Social*, Medellín, Colômbia, agosto de 1987.

BOBBIO, N. *Qual socialismo? Discussão de uma alternativa*, Rio de Janeiro, Paz e Terra, 1983.

BUCI-GLUCKSMANN, C. *Gramsci e o Estado*, São Paulo, Paz e Terra, 1980.

CARDOSO, F. H. *Autoritarismo e democratização*, Rio de Janeiro, Paz e Terra, 1975.

COIMBRA, M. A. "Será que o marxismo responde à pergunta de como surgem as políticas sociais?" e também "Abordagens teóricas ao estudo das políticas sociais", in ABRANCHES, S. H. (org.). *Política social e combate à pobreza*, Rio de Janeiro, Zahar, 1987.

COUTINHO, C. N. *A democracia como valor universal*, São Paulo, Ciências Humanas, 1980.

______. *A dualidade de poderes*, São Paulo, Brasiliense, 1984.

ENGELS, F. "Contribución a la critica de la economia política" in MARX, K. e ENGELS, F. *Obras escogidas*, Moscou, Ed. Progresso, 1973, tomo I, p. 530.

FALEIROS, V. *A política do estado capitalista — As funções da previdência e da assistência social*, São Paulo, Cortez, 1980.

FALLETTO, Enzo. *Opciones democráticas en América Latina — Temas y problemas*, Caracas, Venezuela, CEDES, 1981, mimeo.

GIORDANI, TESTA, YERO e MATUS. *La planificación posible en la perspectiva socio-política de America Latina*, mimeo.

GONZALES-GONZALES, G. *Planificación regional y la transición: Nicarágua*, Dissertação de Mestrado, Rio de Janeiro, ENSP, 1986.

HIRSCH, J. "Observações teóricas sobre o Estado burguês e sua crise", in POULANTZAS, N. (org.). *O Estado em crise*, Rio de Janeiro, Graal, 1977.

KOWARICK, L. *Capitalismo e marginalidade na América Latina*, 2ª ed., Rio de Janeiro, Paz e Terra, 1981.

MALLOY, J. *Statecraft and Insurance Policy in Latin America and The United States*, University of Pittsburgh, 1983, mimeo.

MESA-LAGO, C. *Social Security in Latin America — Preasure Groups, Stratification and Inequality*, Pittsburgh, 1978, mimeo.

MOISÉS, J. Álvaro. *Dilemmas of Democratic Consolidation in Brasil*, 14th Congress of IPSA, 1988, mimeo.

NAVARRO, Vicente. "Classe social, poder político e o Estado e suas implicações na medicina". *Textos de Apoio — Ciências Sociais*, Rio de Janeiro, ABRASCO/PEC-ENSP, nº 1, 1983, pp. 88-100.

O'DONNELL, R. "Hiatos, instituicões e perspectivas democráticas", in *A democracia no Brasil, dilemas e perspectivas*, São Paulo, Vértice, 1988.

______. "Tensões no Estado autoritário burocrático e a questão da democracia" in Coller (org.). *O novo autoritarismo na América Latina*, Rio de Janeiro, Paz e Terra, 1982.

______. "Transições democráticas e políticas sociais", in RAP, nº 4, vol. 21, out./dez. 1987.

O'DONNELL e SCHMITTER. *Possíveis transições dos regimes autoritários — Conclusões sobre democracias incertas*, Rio de Janeiro, IUPERJ, 1987, mimeo.

OLIVEIRA, Jaime A. *Teoria política e políticas sociais: Uma proposta de trabalho*, Rio de Janeiro, ENSP, 1988, mimeo.

OLIVEIRA, J. A. e TEIXEIRA, S. M. F. (Im) *Previdência Social — 60 anos de história da previdência no Brasil*, Petrópolis, Vozes, 1986.

POULANTZAS, *O Estado, o poder, o socialismo*, Rio de Janeiro, Graal, 1980.

SANTOS, W. G. *Cidadania e justiça*, Rio de Janeiro, Ed. Campus, 1979.

TEIXEIRA, S. M. F. "O dilema reformista da reforma sanitária brasileira" in BERLINGUER e outros. *Reforma sanitária — Itália e Brasil*, São Paulo, Hucitec/Cebes, 1988.

TOGLIATTI, apud OLIVEIRA, J. "Para uma teoria da reforma sanitária: Democracia progressiva e políticas sociais". *Revista Saúde em Debate*, Rio de Janeiro, CEBES, nº 20.

WEFFORT, F. *Por que a democracia?* São Paulo, Brasiliense, 1984.

REPRESENTAÇÃO DE INTERESSES, FORMULAÇÃO DE POLÍTICAS E HEGEMONIA*

Carlos Nelson Coutinho

O tema que me foi proposto — "Representação de interesses, formulação de políticas e hegemonia" — cobre toda a esfera do pensamento político. Naturalmente, não poderei ir aqui além de algumas formulações preliminares sobre as muitas questões envolvidas.

Quando falamos de política, falamos em grande medida de representação de interesses e, por conseguinte, de formulação das políticas que implementam ou bloqueiam tais interesses. Surgem, então, três questões básicas, em torno das quais gira boa parte da reflexão sobre a política:

1) *Como* os interesses são representados?

2) *De quem* são os interesses representados?

3) Qual é a *justificação* para representar interesses?

Enquanto a terceira questão envolve o problema da legitimidade (e, portanto, da hegemonia), as duas primeiras ligam-se diretamente à estrutura e à natureza do Estado (e, portanto, à formulação de políticas).

---

* Compilado por Maria Helena Mendonça, a partir da conferência realizada na ENSP, em 2 de junho de 1988. A versão final foi revista pelo autor.

A questão da representação de interesses aparece muito cedo na teoria política, pelo menos desde Aristóteles. Como se sabe, Aristóteles distinguia entre o bom e o mau governo em função dos interesses representados pelos governantes. Só se representar o interesse comum é que o governo é legítimo, é um bom governo, independentemente de quem o exerce, se um só, se poucos ou se muitos. Essa noção de "interesse comum", de certo modo, desaparece no pensamento político moderno. Tem certamente um papel decisivo na obra de Rousseau, numa tradição democrática, mas não tem manifestação explícita no pensamento de corte liberal. Há, nesse último, a idéia do interesse de todos, mas não do interesse comum como algo diverso e mais substantivo do que a soma do interesse de todos.

Independentemente desses matizes, o fato é que a noção de "interesse" ocupa um lugar central na teoria social moderna, na teoria da época da expansão e consolidação da sociedade burguesa. A noção aparece claramente vinculada a uma concepção individualista, "materialista", da sociedade: "interesse" é freqüentemente sinônimo de benefício material, algo que pode ser medido pela razão calculadora. É curioso observar que, em várias línguas latinas (creio mesmo que em todas, com exceção do português), a palavra *interesse* é sinônimo de juro ou de lucro, com o que fica muito marcada a vinculação do interesse com o ganho material imediato. E, mais do que isso, observa-se no pensamento moderno uma valorização do interesse (entendido como sinônimo de racionalidade) em relação à paixão. Há um belo livro do economista Albert O. Hirschmann, onde ele tenta mostrar como boa parte da justificação ideológica do capitalismo se baseia nessa valorização do interesse enquanto móvel da ação humana; o comportamento movido pelo interesse é apontado como capaz de promover uma relação sadia entre os homens; a busca do interesse, tal como se expressa no comércio, no mercado, é algo que longe de conduzir à guerra, ao conflito, como ocorre quando o móvel do agente é a paixão, conduz à "suavização" dos costumes (cf. Hirschmann, 1979).

Portanto, a busca do interesse pessoal é vista como um fator positivo, racional, benéfico à ordem social e ao progresso da civilização. Essa pressuposição está na base da teoria liberal de Locke. O contratualismo lockiano apóia-se na convicção de que a ordem política existe para assegurar a livre expansão dos direitos naturais do indivíduo; a passagem do estado de natureza para a sociedade civil só se justifica se o governo resultante dessa passagem assegurar esses direitos, os quais, para Locke, confundem-se com a explicitação dos interesses individuais. Condição para isso é que o governo garanta e proteja, sem nela interferir, uma esfera de livre mercado.

É interessante observar que, para o pensamento liberal, o Estado existe com a finalidade de garantir interesses que estão fora da esfera estatal; o Estado representaria o interesse de todos, mas tal interesse se expressaria precisamente na conservação de uma esfera de interesses *singulares* situada num mundo "privado", no qual o Estado não deve intervir. Esta é a lógica liberal: o Estado em si não representa interesses concretos; ele assegura que os interesses se explicitem em sua esfera própria, que é a esfera privada. Não é por acaso, portanto, que o pensamento liberal se centra no postulado da limitação do poder, em contraste com o pensamento democrático, que tem como eixo central a distribuição (ou socialização) do poder. A preocupação do liberalismo é limitar o poder; daí a exigência do Estado-mínimo, do Estado que só intervém quando estritamente necessário. Dessa forma, o Estado garante o interesse de todos, mas *não representa diretamente o interesse de ninguém*. Seria ilegítimo um Estado em que interesses privados específicos prevalecessem na ordem pública, ou onde essa ordem interferisse na ordem privada. Por isso, o Estado-mínimo tem por função manter, mas *fora dele*, uma esfera de interesses.

Podemos já aqui dizer algo sobre *como* os interesses são representados num Estado liberal clássico. Antes de fazer isso, gostaria de lembrar que essa questão do "como" recebe uma brilhante resposta no conceito de *seletividade estrutural* proposto pelo neomarxista Claus Offe: para Offe, o que define a natureza de classe de um Estado (ou seja, *de quem* são os interesses que ele representa) são os seus padrões de seletividade, ou seja, os critérios de que o Estado se vale para selecionar o que deve e o que não deve ser objeto de política pública (Offe, C., 1984: 140-177). Pois bem: para um Estado liberal clássico, o critério básico de seletividade é negativo, consistindo na proibição de intervir na ordem econômica, no mundo "privado". Em outras palavras: nesse tipo de Estado, está excluída a possibilidade de formular políticas que incidam diretamente na economia.

A quem serve, em última instância, esse tipo de seletividade? Locke diria: serve a todos os indivíduos, na medida em que garante os direitos naturais deles. Mas cabe lembrar que, para Locke e para a maioria dos liberais, entre os direitos naturais do indivíduo, enquanto principal manifestação de sua liberdade, está o direito de propriedade. Há em Locke uma identificação ambígua, da qual se alimenta até hoje a ideologia liberal, entre propriedade e apropriação; o conceito lockiano não distingue entre o homem enquanto proprietário dos meios de produção, capaz portanto de comandar o trabalho alheio, e o homem como ser que, para viver, se apropria necessariamente dos bens que cria com o seu próprio trabalho. Essa ambigüidade permite a Locke deixar na sombra o fato de que há uma distinção básica entre quem possui e quem não possui meios de produção. É como se Locke dissesse que todos os indivíduos são proprietários, já que quem possui apenas a sua força de trabalho é proprietário dela; também a esse último, portanto, interessaria a conservação do mercado livre, onde ele poderia livremente negociar sua propriedade, ou seja, sua força de trabalho. Portanto, ao não intervir no mercado, o Estado liberal estaria assegurando os direitos civis de todos: as liberdades de consciência, de ir e vir, de escolher a própria profissão, de contratar livremente no mercado, de vender e de comprar a força de trabalho etc. Como podemos ver, entre os "direitos civis" que o Estado liberal assegura, estão algumas das condições básicas para a existência do trabalho "livre", do trabalho assalariado, que é um pressuposto necessário para a instauração e reprodução do modo de produção capitalista. Então, podemos dizer: o critério de seletividade básico do Estado liberal clássico, ou seja, a proibição de intervir na ordem econômica e de violar o direito de propriedade, serve a um tipo específico de interesse, ao interesse dos que se beneficiam com a compra da força de trabalho alheia. O Estado liberal, em suma, representa objetivamente os interesses de uma classe: a dos proprietários dos meios de produção.

Mas, se o pensamento liberal sempre se pronunciou a favor da garantia dos "direitos civis" (entre os quais inclui, quase sempre prioritariamente, o direito de propriedade), ele se manifestou claramente contrário, pelo menos durante boa parte de sua história, ao que chamamos hoje de "direitos sociais".[1] Já na polêmica contra Robert Filmer, contida no *Primeiro tratado sobre o governo*, Locke critica duramente a concepção "paternalista" do poder, isto é, a idéia de que o Estado deva tutelar e ajudar aos mais fracos. Isso seria não só um desrespeito à autonomia dos indivíduos (um modo de tratá-los como menores), mas significaria uma violação do critério de seletividade próprio do primeiro estágio do Estado liberal, já que implicaria uma

---

1 Para a questão dos direitos civis, políticos e sociais, cf. o texto clássico de T. H. Marshall (1967:57-113).

intervenção na esfera do livre mercado. A formulação do que hoje chamamos de "políticas sociais", portanto, está fora da órbita de ação desse tipo de Estado.

Mas, além de excluir os "direitos sociais", o Estado liberal originário restringe também fortemente os "direitos políticos". Não tanto em Locke, mas em liberais posteriores, como Benjamin Constant, surge explicitamente a idéia de que só deve ter direitos políticos — ou seja, direito de voto e de participação na formação e na ação do governo — quem é proprietário. Curiosamente, já nessa fase, o proprietário é concebido sem ambigüidades filosóficas: proprietário é quem dispõe de determinado volume de propriedade e de bens e, portanto, é capaz de pagar um certo montante de impostos. É em função disso que Kant divide os cidadãos em "ativos" e "passivos". Todos deviam ter direitos civis; mas, enquanto os cidadãos ativos deveriam ter direitos políticos (podiam votar e ser votados), os passivos eram excluídos desses direitos. Entre os cidadãos passivos, Kant inclui os dependentes, os quais, para ele, são todos os que, por não serem proprietários, não dispõem de capacidade de julgamento próprio. Ora, são dependentes, para Kant, todas as mulheres e todos os trabalhadores que dependem da venda de sua força de trabalho para viver. Kant, assim, exclui do direito de ciadania política praticamente toda a humanidade. Essas regras de exclusão, diga-se de passagem, marcaram a totalidade dos Estados liberais, em maior ou menor medida, durante os séculos XVII e XIX.

É esse tipo de Estado liberal, caracterizado por uma rigorosa seletividade, que o jovem Marx — o Marx que tem sua expressão teórico-política mais forte do *Manifesto comunista* de 1848 — irá criticar e tentar destruir. O Estado que Marx descreve e critica no *Manifesto* é o Estado que o primeiro liberalismo propõe e defende: um Estado restrito, que representa não o interesse de todos, mas sim o dos proprietários, e que tem um meio básico para exercer sua ação de arbitragem entre os interesses individuais eventualmente conflitantes: a coerção (como Weber diria, o Estado detém o monopólio legal do uso da força no território específico de sua jurisdição). Para não falar dos muitos Estados autoritários da época, eram desse tipo até mesmo os Estados constitucionais liberais (Inglaterra, Estados Unidos) ou semi-liberais (França) da primeira metade do século XIX. Assim, não é de surpreender que Marx descreva o Estado de seu tempo, e o combata, como um "comitê executivo" para gerir os negócios da burguesia. Nesse momento, Marx tinha certamente uma visão restrita do Estado; mas essa visão correspondia não só à formulada pela própria teoria liberal, como também à realidade do Estado realmente existente na época em questão. Marx, assim, não podia ter uma visão ampliada do Estado, pela simples razão de que o Estado, objetivamente, ainda não se ampliara, não adquirira as novas determinações que adquiriria mais tarde; ele se apresentava efetivamente como um "comitê executivo" dos proprietários, baseado como era em critérios de seletividade restritos e na defesa irrestrita do mercado capitalista.

Contudo, ao definir esse Estado, Marx introduz certamente um elemento profundamente novo na problemática da representação de interesses, inexistente no pensamento liberal. Para esse pensamento, como vimos, os interesses são sempre, em última instância, interesses individuais. Marx se dá conta de que, para além e através dos interesses individuais, ganha corpo uma outra coisa, a que ele chama de "interesse de classe"; ele vê que o verdadeiro sujeito da história não é o indivíduo, mas são as classes, e que os indivíduos têm interesses comuns enquanto são membros de uma mesma classe. Essa foi uma grande novidade na teoria social e, em particular, no pensamento político. Portanto, ao definir o Estado em sua relação com os interesses, Marx vai defini-lo como a instituição que representa o interesse comum de uma classe, o interesse da classe burguesa, dos proprietários dos meios de produção. E mais: diz que o Estado não só representa o interesse da burguesia, mas é também o instrumento da materialização e da organização desse interesse *comum* da classe dominante. Na *Ideologia alemã*, ele diz que "o Estado é a forma na qual os indivíduos de uma classe dominante fazem valer seus interesses comuns", e que, por isso, "todas as instituições comuns passam através do Estado e recebem uma forma política" (Marx, K. e Engels, F., 1972: 76). Está implícita, nessa formulação, a idéia de que o Estado não representa necessariamente os interesses de cada um dos burgueses, de cada um dos indivíduos das classes dominantes, mas só representa esses interesses individuais na medida em que eles não entram em choque com o interesse comum da classe.

Essa visão do jovem Marx — isto é, a visão do Estado como uma instituição que representa apenas os interesses da classe dominante, com exclusão de todos os demais (e o modo da exclusão é o uso da força) — liga-se a outra concepção também expressa no *Manifesto*, a de que a luta de classes, a contraposição entre interesses de classe contraditórios, expressa-se na forma de "uma guerra civil latente ou aberta". Marx supunha, naquele momento, que a luta de interesses entre a classe burguesa e a classe trabalhadora só poderia ter um desfecho violento. Por que ele pensava assim? Quem ler com atenção o *Manifesto*, verá que nele Marx afirma claramente a necessidade da pauperização absoluta da classe operária. Ele diz que a burguesia é a única classe exploradora que não consegue manter fisicamente o seu escravo, isto é, o trabalhador assalariado. O aumento do lucro, condição para a acumulação capitalista, implicaria a redução do salário do trabalhador. A luta econômica entre o burguês e o proletário é vista como um jogo de soma zero, no qual um perde quando o outro ganha e vice-versa. Marx, então, acredita que o trabalhador vai ficar cada vez mais pobre e, como tal, a única maneira que lhe resta para lutar pela sobrevivência, até física, é derrubar o capitalismo o mais rapidamente possível. Penso que essa formulação, tal como a teoria "restrita" do Estado, corresponde a um período histórico concreto. Não se trata de uma visão míope de Marx, mas do registro de um momento no qual, efetivamente, a exploração do trabalhador se dava muito mais pela extração da mais-valia absoluta do que da mais-valia relativa, ou seja, muito mais pela redução do salário real, que pelo aumento da produtividade do trabalho como dirá algum tempo depois. Ao recordar esse condicionamento histórico, estou querendo fazer justiça a Marx, mostrando que ele viu o Estado e a luta de interesses tal como se apresentavam *nessa* época da história.

Mas o fato é que, ao longo do século XIX, sobretudo em sua segunda metade, bem como no século XX, essa situação vai se alterar profundamente. (O próprio Marx, em sua obra mais tardia, já registra parcialmente essas alterações, em particular as econômicas.) Retomando os conceitos e a periodização já "clássicos" de Marshall, poderíamos dizer que a segunda metade do século XIX e o século XX se caracterizam pela contínua expansão de direitos políticos e de direitos sociais. No que se refere aos direitos políticos, cabe lembrar a luta permanente pela extensão do sufrágio, pela ampliação do número de "cidadãos ativos", até chegar ao sufrágio universal. Na vanguarda dessa luta, finalmente vitoriosa, sempre estiveram as classes populares; o primeiro movimento operário de massa é o movimento cartista inglês, cuja principal bandeira de luta era o sufrágio universal. Menos lembrado, ainda que tão ou até mesmo mais importante, é o surgimento de partidos e sindicatos de massa, que ampliam enormemente a participação das classes populares e, conseqüentemente, tornam mais efetiva a cidadania política delas. Tudo isso aponta para o fim do caráter restrito do Estado.

Por outro lado, há também uma permanente expansão de direitos sociais, que vão sendo progressivamente conquistados, impondo-se assim ao Estado uma reformulação da sua antiga pauta de seletividade. Por exemplo, a diminuição progressiva da jornada de trabalho, até sua fixação em oito horas, é um avanço substantivo dos direitos sociais. É curioso observar que, quando a primeira medida sobre limitação da jornada de trabalho foi decretada na Inglaterra, Marx afirmou que essa tinha sido a primeira vitória da economia política da classe operária sobre a economia política do capital. Essa vitória é importante, entre outras coisas, porque indica um fato novo: a possibilidade de, no interior da ordem burguesa, ainda sob a dominação de um Estado capitalista, ter lugar a representação de interesses (ainda que parciais) das classes subalternas, com a conseqüente formulação de políticas que respondam a demandas provenientes dessas classes. Se a fixação legal da jornada de trabalho é uma vitória da economia política da classe operária, como disse Marx, isso significa que *algo mudou na natureza do Estado*. O Estado já não representa apenas os interesses comuns da burguesia; ele é obrigado, pela pressão "de baixo", a se abrir também para outros interesses, provenientes de diferentes classes. O que dá base material a essa possibilidade é o fato de que o aumento da produtividade do trabalho permite agora que a exploração do trabalhador passe a ser feita também através da mais-valia relativa, ou seja, permite um aumento simultâneo do lucro capitalista e da taxa de acumulação, por um lado, e, por outro, da massa salarial apropriada pelos trabalhadores. O jogo já não é mais de soma zero. É isso que cria o espaço econômico para concessões, ou seja, para que novos interesses se façam representar na formulação de políticas estatais. Então, eu diria que, por um lado, a velha ordem liberal, pressionada pela expansão dos direitos políticos, tende a se converter cada vez mais em liberal-democracia; e que, por outro com a ampliação dos direitos sociais, chega-se finalmente ao que hoje se conhece como Estado do Bem-Estar (que poderíamos chamar de social-democracia). Em outras palavras: a ampliação da cidadania política e social leva a uma importante transformação na ordem liberal, no Estado capitalista, transformação que — no que aqui nos interessa — manifesta-se na abertura do espaço político à representação de novos interesses.

Tais interesses se corporificam, encontrando seus portadores materiais, na emergência de sujeitos coletivos em número cada vez maior. Esses sujeitos coletivos se constituem freqüentemente como resposta à necessidade de defender interesses específicos, particulares, superiores aos interesses puramente singulares. Começam assim a surgir novos atores políticos coletivos. Na época do Estado "restrito", há um grande ator político, o próprio Estado, encarnação dos interesses comuns da burguesia. Os atores políticos contrapostos ao Estado são, quando muito, pequenas seitas conspirativas, geralmente postas fora da lei, e que dizem representar a classe trabalhadora, mas que não a representam efetivamente. Como se sabe, também os sindicatos foram durante muito tempo proibidos na Europa liberal, sob a alegação de que violariam a liberdade do mercado, por criarem uma espécie de cartel. Nesse sentido, as classes trabalhadoras não se faziam representar por atores coletivos com papel efetivo na vida política e social. Essa situação começou a se alterar na segunda metade do século XIX. O Estado começou a se ampliar; atores sociais diversos passam a apresentar diferentes demandas, a lutar por interesses diversos. Essa pluralidade de interesses, quando se organiza, cria o que Gramsci irá chamar de "sociedade civil", uma nova esfera da superestrutura jurídico-política, que juntamente com o Estado-coerção, forma o Estado no sentido "ampliado".

Numa sociedade cujos atores políticos são constituídos a partir de múltiplos interesses, sempre postos em discussão e em confronto, assume um peso cada vez maior, na relação entre governantes e governados — ou, se quisermos, entre Estado e sociedade —, a busca de relações de consenso. Quando o Estado representa interesses de uma única e reduzida classe, é normal que use a coerção para impor esses interesses ao conjunto da sociedade; nesse caso, o consenso ocupa um lugar subalterno. Ao contrário, quando a sociedade civil cresce, o consenso passa a ter um peso decisivo na obtenção do aval para que um determinado interesse (ou grupo de interesses) se torne capaz de influenciar na formulação de políticas, ganhando legitimidade. Embora em Gramsci o consenso tenha uma conotação preponderantemente ideológica (ou seja, obtém-se consenso ganhando apoio para determinados valores e normas de ação), há vários momentos, nos *Cadernos do cárcere*, em que ele se refere a uma base *material* do consenso. Aliás, inspirando-se nessas passagens, Adam Przeworski escreveu um interessante artigo, onde faz um esforço para calcular essas bases materiais em termos matemáticos, tentando quantificar as concessões que a burguesia tem de fazer, num sistema hegemônico, para obter o consenso das classes trabalhadoras (Przeworski, A., 1980: 21-66). Em outras palavras: falar em base material do consenso é mostrar a necessidade de que a classe dominante, através do Estado, faça concessões às classes dominadas, permitindo que alguns dos interesses dessas últimas sejam representados no Estado e influam na formulação de políticas públicas. Gramsci observou que toda relação de hegemonia (de direção consensual) implica um grau maior ou menor de concessão aos interesses da classe ou grupo sobre o qual se quer exercer hegemonia.

Naturalmente, é importante observar que o Estado continua a ser capitalista, por mais "ampliado" que seja, por mais que represente interesses plurais, sempre que, e enquanto — baseado em seus critérios de seletividade — atuar no sentido da manutenção de uma esfera econômica "privada", fora do alcance da esfera política. Aliás, é essa separação última entre economia e política que caracteriza a natureza capitalista do Estado moderno.

Coloca-se aqui uma questão: pressuposto que, num sistema hegemônico, o Estado capitalista tem de fazer concessões, qual é o limite para tais concessões? Ou, em outras palavras, qual é o limite para a expansão de políticas sociais no interior da sociedade capitalista? Creio que pode se fazer aqui uma analogia com a teoria marxista do salário. Para Marx, a fixação do salário oscila entre dois limites: um limite mínimo, que seria estabelecido pela garantia da reprodução biológica do trabalhador, e um limite máximo, determinado pela possibilidade de lucro para quem compra a força de trabalho, ou seja, pela conservação de uma taxa de acumulação que assegure a reprodução ampliada do capital. No interior desses dois limites, diz Marx, verifica-se um conflito de direito contra direito, o direito do trabalhador de lutar pelo aumento do salário e o direito do capitalista de batalhar pela sua conservação ou redução. Ora, quando dois direitos iguais se enfrentam, o que decide — em última instância — é a força. Mais precisamente: é a correlação de forças entre trabalhadores e capitalistas que vai definir em que ponto concreto, entre os dois limites referidos, irá se colocar o salário real. Deve-se recordar ainda que, para Marx, quando a luta vitoriosa dos trabalhadores faz com que o nível do salário se fixe de modo duradouro num ponto acima da reprodução meramente biológica, esse novo nível se converte em limite mínimo; o salário real passa então a conter o que ele chama de "componente histórico-moral".

Penso que a esfera da política social — ou, se preferirmos, o âmbito de realização dos direitos sociais numa sociedade capitalista — situa-se no interior de limites análogos aos do salário. Ou seja, não se pode ampliar o nível de satisfação das demandas sociais além do ponto em que tal ampliação impeça a reprodução do capital global; mas, em contrapartida, não se pode reduzir esse nível de satisfação abaixo do limite mínimo (entendido também no sentido histórico-moral) a não ser que se rompam as regras consensuais que fundamentam uma ordem política liberal-democrática. Se a existência desses limites mínimos obstaculiza a plena realização de programas de tipo tatcheriano ou reaganiano, a existência de um limite máximo aponta para a limitação final do reformismo tradicional enquanto estratégia de transição ao socialismo. Não é possível compatibilizar a plena cidadania política e social com o capitalismo. Assim como a expansão dos direitos políticos, da democracia participativa, quando impulsionada além de certo limite, entra em choque com a dominação capitalista, também a expansão dos direitos sociais termina por encontrar obstáculos na conservação da lógica da acumulação do capital. O avanço da cidadania, portanto, coloca na ordem do dia a necessidade do socialismo.

Temos assim que a teoria marxista se renovou, sobretudo a partir de Gramsci, com o objetivo de responder à emergência desse fato novo: a presença de uma pluralidade de interesses coletivos organizados no cenário político-social. É importante observar que, embora com métodos e resultados diferentes também a teoria liberal empreendeu um esforço de renovação análogo. Já no século XIX, com o avanço dos direitos políticos, uma grande preocupação do pensamento liberal passou a ser a possibilidade de surgimento do que muitos liberais chamaram de "tirania da maioria". Trata-se de uma preocupação compreensível, se levarmos em conta os interesses sociais que se expressam no liberalismo como doutrina: à medida que novos direitos políticos eram assegurados, sobretudo na esfera do sufrágio, ampliavam-se fortemente as possibilidades de que se formasse uma maioria política adversa à ordem liberal capitalista. Há uma forte preocupação, expressa sobretudo por Tocqueville e Stuart Mill, com o perigo dessa "tirania da maioria", ou seja, com o risco de que a maioria possa exercer sobre as minorias uma forma de despotismo, que a igualdade possa esmagar a liberdade. Como se sabe, Stuart Mill chegou a propor medidas de engenharia política para evitar esse "despotismo": propôs ampliar o sufrágio a fim de diversificar os interesses representados (o que impediria a formação de maiorias), mas, ao mesmo tempo, sugeriu a instituição do sufrágio qualificado, com o que os mais instruídos passariam a ter direito a um voto plúrimo. Ele admite e até defende a representação de múltiplos interesses, mas tenta fazer com que uns interesses sejam mais "iguais" do que outros.

Finalmente, a teoria liberal mais recente julgou encontrar uma base empírica para exorcizar o fantasma da maioria; ela tenta mostrar que, na prática, nunca se formam maiorias estáveis, já que essas são obstaculizadas não só pela fragmentação de interesses, como também pela apatia política generalizada. A política real não é obra de maiorias, mas sim de várias pequenas elites representativas de múltiplos interesses. Para Schumpeter, por exemplo, a democracia não passa de um método procedimental para selecionar elites por meio de eleições periódicas. Para os pluralistas norte-americanos, como Robert Dahl, a esfera política seria marcada por uma espécie de livre competição entre diferentes minorias com recursos de poder diferenciados, segundo um paradigma claramente extraído do mercado econômico. O equilíbrio desse mercado político, no qual múltiplos interesses objetivados em elites concorrem entre si, é assegurado pelo consenso quanto às regras do jogo, quanto aos procedimentos formais que regulamentam a disputa. Diante do surgimento do que Gramsci chamou de "sociedade civil", o liberalismo evoluiu para o que poderíamos chamar de "liberal-corporativismo": os interesses representados na arena política não são mais os de indivíduos singulares, e sim o de corporações particulares mais ou menos abrangentes.

Os pluralistas, embora apontem distorções nesse mercado político, vêem a forma corporativa de representação de interesses como um fato essencialmente positivo: ela é condição da "poliarquia", isto é, do regime que eles consideram a única forma possível de democracia no mundo moderno, um regime no qual múltiplas minorias dispõem de poder. (Como um governo de maioria é para eles empiricamente impossível, a alternativa à "poliarquia", segundo os pluralistas, é a "hegemonia" ou ditadura, isto é, o governo de uma única minoria.)

Mas há outra vertente do neoliberalismo, de marca antikeynesiana, que atribui a esse corporativismo pluralista a culpa pelo que chamam de "ingovernabilidade" das democracias contemporâneas: devido à sobrecarga das demandas provenientes de múltiplos interesses coagulados, todas elas dirigidas ao Estado, que as deve satisfazer aumentando os impostos, haveria uma crise na acumulação e uma conseqüente estagnação econômica, com o agravante de uma crescente paralisia decisória.[2] A solução apontada por esses liberais que fetichizam o mercado seria o desmonte do *Welfare State*: eles pregam o retorno a um Estado-mínimo, mediante uma drástica redução dos direitos sociais, das políticas sociais públicas, e, se preciso (como o caso chileno o comprovou), até dos direitos políticos. Essa redução é vista como condição para a garantia dos "direitos civis" (ou, mais precisamente, da liberdade de mercado e da propriedade privada).

A teoria marxista mais recente não desqualifica inteiramente esse diagnóstico conservador da crise do *Welfare State*. Reconhece que, enquanto se mantiver o domínio da lógica capitalista, a ampliação do pluralismo corporativista conduz efetivamente a uma "crise fiscal do Estado" e, em decorrência, a um "déficit de legitimação".[3] Mas a solução apontada pelos marxistas para a crise é, naturalmente, diversa daquela apontada pelos liberais. Desenvolvendo as reflexões de Gramsci, Pietro Ingrao, por exemplo, pensa que a solução para os males do corporativismo capitalista reside na elaboração de um novo tipo de hegemonia: uma hegemonia que se articule organicamente com o pluralismo, considerado como um fenômeno ineliminável das complexas sociedades modernas (cf. Ingrao, P., 1980 e 1981). Não posso aqui me estender sobre essa questão. Diria apenas que essa nova concepção de hegemonia implica a criação de blocos majoritários que se articulem em torno de questões de abrangência nacional (como a da saúde, por exemplo), elaborando propostas globais de reforma que transcendam (mas sem ignorar) os interesses meramente corporativos dos múltiplos segmentos envolvidos. Essas reformas globais — cuja efetivação pode ser progressiva e não simultânea, e cujos atores não precisam ser rigorosamente os mesmos em todos os casos — deveriam apontar em conjunto, no sentido de um reordenamento da sociedade, de uma superação da lógica capitalista. A estrutura institucional que prepara e consolida essa nova hegemonia das classes subalternas é concebida como uma "democracia de massas" (em contraste com o liberal-corporativismo da proposta pluralista); e sua estratégia pode ser definida como um "reformismo revolucionário" (um objetivo revolucionário, superador do capitalismo, que se explicita por meio de reformas graduais). Nessa nova concepção neogramsciana de hegemonia, torna-se possível conservar o pluralismo da sociedade civil e, ao mesmo tempo, evitar o corporativismo selvagem que desemboca na ingovernabilidade.

---

2 Um dos mais conseqüentes defensores dessa posição é Manau Olson (1982). Mas cf. também a exposição mais "popular" de Milton Friedmann (1988).

3 As expressões "crise fiscal do Estado" e "déficit de legitimação são, respectivamente, de James O'Connor (1973) e Jürgen Habermas (1975).

Elaborando uma pauta de prioridades globais, o bloco majoritário hegemônico poderia selecionar, dentre os múltiplos interesses que representa, os que mais correspondam, em cada oportunidade concreta, a um interesse efetivamente comum, consensualmente estabelecido.

REFERÊNCIAS BIBLIOGRÁFICAS

FRIEDMANN, Milton. *Capitalismo e liberdade*, São Paulo, Nova Cultural, 1988.

HABERMAS, Jürgen. *La crisi della razionalità nel capitalismo maturo,* Bari, Laterza, 1975.

HIRSCHMANN, Albert O. *As paixões e os interesses*, Rio de Janeiro, Paz e Terra, 1979.

INGRAO, Pietro. *As massas e o poder*, Rio de Janeiro, Civilização Brasileira, 1980.

______ *Crise e terceira via*, São Paulo, Ciências Humanas, 1981.

MARSHALL, T. H. *Cidadania, classe social e* status, Rio de Janeiro, Zahar, 1967.

MARX, K. e ENGELS, F. "L'ideologia tedesca", in *Opere*, Roma, Riuniti, v. V, 1972.

OFFE, Claus. "Dominação de classe e sistema político. Sobre a seletividade das instituições políticas", in *Problemas estruturais do Estado capitalista*, Rio de Janeiro, Tempo Brasileiro, 1984.

O'CONNOR, James. *The Fiscal Crisis of the States*, Nova Iorque. St. Martins Press, 1973.

OLSON, Mancur. *The Rise and Decline of Nations. Economic Growth, Stagflation, and Social Rigidities*, New Haven, Yale University Press, 1982.

PRZEWORSKI, Adam. "Material Bases of Consent: Economics and Politics in a Hegemonic System", in *Political Power and Social Theory*, v. 1, 1980.

SABER E PRÁXIS NA REFORMA SANITÁRIA AVALIAÇÃO DA PRÁTICA CIENTÍFICA NO MOVIMENTO SANITÁRIO

Romualdo Dâmaso

1. SABER E PRÁXIS NA REFORMA SANITÁRIA

O que prioritariamente interessa como domínio deste texto é elucidar como foi e está sendo instituída a Reforma Sanitária enquanto *saber*. A singularidade deste estudo evidencia-se ao se constatar, pela análise histórica, que as transformações — contemporâneas e subseqüentes ao regime militar pós-64 — ocorridas no setor saúde, exigiram tanto a crítica sistemática do saber hegemônico na área quanto a construção de um saber contra-hegemônico e politicamente efetivo.

Se nos situamos conjunturalmente em meados da década de 70, colocamo-nos no limiar entre o ápice e o declínio do ciclo ditatorial, e os estratos médios — antes claramente coniventes com a estratégia das classes dominantes — começam a ensaiar e pôr em ação formas mais evidentes de resistência ao estatismo autoritário, expressão característica do domínio capitalista na América Latina.[1]

A questão primeira a enfrentar — e que justifica o esforço de investigação aqui empreendido — é tentar saber que processos de produção de conhecimentos na área de saúde trataram de articular o

1 Veja-se excelente exposição do tema em O'DONNEL/OSZLAK (1978).

agenciamento de saberes de saúde-doença às exigências inevitáveis do movimento histórico.

A consciência científica enquanto consciência histórica jamais pode produzir um saber desgarrado da vida material, mas pode, isto sim, produzi-lo como uma transversalidade[2] na história de um conhecimento singular, como é o caso em se tratando do conhecimento dos complexos e dos processos de saúde-doença em âmbito coletivo. Terão o movimento e a reforma sanitária produzido realmente um contradomínio epistemológico no saber saúde-doença?

A instituição científica reivindica para si, ao mesmo tempo em que se incorpora ao seu engendramento histórico, a consideração interna da sua história singular.

O que foi dito acima indica também o fato de que há questões de conhecimento que mostram uma considerável capacidade de se reinstalarem a cada modo de produção, rearranjando-se e acomodando-se adequadamente na *episteme* própria de um ciclo de exploração. Tal é o caso flagrante de conceitos como "causalidade", "diagnóstico" e "resolutividade", aqui citados apenas a título exemplar.

Torna-se necessário neste ponto traçar um desnivelamento no conceito de saber: o saber é, enquanto tal e em suas determinações, o *logos* de qualquer objeto ou processo, o que nos exige analisá-lo *tanto da perspectiva do seu engendramento social-histórico quanto da sua cunhagem eminentemente lógica.*

É desafiante, para uma teoria fundada na determinação social-histórica, constatar que não há como transportar diretamente para o interior dos dispositivos problemáticos de ciência os próprios antagonismos e as contradições das lutas de classes. Todavia, o reconhecimento da *episteme* organizada no interior de um modo de produção permite conhecer algo das transformações que ali se dão, como efeitos de uma sob redeterminação à qual os mecanismos do conhecimento — por mais formais que se pretendam — não podem escapar.

A *episteme* é a legislação lógica do conhecimento de uma época determinada e os saberes organizados têm, necessariamente, de fundar espaços de domínio e condições de poder efetivo, ou o próprio termo SABER sequer lhes dirá respeito. Determinado campo de saber, tomado como foco e referência numa configuração social-histórica, tem como sua determinação externa os efeitos sistemáticos de sua articulação

---

2 A *transversalidade* (Guattari, 1985) opõe-se, neste caso, tanto à horizontalidade de uma história linear como à verticalidade de um determinismo político, "perturbando" a lógica dos saberes e dos acontecimentos.

nos processos sociais. Por outro lado, esse mesmo saber, tomado agora como foco e referência numa configuração lógica, não pontua simetricamente os momentos históricos; ao contrário, é muito comum que ele se oponha aos mesmos e funcione como verdadeiro obstáculo diante de transformações inevitáveis.

De resto, não é por outra razão que os saberes que freiam a história sejam justamente aqueles que pretendem postar-se fora dela, como modalidade a-históricas de consciência. A perspectiva bachelardiana centrada no conceito de "corte epistemológico" vê-se assim confrontada pela capacidade de sobrevivência e de continuidade de noções dotadas de forte sedimentação ideológica.

"A história contínua é o correlato indispensável à função fundadora do sujeito: a garantia de que tudo que lhe escapou poderá ser devolvido; a certeza de que o tempo nada dispersará sem reconstituí-lo em uma unidade recomposta; a promessa de que o sujeito poderá, um dia — sob a forma da consciência histórica — se apropriar, novamente, de todas essas coisas mantidas à distância pela diferença, restaurar seu domínio sobre elas e encontrar o que se pode chamar sua morada."

"Contra a descentralização operada por Marx — pela análise histórica das relações de produção, das determinações econômicas e da luta de classes — ele deu lugar, no final do século XIX, à procura de uma história global em que todas as diferenças de uma sociedade poderiam ser conduzidas a uma forma única, à organização de uma visão do mundo, ao estabelecimento de um sistema de valores, a um tipo coerente de civilização" (Foucault, M., 1987:14).

Esta passagem de Foucault evidencia o peso e o caráter conservador de toda *episteme*, de suas regulações circulares e de sua vocação totalitária, eivada de iluminismo, mas avessa a qualquer descentralização transformadora da história. Mas ela também nos esclarece, acerca de uma certa tendência analítica que deixa escapar, nos bastidores de sua lógica aparentemente dialética e descontínua, a sobrevivência sorrateira de um continuismo.

Em que pontos do percurso conceitual da Reforma Sanitária estabeleceram-se cortes significativos que fundaram e delimitaram períodos históricos específicos? Este é o momento de se levar rigorosamente em conta a exigência metodológica posta mais acima, que é o estabelecimento de uma hierarquia na construção dos conceitos, de tal modo que:

1. os seus momentos discursivos nunca sejam ofuscados pelos seus momentos políticos;

2. torne-se impossível avaliar qualquer construção formal sem que o seu teste crucial seja efetuado no real histórico;

3. as diferenciações internas permitam perceber quando e como os momentos discursivos constituíram, por sua própria emergência, momentos políticos significativos.

Eixo político e *Eixo discursivo*, portanto, que tanto se projetam na formação de quadrantes (enquadramentos) normativos, quando se diferenciam percorrendo espaços distintos da práxis:

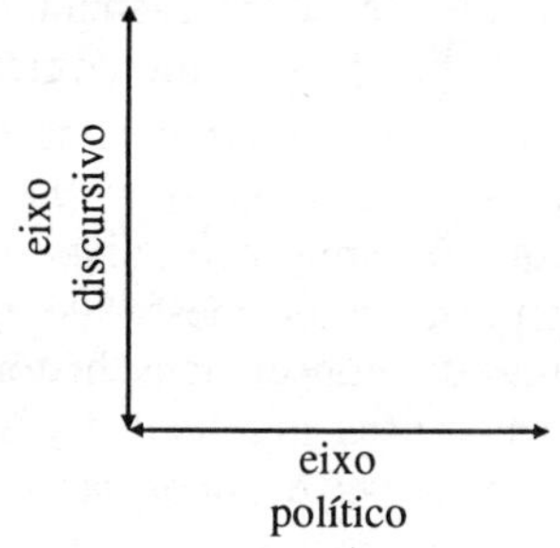

Não teríamos, aliás, outro critério suficiente para demarcar e criticar os excessos da formalização — ao nível das práticas discursivas —, ou os excessos pragmáticos, ao nível da prática política.

Seríamos tentados, por exemplo, a pontuar numa única e mesma incisão histórica — os anos Geisel, a segunda metade dos anos 70 — o solo de constituição do Movimento Sanitário ao mesmo tempo como *contradiscurso*, sob a forma de uma teoria crítica histórico-social da doença, e como *contrapolítica*, sob a forma do dispositivo legal, institucional e administrativo da Reforma Sanitária.

Não é possível negar a evidência dessa dupla operação crítica efetuada pelos trabalhadores de saúde a partir do marco histórico considerado. O que aqui se quer trazer à tona é que se tomaram escolhas e decisões — no discurso e na prática política — que resultaram no projeto e na implantação da Reforma Sanitária.

Não conseguiremos também escapar da hipótese de que o Movimento Sanitário, se focalizado apenas à luz do seu eixo político, ajusta-se perfeitamente ao marco histórico da referência; visto, porém, à luz do seu eixo discursivo, sua história sofre um recuo vertiginoso tanto em direção a momentos históricos anteriores ao ciclo ditatorial pós-64, quanto a lugares discursivos que nos projetam para a longa história dos saberes clínicos e sócio-políticos do Ocidente, especialmente no século XIX.

Se, por um lado, "a história das ciências é, basicamente, a história das idéias e de que estas encontram sua especificidade na relação que possuem com a estrutura social que as gerou e permitiu seu aparecimento" (Arouca, 1975), por outro lado é necessário dar-se conta dos "efeitos de retorno" e das modificações que a emergência de determinado discurso introduz na reflexão/construção teórica e na prática política.

> "A história de um conceito é a de seus diversos campos de constituição e de validade, a de suas regras sucessivas de usos, dos meios teóricos múltiplos em que prosseguiu e se acabou sua elaboração" (Foucault, apud Arouca, 1975).

O conceito de movimento sanitário admite, portanto, essa dupla articulação, de modo que a busca do conhecimento que ele engendra acabe por resultar, simultaneamente, no conhecimento do seu próprio engendramento, já que é justamente como *contra-saber* que ele inicialmente se institui.

Duas tarefas, conseqüentemente, organizadas segundo um intencionado paralelismo histórico:

1. *O eixo político do discurso sanitário*, que toma como ponto de partida a reorganização das forças democráticas na década de 70. História, portanto, de uma política: uma *práxis*.

2. *O eixo discursivo das políticas e práticas de saúde*, que de modo algum pode recolher-se nos limites da reorganização democrática da sociedade brasileira. História, portanto, de um discurso de Verdade: um *saber*.

Na verdade, dois campos complexos onde se organizam e se confrontam poderes, duas racionalidades que marcam, cada uma a seu modo, o texto histórico do Movimento Sanitário no Brasil.

2. PRÁXIS

A Reforma Sanitária propõe-se uma estratégia aparentemente paradoxal e com dois vetores direcionais:

1. Possibilitar a obtenção efetiva de saúde a toda a população cujas condições materiais de existência — determinadas basicamente pela lógica do pensamento capitalista e pela organização técnica e social da produção — atuam exatamente no sentido inverso, ou seja, na direção patogênica e degenerativa.

Tal intento não pode, entretanto, fazer retornar ao já antigo princípio político e administrativo da "extensão de cobertura". Este pensamento, que chega a propor-se como uma "democratização da saúde", oculta, na verdade, os princípios do liberalismo burguês, que nada mais são que a garantia cultural da instrumentação tecnocrática do modo de produção capitalista.

Este modelo de democratização já havia direcionado a implantação da escola burguesa desde o século XVII, atravessando a própria modernidade, tendo como marcos ideológicos formulações como as de Locke Smith e Rousseau.

"O movimento da reforma esboçou os primeiros alertas em relação à necessidade de democratização da educação. Lutero (1493-1546), no sermão "Sobre o Dever de enviar as crianças à escola", deixava bem clara sua plataforma de política educacional, atribuindo aos governos (ao Estado), a responsabilidade da educação popular. (...) É óbvio que a luta da burguesia emergente, a quem Lutero servia como porta-voz, não era contra o demônio, mas sim a favor de uma abertura de oportunidades dentro da estrutura ainda rígida do período. O movimento de publicização do ensino fazia parte dessa luta" (Ghiraldelli).[3]

Do mesmo modo como falamos de educação e escola burguesa, falaremos de saúde e medicina burguesa. Como o substrato cultural é o mesmo em ambos os casos, os processos que se dão no setor saúde são homólogos aos que se deram — e ainda se dão — no setor educação.

Contemplando-se um horizonte histórico mais amplo, veremos claramente a educação e a saúde — em ciclos diferentes, porém sucessivos do modo de produção capitalista — como os continentes discursivos e institucionais de base que suprem da adequada proletarização a maquinaria capitalista de vocação universalizante.

Do mesmo modo como falamos de uma formação educacional da classe operária — cultura homogênea de base, apenas suficiente para a inserção nos sistemas produtivos —, falamos agora de uma

3 Ghiraldelli é um teórico crítico da chamada "Escola Nova" no Brasil.

formação sanitária do proletariado — saúde homogênea de base, amálgama que dá corpo e funcionalidade ao trabalhador coletivo.

"O desgaste da classe trabalhadora deteriora profundamente as suas condições de saúde, conforme mostra Engels em seu *As condições da classe trabalhadora na Inglaterra em 1844*, talvez o primeiro texto analítico da epidemiologia crítica" (Filho, N. A., 1986).

As políticas de saúde, enfocadas desde esse horizonte histórico, não têm sido outra coisa que uma pedagogia geral dos corpos para benefício do capital. Como lidar com os corpos, as mentes e as coletividades imersas na produção capitalista?

"A fragmentação do cuidado médico conduz à especialização, à ênfase em procedimentos complementares, a uma elevação de custos e finalmente à capitalização da assistência à saúde. Isto ocorre, justamente quando o sistema político do capitalismo em crise mais necessita da saúde enquanto mecanismo de controle social. (...) O retorno triunfante do social se faz pelo recurso à epidemiologia" (Filho, N. A., 1986:5).

Há duas limitações evidentes no trecho acima:

a) O enfoque da temática capitalismo/saúde não se faz apenas por considerar esta última um "mecanismo" de "controle social", primeiramente porque a saúde não requer apenas um mecanismo, mas também, e fundamentalmente, um organismo; em segundo lugar porque a saúde não existe no capitalismo apenas como controle, mas também, e fundamentalmente, como o exercício de um nível mínimo de resolutividade, o qual seja capaz de justificar até mesmo os controles sociais exercidos nos e pelos aparelhos de saúde, públicos ou privados.

b) A epidemiologia representa apenas o retorno do social ao nível dos *discursos* clínicos, porque, ao nível das políticas sociais, o social conhecerá formas institucionais e administrativas que se aperfeiçoam ao longo do tempo, como é o caso da medicina comunitária, de que se falará mais adiante.

A citação é oportuna, no entanto, por enfatizar a saúde como "necessidade" do "sistema político do capitalismo". A saúde do capitalismo depende também da saúde da classe trabalhadora e não apenas da sua disciplina. Saúde e disciplina, medicina e pedagogia: duas questões críticas do capitalismo, dois saberes pertinentes a uma mesma arquitetura de conjunto.

Retomamos agora a questão inicial da Reforma Sanitária: como democratizar realmente os processos de saúde — aqui considerada a democracia como inscrita numa ética socialista — sem restabelecer, com isso, o princípio liberalista de democratização como instrumentação das massas para o benefício da produção capitalista?

"(...) o Movimento Sanitário, a nosso ver, com sua atuação desde os anos Geisel tem provocado uma reviravolta na saúde, transformando os conceitos, incluindo a política na análise e na prática da saúde, lutando pela modificação do panorama de atendimento e pela melhoria das condições de saúde da população brasileira" (Escorel, 1988:51).

A autora aponta para o fato de que as transformações conceituais operadas nos saberes de saúde/doença — na conjuntura considerada — caracterizam-se por (incluir) "a política na análise e na prática da saúde". A democratização então sugerida exigia que o sistema de saúde fosse descentralizado, "e que viabilizasse uma autêntica participação popular a todos os níveis e etapas na política de saúde" (Escorel, 1988:55).

A democracia liberal está fundada no direito individual, adquirido pelo dom, pela herança ou pelas oportunidades e expresso na universalização do sufrágio. A democracia socialista, ao contrário, funda-se num direito coletivo, conquistado pelas lutas sociais.

Tomando-se como parâmetro tal antinomia conceitual, como analisaremos a "democracia" preconizada pelo movimento sanitário? A movimentação, a inclinação e a trajetória teórica encetada pelos militantes do Movimento Sanitário projeta-se, evidentemente, em direção ao marxismo. Por que "evidentemente"? Porque o marxismo recusa a democracia como o modelo político adaptado à reprodução do capital para pensá-la, bem ao contrário, seja como transição no agenciamento histórico do socialismo, seja como consistindo, na sua própria *práxis*, o exercício do socialismo como política.

Antes, porém, enquanto princípio ético:

"A democracia" — diz Marx — "é o enigma resolvido de todas as constituições (...). A constituição aparece como o que é: como livre produto do homem (...). A democracia é a essência de toda constituição política: é o homem socializado numa particular constituição política" (*apud* Coutinho, C. N., 1984).

O conceito (noção) de democratização da saúde elaborado pelos estudiosos e profissionais da área, no contexto do estatismo burocrático autoritário, tem dois momentos nitidamente diferenciados:

Primeiro momento: concepção publicista da democratização

O primeiro momento é marcado pela formação da ideologia "publicista"[4] no interior do recém-nomeado "sistema de saúde". O posicionamento histórico de tal ideologia é estratégico: se por um lado talvez seja a primeira força que se organiza, no aparelho de Estado, para confrontar-se com o pensamento e a prática privatistas no interior dos "aparelhos" produtivos da burguesia capitalista — aqui incluídos os seus aliados no aparelho de Estado —, ele deixa de levar em conta, por outro lado, que o publicismo da saúde corresponde ao nivelamento sanitário de base preconizado pela própria ideologia liberal burguesa. Este momento da democratização da saúde é autofágico, já que as populações jamais terão aí qualquer presença efetiva, estando sempre representadas nos modelos como *alvos*, mas nunca como *agentes* das políticas.

A diferenciação direito público/direito privado é a mais refinada expressão da racionalidade jurídica burguesa. Trata-se apenas da sanção da realidade material que ela dissimula: o conceito de propriedade privada, o qual só pode opor-se, dialeticamente, ao de apropriação coletiva, mas não necessariamente "pública". Tal noção é uma abstração nominal e só adquire sentido no contexto ideológico do qual emergiu. O termo "público" não se refere necessariamente a alguma coisa que seja coletivamente apropriada, mas pode designar simplesmente aquilo "não é de ninguém", mas que é, por isso mesmo, a todo momento e de diversas formas reapropriado no jogo de interesses.

Não se pode usar a antinomia saúde pública/saúde privada no mesmo nível de articulação em que se usa a dicotomia bem público/propriedade privada: mesmo quando se fizer referência à saúde como um "bem público" ou como um "bem privado", será necessário lembrar que se trata apenas de uma metáfora pela qual expressamos o quanto ela é estratégica. Na sua realidade material, a saúde não é um "bem", mas, no mínimo, um processo e uma produção. Afinal, é esta a discussão que subjaz à afirmação de que o trabalho em saúde não gera diretamente qualquer mais-valia:

"É de natureza mercantil a relação que se estabelece entre o usuário e o prestador (ou o empresário) de serviços, para realizar o valor de troca inerente aos elementos do processo de trabalho; mas

---

4 O conceito de ideologia aqui incorporado tem o sentido gramsciano, associado positivamente ao conceito de hegemonia e contra-hegemonia e, portanto, dotado de *força* histórica.

o próprio serviço é um consumo não-produtivo, portanto, extra-econômico" (Nogueira, R. P., s. d.:10).

Lógica do absurdo! Partindo da constatação inicial de que "Os serviços se transformaram num setor relativamente importante de investimento de capital" e que "sua articulação com a indústria passou a ser uma das molas propulsoras da acumulação na fase monopolista do capitalismo" (Nogueira, R. P., s. d.), o autor termina por excluir a saúde da economia e, portanto, da sociedade, como se viu acima.

Os bens de saúde são, na verdade, os serviços de saúde que são "consumidos" — como valores de uso. Os serviços públicos de saúde são os "bens" que definem a própria saúde pública. Trata-se de um jargão administrativo do Estado, mas de forma alguma um conceito rigoroso resultante de uma elaboração política da questão saúde/doença.

Na conjuntura em que emerge, porém, a "publicização da saúde" antagoniza-se com a sistemática e institucionalizada pilhagem dos cofres públicos por parte dos interesses da medicina privatista, da rede hospitalar (privada e pública), dos grandes laboratórios e até mesmo das universidades (pelas tendências da educação médica e as escolhas das prioridades da pesquisa). Democratizar a saúde, é, portanto, o mesmo que publicizá-la.

"Na América Latina, a difusão do projeto [de Medicina Comunitária] ganha corpo na década de 70 e resulta em programas experimentais de prestação de serviços que se propõem o desenvolvimento de modelos de assistência possível de garantir a extensão do cuidado à saúde a populações pobres, urbanas e rurais. Também aí o projeto aparece, em uma de suas dimensões, como prática alternativa paralela à organização dominante da assistência médica.

(...) A incorporação dessas propostas pelas políticas não se faz naturalmente" (Paim/A. Filho, 1982:81).

A *teoria dos sistemas*, ao nível do planejamento e a *medicina comunitária*, ao nível operacional, são duas estratégias — uma teórica, outra política — de realização desse primeiro momento da proposta de democratização do setor. Trata-se, como se viu, antes de uma democratização dos planos e dos planejadores — setores intelectuais em franca oposição político-ideológica ao regime militar — do que de uma democratização dos processos sociais a que se dirigiam.

A democratização do saber e da prática interna dos órgãos de planejamento de saúde parece ter sido o primeiro momento, portanto, do movimento sanitário. As propostas reformistas no setor aparecem na articulação geral das oposições que já começam a ameaçar — com seu efeito "em bloco" — as bases da aliança dominante que fundara o regime pós-64.

A proposta do Movimento Sanitário nascente é, assim, bifronte:

a) Ela representa uma repercussão, no próprio aparelho de Estado, do deslocamento de forças da sociedade civil já ensaiada pela frente popular de oposição ao regime. Democratizar a saúde como parte da estratégia maior de democratização da sociedade. O primeiro ato neste *mise-en-scene* do movimento sanitário é, pois, uma resposta solidária, no setor saúde, ao esforço de construção da libertação do país. Este primeiro ato *não levanta uma bandeira sanitária com vocação contra-hegemônica, mas é um incisivo gesto contra-hegemônico com vocação sanitária.* É a sociedade civil que pode libertar o Estado e não o Estado que pode libertar a sociedade civil. Esta correspondência política do setor saúde constitui o que podemos denominar o *braço estatal* do movimento sanitário.

b) O movimento encontra, porém, o seu *braço civil* na instituição do CEBES (Centro Brasileiro de Estudos de Saúde) em 1976:

"O CEBES surge a partir de uma proposta lançada por um numeroso grupo de médicos que fazia o primeiro curso de Saúde Pública na Facùldade de Saúde Pública da USP. A origem desses médicos eram os departamentos de medicina preventiva."

"O CEBES inicia-se justamente como um centro de difusão, capaz do movimento nascido no interior do Aparelho de Estado e faz a articulação do movimento sanitário com os demais movimentos sociais" (Escorel, S., 1988:51).

O CEBES inicia-se justamente como um centro de difusão, capaz de dar conta de dois tipos de ampliação: ampliar para a sociedade civil os debates críticos que se avolumam entre profissionais e intelectuais no aparelho de Estado, assim como, na própria sociedade civil; ampliar a informação e o debate para além das fronteiras da corporação médica.

Do exposto pode-se perceber que a produção do saber contra-hegemônico na área de saúde — apresentado pelo trabalho teórico-ideológico do Movimento Sanitário — aponta na direção de três atores sociais:

Setor intelectual progressista no aparelho de Estado (administração/ prestação de serviços)	Universidades e Centros Acadêmicos Programas de Estudos Socioeconômicos de Saúde [PESES]	Organizações da sociedade civil — CEBES —

Encontramos aí um critério para organizar a parte mais significativa das publicações científicas do período. Veremos mais adiante que de cada um desses atores — considerados, evidentemente, como sujeitos sociais de conhecimento — provêm as contribuições filosóficas, teóricas e políticas que orientarão o pensamento progressista em direção à Reforma Sanitária.

Não foram incluídas as publicações de congressos, seminários e simpósios porque está suposto que as publicações técnicas de Estado e o próprio CEBES sempre divulgaram o essencial desses eventos, bastando constatar a cobertura dada pela Revista *Saúde em Debate* aos diversos encontros nacionais de saúde e que compõem um traço nítido do seu trabalho editorial.

Segundo momento: concepção estratégica da reforma

O segundo momento da democratização é marcado por uma produção de natureza essencialmente intelectual. Trata-se do momento em que um setor não desprezível dentre os trabalhadores de saúde (o qual o CEBES é a própria expressão institucional) passa a ter das políticas sociais — especificamente das políticas de saúde — uma *concepção estratégica*. Não se trata mais apenas de organizar e prover os benefícios de saúde — à moda de um assistencialismo — ainda que democrático ou comunitário —, mas sim de organizar-se numa luta, ingressando ativamente na arena política.

Não se trata de melhorar o sistema, mas de transformá-lo estruturalmente, invertendo a lógica do seu funcionamento, introduzindo no planejamento de saúde a categoria das lutas de classes. Não se trata mais de assistir e de integrar os doentes, mas de atuar ao nível das condições sociais de produção das doenças.

Esta concepção de base — a de *determinação social da doença* — vai sendo, desde então, progressivamente elaborada, a partir do aporte simultâneo dos estudiosos da área. Sua emergência marca a introdução de uma complexidade inédita e fundamental na análise da questão. Este é o momento da efetuação de um corte e de uma ruptura do saber hegemônico, processo que será analisado mais adiante.

O que interessa reter, neste ponto, é que as avaliações teóricas então realizadas, os debates promovidos, várias das principais teses defendidas nas Universidades, assim como consideráveis investimentos na pesquisa, constituíram, ao lado da construção de uma nova colocação da questão social da saúde, a elaboração do próprio projeto político da Reforma Sanitária.

O conceito de Reforma padece da vicissitude já conhecida, a de ser apenas a justificativa teórica de um reformismo político:

"E, com isso, retornamos ao núcleo da nossa discussão. Ou seja: à idéia de que a mera incorporação de novos (e mesmo heterodoxos) atores ao *policy-making* governamental, sem que esta incorporação se faça acompanhar de uma problematização e um enfrentamento dos temas básicos da 'quebra' do Estado e da luta pela hegemonia, apenas nos levará, na melhor hipótese, a repor, de uma forma modernizada e atualizada, e estratégia social-democrata de mera 'ocupação' e gestão 'humanizada' do Estado capitalista, com as conhecidas conseqüências políticas deste fato" (Oliveira, J. A., 1988:91).

Oliveira acredita que estamos entrando apenas atualmente na fase em que cresce a "necessidade de procurar desenvolver, para o movimento potencialmente inovador que se esboça hoje no âmbito político de saúde entre nós, um esforço de teorização que corresponda, para este novo período, a algo como aquele esforço que foi possível desenvolver para o período anterior" (1988:85).

Na verdade, o autor alude à necessidade de explicitar as características e as formas de um longo trabalho teórico já em curso no Movimento Sanitário desde a sua formação. Não se trata de procurar e elaborar uma grande teoria que seja capaz de incorporar — *a posteriori* — o percurso já realizado, mas, muito ao contrário, de acompanhar e elucidar pacientemente as transformações que se deram, as decisões tomadas e os caminhos escolhidos. Tais contribuições já compõem, como se verá adiante, um volumoso acervo.

Em que pese a sua ameaça reformista, o conceito de Reforma Sanitária tem, todavia, um sentido "forte": trata-se de conceber e fazer da saúde o fundamento revolucionário de uma transformação setorial, com ressonâncias estruturais sobre o conjunto social.

Essa decisão — teórica e estratégica — aproxima cada vez mais a democratização da saúde de sua concepção socialista. Os acontecimentos que ela detona ainda não esgotaram suas possibilidades. Até aqui foi necessário trabalhar com uma teoria crítica do Estado capitalista que contém, por sua vez, o questionamento do modelo de democracia que lhe é próprio, a democracia representativa burguesa. Tal democracia, já o sabemos, é toda construída no sentido de conter — sem, no entanto, reprimir — as forças sociais dentro dos limites de um jogo político formal.

A questão que se põe o movimento sanitário neste momento é algo diferente: como tornar efetiva a presença da sociedade civil nas políticas de saúde?

É no marxismo — de modo essencial em Gramsci (1975) — que se buscará a fundamentação intelectual de uma possibilidade simultaneamente reformadora e revolucionária:

"Gramsci diria que, com o surgimento da sociedade civil, como esfera autônoma, esse monopólio da propriedade dos meios de produção intelectual pela classe dominante cessa: criam-se entidades culturais diretamente ligadas às organizações das classes subalternas (jornais, revistas culturais, editoras etc.); e, além disso, a ideologia dessas classes encontra difusão no próprio seio dos aparelhos hegemônicos 'comuns' (sistema escolar, Igrejas separadas do Estado etc.). Torna-se assim não só possível, como até necessário que a classe que se candidata ao domínio político já seja previamente 'dominante' no plano ideológico (ou, na terminologia gramsciana: já detenha a 'direção intelectual e moral'."

"(...) Gramsci destaca assim o caráter *processual e molecular* da transição revolucionária nas sociedades "ocidentais": a expansão da hegemonia das classes subalternas implica a conquista *progressiva* de posições através de um processo gradual de agregação de um novo bloco histórico, que inicialmente altera a correlação de forças na sociedade e termina por impor a ascensão de uma nova classe (ou bloco de classes) ao poder de Estado." (Coutinho, C. N., 1984: 73-74).

A extensão do trecho deve-se ao fato de ele condensar, em poucas linhas, todo o delineamento estratégico no qual se pode reconhecer o percurso do Movimento Sanitário. A partir da descoberta desta chave política, os militantes do movimento passaram a dispor de um critério e de um projeto que — ainda que não suficientemente explicitados — direcionaram o curso das ações políticas até os nossos dias.

2. O segundo vetor direcional que se propõe a Reforma Sanitária tem também expressão aparentemente paradoxal: transformar o caráter

da intervenção estatal na área de saúde, marcada até então pela proteção e a efetivação dos interesses da acumulação capitalista sem retornar, com isso, ao intervencionismo anterior — instaurado, no bloco capitalista, a partir da grande depressão de 1929, que marca a crise e a implosão do Estado liberal. Tal fato histórico conduziu os estrategistas teóricos e de planejamento a tentarem uma nova concepção do papel do Estado como agenciador e garantia do desenvolvimento econômico.

O que irá marcar, neste campo, o projeto do Movimento e da Reforma Sanitária será justamente a inversão do eixo direcional que regula, como forma dominante, as relações do Estado com a sociedade civil, especialmente com os grupos, as organizações e as instituições representantes das populações urbanas e rurais, até então impotentes para introduzir, enquanto sujeitos históricos, quaisquer mudanças ao nível dos aparelhos de Estado.

O desafio básico para o Estado, nos países latino-americanos, tem sido a superação do subdesenvolvimento, uma vez colocado o problema desde a ótica do próprio Estado.

A primeira idealização do modelo desenvolvimentista vê a saúde como conseqüência direta do próprio desenvolvimento, pressupondo-se, é claro, uma elevação geral do nível de vida das populações:

Tal relação parece ter-se verificado, no Brasil, nas conjunturas de *crise sanitária* das primeiras décadas deste século:

"Em 16 de outubro [1918] a epidemia de gripe paralisou as atividades fabris: a quase totalidade da classe operária foi atingida pela doença. Nos subúrbios, a situação tornou-se desoladora. A população estava tomada de pânico. Os recursos médicos e farmacêuticos eram insignificantes. O povo, sem saber onde suprir-se de medicamentos para combater a enfermidade, desesperava-se. (...) O Ministro da

Justiça e Negócios Interiores colocou diretamente sob seu cargo a distribuição de gêneros alimentícios à população proletária da Capital Federal. (...) A partir do dia 7 de novembro de 1918, a imprensa noticiava que a epidemia declinava: a mortalidade nos subúrbios decrescera em 40%" (Costa, N. R. 1985: 118).

Também Singer, interpretando o declínio das curvas de mortalidade por tuberculose na década de 40 inclina-se para a confirmação da mesma correlação.

"E importante assinalar a tendência à queda dos coeficientes de mortalidade por tuberculose, que pode ser observada no Rio de Janeiro, no final do século passado, e no conjunto das capitais brasileiras em anos mais recentes, embora apenas em 1952 tendo sido introduzida, na terapêutica, uma medicação realmente eficaz para o tratamento da doença (Singer, P., 1981: 118).

Apenas em fases iniciais do desenvolvimento capitalista é que tal conexão se verifica, já que se trata de um capitalismo "selvagem", assentado sobre uma exploração grosseira do proletariado "em formação". Em etapas mais sofisticadas da exploração, todavia, o quadro se torna extremamente mais complexo e é exatamente tal complexidade que exigirá um desdobramento crítico do modelo:

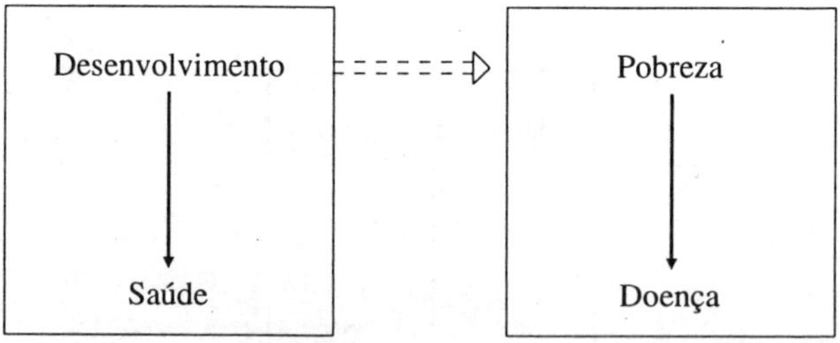

Esse desdobramento não contém ainda uma proposta diretamente sanitária, pelo fato de que a doença não comparece aí como uma realidade específica, mas como um subproduto crítico da pobreza. Ele não tem qualquer alcance direto sobre a doença, sendo a saúde apenas uma conseqüência esperada da produção econômica.

Atravessado de ponta a ponta pela ideologia funcionalista, o modelo absorve a realidade da pobreza como um desvio funcional, que, por sua vez, engendra a doença também como um desvio. Quando, especialmente na década de 50, se explicitará um modelo desenvolvimentista de saúde, ele será ainda um subprojeto do próprio modelo de desenvolvimento social então preconizado: para gerar saúde nas massas é necessário erradicar a pobreza. Esta última só pode ser erradicada pelo desenvolvimento.

Permaneceremos dentro dos limites do modelo desenvolvimentista "liberal" de saúde até a década de 60, tendo como marco final o movimento militar de 1964, que introduzirá o componente autoritário nas relações Estado/sociedade civil.

A imposição do marco autoritário gerará um duplo impasse para o qual, na verdade, a tecnocracia econômica e política nunca encontrará saída, apesar das sucessivas tentativas:

1. Como adequar o rígido esquema militarista com os princípios capitalistas da livre-concorrência e do livre jogo das forças de mercado, ou seja, como coadunar *repressão política* e *livre-iniciativa econômica*? Sabemos que o pacto orquestrado entre as classes dominantes e o militarismo de 64 só foi viável na conjuntura que o gerou, pelo fato de que o avanço das forças sociais na direção de mudanças estruturais ameaçava os fundamentos e processos de acumulação. Implantado, porém, o regime, será cada vez mais penoso sustentar as amarras daquele arranjo histórico. Sabemos que o Estado o fará, na primeira década da ditadura, massacrando as forças oposicionistas e promovendo uma *racionalização modernizante da produção, da política e da cultura.*

2. Como incorporar as grandes massas populacionais aos benefícios de saúde — exigência social que ameaça o desenvolvimento —, sem abrir mão do caráter ao mesmo tempo repressivo e privativista do Estado? Como ampliar o benefício sanitário, sem perder o controle político? Acresce que os problemas sociais de saúde herdados de conjunturas anteriores persistem e exigem respostas efetivas, sob o risco de ameaçar a própria estabilidade política. Também aqui a solução encontrada residirá no recurso à racionalização dos processos, promovendo articulações nos aparelhos e nas instituições de saúde que funcionem simultaneamente como dispositivos de freamento das forças sociais de mudança.

"A exclusão de certos setores populacionais dos benefícios da medicina era um obstáculo a ser vencido para que se pudesse integrar os desviantes, os vagabundos, os deserdados. (...) Os projetos de expansão de cobertura devem fazer parte dos esforços de desenvolvimento regional, dos 'pólos de desenvolvimento' e das áreas em que se realizam programas de alimentação" (Cordeiro, H., 1978:114).

Ambos os paradoxos, como vemos, têm na RACIONALIDADE a pedra de toque de suas possibilidades resolutivas. Ocorre, assim, um rearranjo no interior do modelo desenvolvimentista, de modo que a saúde passa a ser um objeto prioritário e alvo de uma política específica, enquanto no modelo teórico ela aparece como um *Input* imprescindível na realização desenvolvimentista.

Paim e Filho (1982) desconstroem a teoria sistêmica em suas "aplicações" às políticas ao planejamento de setor saúde. Essa desconstrução põe a nu tanto a sua *rudimentaridade*, quando confrontada com a teoria matemática dos sistemas na qual pretende ter-se espelhado, quanto a sua ineficácia, quando confrontada com a realidade de saúde do país.

Os autores mostram como os modelos de saúde, concebidos a partir da teoria matemática dos sistemas, acabam por fazer-se exigências lógicas que jamais conseguem levar a contento e que "perdem o contato" com a realidade histórico-social. O real é mais grosseiro e mais contraditório do que a arquitetura dos modelos:

"A partir da definição semântica dos axiomas lógicos, vemos que eles nada dizem sobre as estruturas onde o sistema formal se pode interpretar. (...) na realidade a lógica é ela própria uma construção histórica, duplamente articulada em princípios ativos, demonstra-se que um sistema puramente lógico (de que os axiomas são todos lógicos) não contém nenhuma marca para os seus modelos" (Paim e Filho, 1982:29).

Os modelos sistêmicos de saúde funcionam, na verdade, como mecanismos redutores nas relações entre as populações e o Estado: as exigências e demandas coletivas de saúde são reduzidas às condições políticas, institucionais e econômicas de atendê-las.

É evidente a idealização sistêmica do setor saúde que perpassa as melhores construções teóricas e de planejamento:

"Poder-se-ia considerar, no entanto, que o 'sistema de saúde' corresponde a uma abstração, isto é, um modelo que procura representar uma imagem idealizada da realidade concreta" (Paim e Filho, 1982:29).

O campo das estruturas e dos processos sociais de saúde/doença é mais perverso do que sua representação. Os componentes do real não se comportam como os componentes do modelo, pois trata-se de componentes dialéticos de um devir, que nenhuma forma lógica é capaz de capturar, a não ser como representação consciente dos objetos que incorpora.

A teoria sistêmica não foi, até o momento, suficientemente superada por uma concepção que dê conta dos seus limites, o que nos remete a uma nova complexidade:

a) Por um lado, a *diferença* e o *distanciamento* entre o *Sistema* e o *Real* é uma questão de base, fundadora, na verdade, da própria possibilidade do conhecimento científico e que traz à tona a "questão da linguagem" na produção de conhecimentos. Axioma de base, portanto, problema tipicamente epistemológico, no qual o sistema e o real são os dois antagonistas em um teste crucial. A superação desse antagonismo é a própria *práxis* da ciência:

"Ora, qualquer que seja a hipertrofia sintática dos discursos 'formalizados' construídos para uso do matemático e do físico, não deixa por isso de ser verdade que estas mantêm a sua função originária de *veículo*. A noção de pensamento formal não pôde deixar de ser alterada pelo extraordinário esquecimento deste truísmo" (Granger, G., 1975:63).

b) Se a teoria sistêmica não foi superada, ela foi, no mínimo, deslocada pela nova problematização dos processos histórico-sociais das doenças, que inaugura o Movimento Sanitário na década de 70.

3. SABER MÉDICO E SABER HISTÓRICO-SOCIAL

Confrontação paradigmática

Conforme observa Teixeira "a incorporação das ciências sociais à medicina, constituindo a problemática da Saúde Coletiva, não se deu de forma aleatória, mas sim tratou-se de um recorte sistemático, uma incisão profunda no interior mesmo daquelas ciências, a partir da inscrição de conteúdos disciplinares no método histórico-estrutural" (1985:90).

"Nossa hipótese" — prossegue a autora — é de que a condição de possibilidade da constituição de um campo específico de conhecimento chamado Saúde Coletiva encontra-se dada, precisamente, pela adoção do método "histórico-cultural" (Teixeira, S. M. F., 1985:90).

Trata-se, agora, de tentar perceber como as categorias do método histórico-estrutural entram em jogo com os conceitos hegemônicos do paradigma clínico e que transformações aí se operam em conseqüência de tal intervenção teórica.

"É a partir desta abordagem que autores como Arouca e Donnangelo foram capazes de descortinar uma problemática atinente à saúde coletiva, de forma tão complexa e profunda que até hoje tem sido o parâmetro fundamental das investigações realizadas na área" (Teixeira, S. M. F., 1985: 91).

Com efeito, Arouca (1975) distingue bem dois momentos de ruptura na histórica do saber médico, quando se trata de pensar a Saúde Coletiva:

1. o primeiro é aquele em que a concepção de medicina preventiva rompe com a tradição higienista e curativa dominante e se constitui como uma disciplina e um saber autônomos:

"A demanda crescente da assistência médica exige algo além da simples cura das enfermidades, como é a preservação da saúde" (Arouca, S., 1975:6).

Estamos diante de uma "expressão simbólica, associada a dois conceitos, prevenção da ocorrência e prevenção da evolução, colocada para os clínicos como uma nova maneira da prática profissional" (p. 6).

A transformação preconizada "exige que a formação do clínico deva se dar tanto no campo da medicina preventiva como no da curativa", e que este encontro abra "o limiar de uma nova era na medicina; a era da medicina preventiva" (p. 6).

Ora, observamos, seguindo o autor, que o nascimento da medicina preventiva aponta para o primeiro nível em que os conceitos do social dão entrada no campo do saber médico. Isso porque a abordagem preventivista se proporá uma tarefa fundamentalmente educativa, trabalho, portanto, mais ideológico do que clínico:

"(...) Mais do que a produção de novos conhecimentos, mais do que mudanças na estrutura da atenção médica, representa um movimento ideológico... Partindo de uma crítica da prática médica, propõe uma mudança, baseada na transformação da atitude médica para com o paciente, sua família e a comunidade" (p. 9).

A mudança proposta por este preventivismo originário é, portanto, a de uma extensão do olhar clínico a um campo que se lhe tornara — desde os tempos de Pasteur — propositadamente estranho e indiferente.

Continuamos, porém, dentro dos limites do paradigma clínico: nada de questionar-se a medicina e o seu saber acerca dos agenciamentos histórico-sociais das doenças, das categorias do patológico e das possibilidades de cura que ela manipula.

A medicina preventiva, no entanto, corresponde ao primeiro movimento crítico que conduzirá importantes setores médicos a introduzirem o social na sua visão diagnóstico e terapêutica. Seu conteúdo crítico se dirige a uma medicina "(...) que se esgota no diagnóstico e terapêutica (...)", sendo "a prevenção e a reabilitação secundárias", além do que "privilegia a doença e a morte contra a saúde e a vida" (Arouca, S., 1975:9).

É importante destacar que foi dos Departamentos de Medicina Preventiva das maiores Universidades do país que despontou grande parte da massa crítica intelectual que trouxe à ordem do dia a questão dos condicionantes sociais das doenças.

2. Arouca determina também com precisão, o momento em que a Medicina Preventiva esgota suas possibilidades, justamente fundamentado no fato de que, se ela promove um considerável avanço perante os "obstáculos epistemológicos", ela se depara, por outro lado, com insuperáveis "obstáculos da prática", já que não se mostra apta a atuar sobre os determinantes sociais que ideologicamente ela reconhece.

É nesse limiar crítico que se constituirá uma teoria histórico-estrutural da doença, que fundará um novo objeto de estudos: o da Saúde Coletiva. É como se assistíssemos, na realidade, a um deslocamento desde um *paradigma clínico* em direção a um *paradigma histórico-estrutural*, enfatizando-se, desde logo, que tal deslocamento é também contraditório: se representou um grande avanço, ao nível sócio-político, deixou atrás de si, como verdadeiros "recalques epistemológicos, questões, que ao invés de resolvidas, foram, em muitos casos, eludidas.

A medicina preventiva não teria enfrentado obstáculos da prática tão insuperáveis se ela tivesse construído um dispositivo que fizesse uma *mediação*, na transformação que vai do paradigma clínico ao paradigma histórico-estrutural. Quando tal mediação se faz presente através da epidemiologia social (Filho, N. A., 1986), já não estamos mais falando de uma medicina preventiva, mas de uma medicina social.

A seqüência crítica delineada pode ser representada esquematicamente:

medicina curativa-higiene
medicina preventiva
medicina social
det. social da doença — saúde coletiva

Embora a representação ao lado pareça linear, as passagens de um momento a outro não são lineares, e interessa justamente captar as diferenciações que permitem passar de um a outro enfoque. Observou-se mais acima que o surgimento da medicina preventiva se deu a partir de um trabalho crítico dirigido às sustentações teóricas e técnicas do discurso médico hegemônico.

"A definição dessa problemática representou um ponto de inflexão nos estudos em saúde coletiva, que passaram a evidenciar tendências uniformes:

1. à relativa superação do projeto original da medicina preventiva em sua imediata subordinação ao objeto da clínica. Conseqüentemente, pela reorientação possível do coletivo, não mais reduzido necessariamente ao conjunto de influências sociais que incidem sobre o indivíduo;
2. ao aumento, senão ao próprio deslocamento da ênfase posta na questão da saúde/doença para a questão da prática de saúde sob distintas perspectivas (da administração de serviços à análise da prática sanitária em suas articulações políticas e ideológicas)" (Teixeira, S. M. F., 1985).

A Organização Mundial de Saúde já apontara, em 1946, o conceito global e multicausal da saúde, que tem, como sabemos, a prerrogativa de tematizar a simultaneidade complexa de processos em ordens diferenciadas, porém cheias de implicações e reciprocidades.

Devemos observar que o conceito de saúde emitido pela OMS opera uma idealização semelhante ao que se deu com o conceito de sistema: a representação pôs num mesmo nível o orgânico, o mental e o social, igualando acontecimentos que, na realidade, se organizam em ordens diferentes de complexidade:

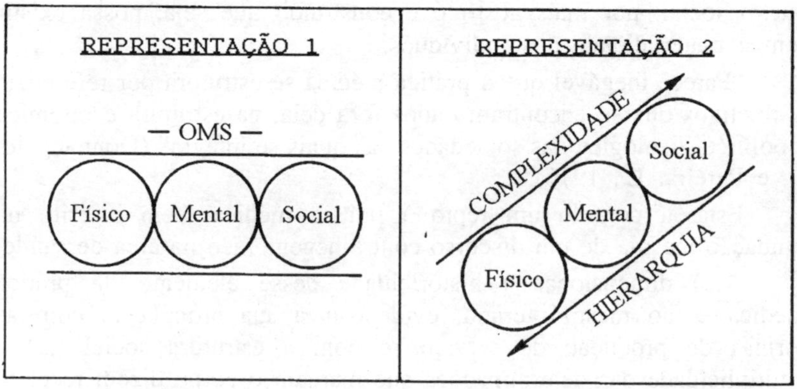

A segunda representação quer apontar para o fato da complexidade e da simultaneidade de processos que não podem, entretanto, ser reduzidos um ao outro. Já é corriqueira a cobrança que advém aos protagonistas do método histórico-estrutural a partir do paradigma clínico: trata-se da resolutividade, ou seja, não importam quais sejam as causas das doenças, elas só são doenças se se dão ao nível dos corpos dos indivíduos. E ao nível dos corpos doentes o domínio é necessariamente clínico.

Nada a objetar, sob a condição de que o corpo possa ser retomado ao nível do psiquismo e do social, pondo mesmo em questão conceitos hegemônicos advindos do paradigma biológico:

"Para Pereira (1983), este novo objeto se traduziria nas práticas sociais da medicina que procuram recuperar ou manter a saúde, assim como englobam os próprios processos que mantêm a saúde ou provocam a doença. A mudança qualitativa estaria dada porque o objeto desta disciplina não seria representado por corpos biológicos, mas por corpos sociais; em outras palavras, não se trata de meros indivíduos, mas de sujeitos sociais, de grupos e classes sociais e de relações sociais referidas ao processo saúde/doença" (Teixeira, S. M. F., 1985: 89).

O corpo clínico — orgânico e psíquico — não precisa deixar de existir para que seja reinvestido ao nível do social, nível em que ele, por sua vez, não precisa ser objeto de uma intervenção direta para ser objeto de um conhecimento e de uma *práxis*. Nenhuma necessidade de afirmar, portanto, como o faz Pereira (1983) que "(...) o objeto dessa disciplina não seria representado por corpos biológicos, *mas* por corpos sociais", a não ser sob o risco de cair na ilusão de que o social, por mais abstrato e construído que seja, possa existir sem a materialidade dos indivíduos.

"Parece inegável que a prática médica se estrutura por referência a objetivos que se encontram dados fora dela, na estrutura econômica e político-ideológica das sociedades nas quais se integra" (Donnangelo, C. e Pereira, L., 1976).

Está aí contido um repto à prática médica, bem inscrito na fundação mesma de um discurso contra-hegemônico na área de saúde:

"(...) dimensionar a historicidade desse elemento da prática médica e, ao mesmo tempo, evidenciar a sua articulação com as formas de produção de serviços e com a estrutura social (...) a multiplicidade das determinações que marcam o corpo dizem respeito à forma pela qual o homem se relaciona com o meio físico e com os outros homens" (p. 22).

A reflexão paradigmática sofre uma nítida curvatura no ponto em que o social é pensado em suas determinações histórico-estruturais. Esta concepção teórica é que funda o conceito de saúde coletiva.

"O corpo é disposto na sociedade antes de tudo como agente de trabalho, o que remete à idéia de que ele adquire seu significado na estrutura histórica da produção: significado que se expressa na quantidade de corpos 'socialmente necessários', no modo pelo qual serão utilizados, nos padrões de ação física e cultural a que deverão ajustar-se" (p. 26).

Evidencia-se que "a medicina institucionalizada reproduz — na forma pela qual seleciona patologias, incorpora e utiliza a tecnologia, favorece o atendimento diferencial das classes sociais — o caráter de classe da sociedade." "A prática médica, enquanto prática técnica que toma por objeto o corpo permanece individualizado ao nível do ato terapêutico" (p. 39).

A temática geral na qual se insere Donnangelo é a da alienação dos corpos na produção e da conseqüente mercantilização da medicina. A possibilidade efetiva da saúde coletiva está em atuar nesses dois níveis de determinação, transformando-se a prática médica e a própria organização social da medicina.

Não se pode constatar, todavia, que a hegemonia de um saber organicista tenha sido superada por um saber contra-hegemônico histórico-estrutural. E importante confirmar, apesar disso, que se trata de dois módulos de questões que não se ajustam a ponto de gerar respostas imediatas, ao nível da prática, correspondentes às desmontagens teórico-ideológicas.

O movimento sanitário será marcado profundamente pelo fato de que, ao mesmo tempo em que a teorização e o planejamento anti-hegemônicos engendraram um dispositivo capaz de intervir na realidade política da saúde — a Reforma Sanitária —, a grande maioria dos clínicos mostra-se pouco entusiasmada com a proposta reformista. A que se deve tal defasagem? É o que se tentará delinear em seguida.

Momento político e momento sanitário da reforma

A afirmativa de Teixeira (1985) de que assistimos a um "deslocamento da ênfase posta na questão saúde/doença para a questão da prática de saúde sob distintas perspectivas" deve ser devidamente interpretada:

Numa perspectiva, trata-se de tomar distância em relação a uma análise dos processos em tela bastante evocada ainda em nossos dias. Esta perspectiva tem sua contribuição mais efetiva nas obras de Canguilhem (1982) e Foucault (1981).

1. Em Foucault tratou-se de apontar as limitações de sua "micropolítica", quando se trata de dar conta das políticas de Estado, que têm sua especificidade na exigência de se pensar ao nível de uma *totalidade de poder*, com as temáticas que daí se desdobram, como a do centralismo, do planejamento e da participação.

Poder-se-ia demonstrar que as investigações de Foucault não são indiferentes às questões do Estado:

"É verdade que livros como *Vigiar e punir* e *A vontade de saber*, como também entrevistas, artigos ou cursos deste período, não refletiram explicitamente sobre o Estado e seus aparelhos, como fizeram com relação à questão dos poderes mais diretamente ligados aos objetos de suas pesquisas. Não se tratava, porém, de minimizar o papel do Estado nas relações de poder existentes em determinada sociedade. O que se pretendia era se insurgir contra a idéia de que o Estado seria o órgão central e único de poder, ou de que a inegável rede de poderes das sociedades modernas seria uma extensão dos efeitos do Estado (...)" (Machado, R., 1981:XIII).

A questão do Estado não é, porém, o único ponto em que se pretendeu deslocar a crítica foucaultiana: entendeu-se que sua abordagem e o método analítico que propõe privilegiam a questão do saber médico em detrimento da prática técnica da medicina. É o que pretendeu, por exemplo, ter descoberto Nogueira:

"Quanto a esses pontos, de ordem conceitual e metodológica, situamo-nos, dentro de nossas possibilidades, em posição contrária à daquela que é certamente a mais importante obra acerca da evolução do conhecimento médico — *O nascimento da clínica*, de Michel Foucault.

(...) Uma das principais críticas a ser feita a essa obra de inusitado brilhantismo é que, ao tomar como ponto de partida o saber e sua pretensa materialidade discursiva, Foucault pôs de lado todas as peculiaridades da medicina enquanto prática técnica" (1978).

Impossível compreender como se pode fazer uma tal leitura da obra referida de Foucault, já que ali estão esquadrinhados, até seus limites mais capilares, os dispositivos e os procedimentos da clínica em toda a sua história no Ocidente, só que incluindo, como um dos componentes fundamentais de todo dispositivo, os procedimentos discursivos:

"Este objeto não é constituído pelo discurso, mas pelas *condições de possibilidade* dos discursos, o campo problemático que lhes assinala um certo modo de existência (...)".

Em *La Naissanse de la Clinique* o autor fala de 'mutações dos discursos', de 'passagem de uma forma enunciativa a outra', de 'condições de possibilidade da experiência médica' (Robin, R., 1978:93).

As citações feitas são suficientes para suspeitar-se de que nos desfizemos muito rapidamente da obra de Foucault na instrumentação de nossa crítica social. Se ela foi descartada em nome de críticas como a de Nogueira, acima transcrita, há razões suficientes para propor que ela seja relida, especialmente diante do impasse paradigmático que já se enuncia no debate da Reforma Sanitária.

2. Em Canguilhem, tratou-se de refutar o vitalismo de proposições tais como:

"Em Filosofia entende-se por *normativo* qualquer julgamento que aprecie ou qualifique um fato em relação a uma norma, mas essa forma de julgamento está subordinada, no fundo, àquele que institui as normas. No pleno sentido da palavra, *normativo* é o que institui as normas. E é neste sentido que propomos falar sobre uma normatividade biológica. (...) Não emprestamos às normas vitais um conteúdo humano, mas gostaríamos de saber como é que a normatividade essencial à consciência humana se explicaria se, de certo modo, já não estivesse, em germe, na vida" (Canguilhem, G., 1982:96).

Refuta-se em bloco e no mesmo movimento, a riquíssima noção de normatividade, que dá conta de toda ordem de acontecimentos, no campo biológico, que constituem a geração de novas normas de vida, uma vez confrontados com a condição de *doente*, sendo já a própria condição de doente uma normatividade.

O conceito de *norma* e de *normal* foi de tal forma estigmatizado pelas teorias "normalizadoras" do funcionalismo anglo-saxão (Parsons, T. 1964), que tornou-se difícil trabalhar com uma inflexão positiva de tais conceitos, por exemplo, como o faz Canguilhem com o conceito de normatividade.

Entretanto — e elevando a complexidade da proposição até o nível sócio-político — como podemos formular uma proposta de Reforma Sanitária com "autêntica participação popular" se não tivermos em mãos a hipótese de que as forças sociais podem ser *normativas* no sentido de lutarem por e obterem efetivamente saúde?

O conceito de normatividade não é, portanto, incompatível nem com a idéia de saúde orgânica nem com a idéia de saúde coletiva, sendo, pelo contrário, capaz de oferecer a imprescindível *mediação* — na conjuntura atual — entre os fenômenos da enfermidade orgânica e os da determinação social das doenças.

O paradigma normativo e o paradigma histórico-estrutural não são contraditórios e podem mesmo compor os vetores de uma arquitetura teórica não-hegemônica, diante da medicina organicista, privatista e mercantilista.

Do exposto, desembocamos na seguinte representação esquemática.

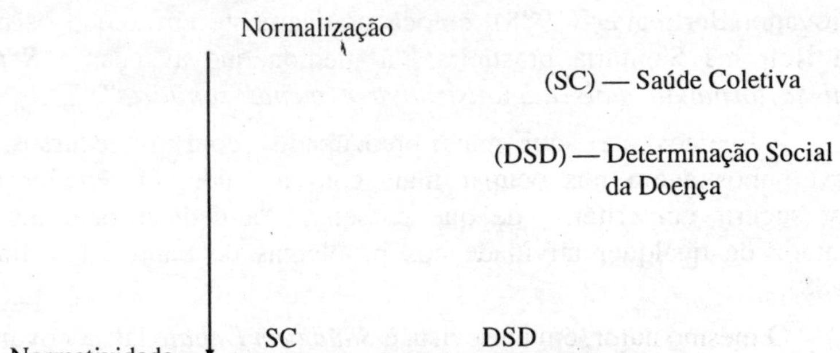

Em tal articulação teórica não é necessário renunciar à potência crítica de nenhum dos dois paradigmas: não só o paradigma histórico-estrutural exige um conceito sócio-político da normatividade — capacidade de qualquer instância coletiva ser *normativa* em se tratando de suas exigências de saúde —, quanto fica preservada a análise dos processos saúde/doença como polaridades dinâmicas e não-excludentes, fundamento mesmo da crítica de G. Canguilhem.

O "braço civil" da Reforma Sanitária — inaugurado pelo CEBES, como se viu — não logrou ampliar-se e ser tão bem sucedido politicamente quando o seu "braço estatal", sucesso testemunhado pelo SUDS (Sistema Unificado e Descentralizado de Saúde) e pelo texto de saúde da Constituição Federal, obtido no bojo das lutas corporativas e parlamentares da Assembléia Nacional Constituinte.

A primeira hipótese aqui aventada vai no sentido de que não haveria como negar a diferença entre *efetividade política dos meios* e *efetividade sanitária do funcionamento*, ao nível das populações interessadas.

O processo político do Movimento Sanitário já teria experimentado, até nossos dias, duas ordens de priorização de planos, metas e programas:

1. A sua primeira década, que vai dos anos Geisel à Constituição de 1988, é dedicada a um trabalho político-estratégico. Este é o seu momento prioritariamente político, momento historicamente necessário, mas que nos aponta, nos seus próprios limites atuais, uma nova direção a tomar. Não se trata apenas de um especial momento teórico, já que, como se procurou demonstrar ao longo de todo o texto, a sua prática sempre esteve, de uma ou de outra forma, simultânea a um intenso trabalho teórico.

2. Trata-se agora de uma "crise de efetividade". O senador Giovanni Berlinguer (1988), coloca praticamente em xeque os rumos da Reforma Sanitária brasileira: "à medida que avança, *a Reforma vai se tornando mais administrativa e menos sanitária*".

Estivemos até aqui mais preocupados com os recursos, mas deveríamos agora nos ocupar mais com a saúde. O senador acaba por sugerir um critério, de que passemos "a dedicar pelo menos a metade de qualquer atividade aos problemas de Saúde" (Berlinguer, 1988).

O mesmo autor, em entrevista à *Saúde em Debate* lança novamente verdadeiros reptos:

"(...) em lugar de envolver o Estado na política de saúde, envolve-se a saúde nas manobras da política.

(...) a Reforma Sanitária é principalmente uma reforma cultural: a participação democrática, necessária para a promoção da Saúde, pode ser uma palavra insignificante, se não há informação e cultura.

(...) a conexão com a população se solidifica quando a população entende que a Reforma Sanitária significa mais saúde" (Berlinguer, 1988:62) .

O fundamento revolucionário de uma Reforma Sanitária é, na visão de Berlinguer, *a saúde*, certamente do mesmo modo como a redistribuição da terra é o fundamento revolucionário de uma reforma agrária. A Reforma Sanitária privilegiou até aqui o seu momento de *reforma*, mas tudo indica que o seu destino próximo depende de que ela seja, finalmente, *sanitária*, sob pena de ser novamente tragada pela burocracia estatal da saúde.

REFERÊNCIAS BIBLIOGRÁFICAS

AROUCA, S. *O dilema preventivista: Contribuição para a compreensão crítica da medicina preventiva.* Tese de doutorado, FCM/UNICAMP, 1975, mimeo.

BERLINGUER, G. "Medicina e política" in *Saúde em Debate*, Londrina, CEBES, n. 23, 1988.

CANGUILHEM, G. *O normal e o patológico*, Rio de Janeiro, Forense Universitária, 1982.

CORDEIRO, H. "Prática médica na América Latina", in *Memórias*, Rio de Janeiro, IMS/UFRJ, n. 1, vol. 2, 1978.

COSTA, N. R. *Lutas urbanas e controle sanitário*, Petrópolis, Vozes, 1985.

COUTINHO, C. N. *A dualidade de poderes*, São Paulo, Brasiliense, 1984.

DONNANGELO, C. e PEREIRA, L. *Saúde e sociedade,* São Paulo, Duas Cidades, 1976.

ESCOREL, S. "Saúde e democracia, democracia é saúde", in *Saúde em Debate,* Londrina, CEBES, n. 21, 1988.

FILHO, N. A. *Introdução crítica à epidemiologia*, Depto. de Medicina Preventiva da UFBA, 1986, mimeo.

FOUCAULT, M. *Arqueologia do saber*, 3ª ed., Rio de Janeiro, Forense Universitária, 1987.

______. *Microfísica do poder*, Rio de Janeiro, Graal, 1981.

______. *O nascimento da clínica*, Rio de Janeiro, Forense Universitária, 1980.

GRAMSCI, A. *Quaderni del carcere*, Turim, Einaudi, 1975.

GRANGER, G. *Pensamento formal e ciências do homem*, Lisboa, Presença, v. 1, 1975.

GUATTARI, P. *Revolução molecular* — Pulsações políticas do desejo, São Paulo, Brasiliense, 1985.

MACHADO, R. "Por uma genealogia do poder", prefácio a *Microfísica do poder*, op. cit., pp. IX-XXIII.

NOGUEIRA, R. P. *Capital e trabalho nos serviços de saúde*, s. d., mimeo.

______. *Medicina interna e cirurgia*, IMS, 1978, mimeo.

O'DONNELL/OSZLAK, *Estado y politicas estatales en América Latina*: *hacia una estrategia de investigación*. CEDES/CLACSO, n. 4, 1978.

OLIVEIRA, J . A. "Para uma teoria da Reforma Sanitária: democracia progressiva e políticas sociais", in *Saúde em Debates*, Londrina, CEBES, n. 20, 1988.

PAIM e A. FILHO, *Introdução crítica do planejamento de saúde*, texto didático, Faculdade de Medicina da UFBA, 1982.

PEREIRA, J. C. *A explicação sociológica na medicina social*, tese de livre-docência da Faculdade de Medicina da USP, 1983.

PARSONS, T. *The Social System*, Nova Iorque, Free Press, 1964.

ROBIN, R. *História e lingüística*, São Paulo, Cultrix, 1978.

SINGER, P. *Vigiar e curar*: o controle social através dos serviços de saúde. Rio de Janeiro, Forense Universitária, 1981.

TEIXEIRA, S. M. F. *As ciências sociais em saúde no Brasil*, Brasília, OPAS, 1985.

HEGEMONIA, BLOCO HISTÓRICO E MOVIMENTO SANITÁRIO

Edmundo Gallo
Paulo César Nascimento

1. HEGEMONIA E SAÚDE

O processo de redemocratização da sociedade brasileira que temos observado desde a segunda metade dos anos 70, com seus altos e baixos, vem colocando novos problemas para a atuação das forças políticas existentes no país, incluindo aí as que lutam por uma Reforma Sanitária e pela instituição de um novo Sistema Nacional de Saúde. A reflexão que a abertura política enseja, no entender dos autores, pode ser mais rica e frutífera se exercida a partir do pensamento de Antonio Gramsci.

Com efeito, o conceitual gramsciano — que será abordado nas partes subseqüentes — parece mais apropriado para um contexto político como o brasileiro, em que a diversidade de correntes políticas e de ideologias não mais comporta soluções arbitrárias, impostas sem passar pelo consenso da população.

A democratização e o concomitante fortalecimento da autonomia da sociedade civil está obrigando as elites brasileiras a mudar a forma tradicional com a qual estavam acostumadas a manter e exercer seu poder — a dominação/coerção. Elas atualmente necessitam legitimar-se perante a sociedade, o que vale não só para as classes dominantes, como também para as subalternas. O revigoramento do espaço público no Brasil faz com que as instituições públicas e as políticas sociais sejam cada vez mais objeto de permanente tematização, e que qualquer proposta de mudança ou permanência do *status quo* tenha de ser conquistada na sociedade, nos marcos de regras democráticas, sob pena de inevitável fracasso. Assim, duas concepções parecem estar sendo superadas no caso brasileiro: a de uma elite governando "por cima" da sociedade, e a de um momento "explosivo" no qual as forças de oposição tomariam de súbito o aparelho de Estado.

Essa constatação nos leva a afirmar que uma classe ou as correntes políticas que a representam tem agora de buscar a direção da sociedade, e não o seu domínio. Esse processo de dirigir um bloco de forças em torno de propostas consensuais, como será visto a seguir, é o que Gramsci denominava de hegemonia, em contraposição à coerção. A hegemonia pressupõe uma longa luta de persuasão na sociedade civil, que, por seu caráter "prolongado", foi chamada metaforicamente por Gramsci de "guerra de posição".

No setor saúde, que é o interesse específico deste texto, podemos facilmente constatar esse mesmo processo de tematização da ordem vigente. O Sistema Nacional de Saúde instituído após 64 seguiu o modelo autoritário-burocrático implantado em todo o país, de "cima para baixo", sem a participação dos profissionais do setor e da sociedade em geral, e de caráter privatizante. Paradoxalmente, ao mesmo tempo em que o setor público da saúde se estendeu bastante, o setor privado — as grandes clínicas e hospitais, os sistemas de seguro-saúde e as indústrias farmacêuticas — também se fortaleceu, auferindo enormes lucros. O setor público da saúde atendia à lógica de lucro do setor privado, e sua tentativa de resolver os problemas dessa área através de soluções administrativas, encaminhadas inteiramente à revelia da sociedade, terminou em completo fracasso. Se tivesse esse Sistema ao menos "funcionado" de maneira adequada, apresentando uma prestação de serviços razoável, e minorado os problemas de saúde da população, talvez até conseguisse uma certa legitimação para suas práticas.

Com o processo de redemocratização do país, a área de saúde passou a sofrer as influências do fortalecimento do movimento dos profissionais do setor, e da crescente tematização da questão da saúde na sociedade em geral. Vivemos atualmente, então, uma situação *sui generis*, em que o Movimento Sanitário em suas diferentes variantes acumulou êxitos, forçando reformas administrativas importantes, mas encontra dificuldades em levar à prática a descentralização e a unificação do Sistema de Saúde, ressentindo-se ainda de um apoio mais constante tanto dos profissionais da área como da população organizada para a proposta de Reforma Sanitária.

Estamos em pleno universo gramsciano: uma guerra de posições que se desenvolve por caminhos tortuosos, onde atores a favor e contra a Reforma Sanitária defendem seus ideários e entram em luta (de forma velada ou aberta), nas mais diversas instâncias — no interior dos aparelhos das instituições de saúde, junto às organizações da sociedade, no Congresso e nas instituições dos profissionais do setor —, no contexto de uma grave crise social e econômica.

Como foi dito, a estratégia de guerra de posições implica a luta pela hegemonia de uma classe na sociedade. No caso do Movimento Sanitário, a luta pela hegemonia guarda uma série de especificidades, inerentes à sua própria área de atuação. A saúde é uma questão que, por sua própria essência, supera os marcos corporativistas, pois interessa à sociedade como um todo. Seu caráter é intrinsecamente público, já que não se pode pensar em uma cidadania plena sem que os direitos à saúde estejam assegurados. Assim, a luta para que a saúde seja "um direito de todos e um dever do Estado" — lema da VIII Conferência Nacional de Saúde e uma das bandeiras do Movimento Sanitário — é potencialmente capaz de abranger vastíssimos setores da população, pertencentes a diferentes grupos, classes e estratos sociais.

O projeto da Reforma Sanitária, ainda que tenha partido de intelectuais do setor, visa atender principalmente às necessidades das classes subalternas, ao mesmo tempo em que fere interesses das grandes empresas privadas e das multinacionais da área de saúde. Nesse sentido, a luta pela Reforma Sanitária se insere no quadro mais geral da luta de classes do país. Por outro lado, seria errôneo a partir desta constatação remeter a luta na área de saúde à dicotomia classe operária *versus* burguesia, sob pena de estreitar a base social e política do Movimento Sanitário, e colocar em xeque o próprio projeto hegemônico.

Mas exatamente pelo fato de a Reforma Sanitária transcender o esquema corporativista (o que não exclui evidentemente que em seu processo desencadeiem-se lutas de cunho mais restrito, a nível corporativo), e buscar a instituição de um Sistema de Saúde que atenda à nação como um todo, ela só pode ser minimamente efetivada em um Estado democrático e comprometido com reformas a nível global da sociedade. É impossível pensar seriamente em uma Reforma Sanitária nos marcos de um Estado autoritário, que destina uma ínfima parte de seu orçamento à saúde e à alimentação, com a permanência ainda, na sociedade, de problemas gravíssimos na área de habitação e emprego, e com boa parte da população vivendo em estado de miséria absoluta. Assim, a luta pela Reforma Sanitária não pode deixar de andar *pari passu* com a luta por mudanças estruturais na sociedade brasileira, o que equivale a dizer que o Movimento Sanitário, em seu projeto contra-hegemônico, tem necessariamente de enfatizar o estreito vínculo entre saúde e sociedade, e ligar-se às correntes políticas e organizações sociais que de uma forma ou de outra contestam a sociedade instituída.

Como podemos constatar, o Movimento Sanitário não pode se restringir a que sua proposta seja hegemônica para o setor saúde somente, mas também, por assim dizer, buscar a "hegemonia" da questão saúde na sociedade. Nunca é demais insistir nesse ponto: além de conseguir a hegemonia entre os profissionais de saúde para a proposta da Reforma Sanitária, e lutar por reformas institucionais que paulatinamente configurem um novo Sistema Nacional de Saúde, é necessário revelar o tema saúde na sociedade, desenvolver a *consciência sanitária* na população, sem o que a proposta de participação popular se tornará um mero clichê.

Segundo o pensamento de Gramsci, todo processo de hegemonia deve fazer convergir os interesses das forças que se unirão em torno de uma nova proposta. No caso da Reforma Sanitária, como sabemos, esta convergência que liga o espectro de forças em torno do Movimento Sanitário é a idéia da saúde como direito de todos e dever do Estado, que deve cristalizar-se em um Sistema Nacional de Saúde descentralizado e unificado, com efetiva participação (claro que em graus muito diferentes) tanto dos profissionais como da população organizada. Mas a criação de uma nova instituição da sociedade na área de saúde implica tanto a mudança da forma como a sociedade compreende e deseja que seja resolvida a questão da saúde, como mudança nos valores e normas que norteiam a atividade dos profissionais de saúde. Assim, o projeto contra-hegemônico do Movimento Sanitário engloba também a ética. A ética remete-se à atitude do homem em relação ao mundo; no caso de saúde, é a atitude do profissional de saúde para com seu "mundo' — a profissão e a maneira como ela é exercida. Para além de boas condições de trabalho e remuneração para os profissionais de saúde, o movimento pela Reforma Sanitária tem de travar uma das batalhas mais difíceis e prolongadas, a saber, a de convencê-los de que um Sistema Nacional de Saúde de novo tipo, descentralizado mas integrado, é o *seu* Sistema de Saúde, e que portanto eles têm responsabilidade sobre os destinos de tal Sistema. No Brasil, de forma geral, os funcionários das instituições públicas (que na verdade não são públicas enquanto tais, mas ordenamentos burocráticos) não se sentem parte integrante das mesmas, e portanto não apresentam qualquer interesse em seu bom funcionamento.

Evitar que essa situação se configure na área de saúde só é possível com um longo trabalho de persuasão nas categorias, de forma a mudar valores que distorcem a função dos profissionais na sociedade, como o individualismo, a falta de responsabilidade etc. A recuperação da dignidade das diversas profissões, juntamente com a participação das categorias nos assuntos da área de saúde, é o que pode ensejar uma atitude positiva dos profissionais do setor para com a Reforma Sanitária e o Sistema de Saúde que daí advenha. A experiência de outros países, em que a passividade ou a atitude contrária destes profissionais para com a reforma na saúde constituíram-se em sérios empecilhos à sua consecução, é uma advertência que não pode ser menosprezada.

A atitude dos profissionais de saúde para com seu universo de trabalho, por sua vez, guarda uma relação muito íntima com as idéias que esses profissionais têm do mundo e, evidentemente, de sua própria profissão. Assim, a luta pela hegemonia também é uma luta travada entre idéias. No caso do setor saúde brasileiro, duas vertentes ideológicas têm importância preponderante: a liberal e a trabalhista (esta última ligada ao Movimento Sanitário).

A liberal, que se convencionou chamar de "ideal de autonomia" foi preponderante durante toda a história de saúde no Brasil, até a ditadura militar. Essa ideologia refletia a forma tradicional como era exercida a medicina no Brasil — através do médico de consultório privado. Ela se remete à noção do livre-mercado, onde os consultórios privados — como qualquer empreendimento capitalista — têm de conquistar sua clientela pelo critério de competência.

Após 64, o Brasil seguiu um modelo de desenvolvimento capitalista que levou a um progressivo assalariamento da categoria médica, dissolvendo-se dessa forma o solo tradicional onde a ideologia liberal deitava raízes. O Sistema de Saúde racional-tecnocrático implantado pelo regime militar, ao mesmo tempo em que ensejou o assalariamento em massa dos profissionais de saúde, agravou consideravelmente os problemas do setor, reduzindo mais ainda o nível de vida e o poder aquisitivo da categoria.

Foi a partir desse contexto que o ideário trabalhista — que reflete a luta em defesa dos assalariados — pôde conquistar a hegemonia em vastas parcelas dos profissionais da área, apresentando-se como alternativa real ao ideário liberal. A luta da corrente trabalhista (que abrigava os progressistas e toda a esquerda) em nível corporativo — defesa dos interesses dos assalariados por melhores remunerações e condições de trabalho —, e em nível mais geral contra o modelo autoritário e excludente do Sistema de Saúde, conseguiu efetivamente uma mobilização nunca vista antes entre os profissionais do setor. Contudo, o ideário trabalhista começou a ceder espaços, nos últimos anos, para correntes neoliberais que conquistaram importantes instituições da categoria. Apesar do amplo assalariamento, o ideário liberal não se extinguiu — ao contrário, está muito presente na visão do mundo de amplos setores dos profissionais na área de saúde.

Várias hipóteses têm sido levantadas para explicar o recrudescimento das tendências liberais:

— as correntes trabalhistas não conseguiram elevar o nível de vida dos médicos assalariados, e isso fez com que as aspirações de autonomia profissional recrudescessem;

— minimizou-se o fato de que muitos assalariados mantinham outras formas paralelas de inserção no mercado de trabalho, que não eram levadas em conta pela corrente trabalhista;

— desprezou-se o trabalho ideológico, priorizando-se as lutas de cunho mais corporativo.

Seja qual for a validade dessas hipóteses — que só um estudo aprofundado do movimento dos médicos poderia esclarecer —, o fato é que duas tendências disputam atualmente a hegemonia da categoria dos profissionais de saúde, cada uma delas com uma ideologia específica.

Desnecessário dizer a importância dessa disputa para os rumos da Reforma Sanitária. Caso o ideário trabalhista (que se identifica com o Movimento Sanitário) continue a perder terreno, e o ideário neoliberal e os valores que lhe são inerentes ganhar mais espaços, poderemos estar certos de que o Movimento Sanitário terá maiores dificuldades em conseguir mobilizar os profissionais do setor para o projeto da Reforma Sanitária. Conquistar a hegemonia no seio da categoria torna-se, assim, uma tarefa inadiável para o Movimento Sanitário.

2. HEGEMONIA E BLOCO HISTÓRICO

Gramsci, principalmente a partir da derrota do movimento socialista italiano perante o fascismo e da vitória da revolução bolchevique em 1917, formula alguns conceitos fundamentais para a estratégia da transição ao socialismo nos países capitalistas desenvolvidos.

Identificando dois níveis analíticos: a sociedade civil "(...) conjunto dos organismos, vulgarmente ditos privados, que correspondem à função de hegemonia que o grupo exerce em toda a sociedade" (Gramsci, A., 1985:10-11), ou seja, a esfera do consenso; e a sociedade política, responsável pela coerção e representada pela superestrutura jurídico-política, o "(...) aparelho coercitivo para conformar as massas populares ao tipo de produção e economia de um determinado momento" (apud Portelli, H., 1987:30), Gramsci demonstra como o Estado moderno é *ampliado*, ou seja, ultrapassa os limites da sociedade política (o Estado, no sentido *restrito*), não é mais fundamentalmente coerção, como nos primórdios do capitalismo, mas "(...) sociedade civil mais sociedade política, ou seja: hegemonia revestida de coerção" (1978):

Nos países onde predomina o aspecto coercitivo, com um Estado *restrito,* teríamos um contexto *oriental*, que caracteriza um estágio inicial do Estado capitalista, com uma sociedade civil débil, "gelatinosa". Em contrapartida, onde o consenso é desenvolvido, haveria um contexto *ocidental*, com a sociedade civil servindo como "trincheira" do sistema hegemônico. Cada um desses contextos implica formas distintas de luta revolucionária. No primeiro caso, tem mais importância a *guerra de movimento*, de assalto militar ao poder, na medida em que o Estado se mantém à custa de seus aparelhos coercitivos, restando apenas dominá-los. No segundo caso, a luta é mais lenta, requerendo modificações anteriores ao momento militar, de destruição da hegemonia da classe dominante e construção de uma contra-hegemonia, de modificação de todo um *ethos* social, de substituição de valores, de luta ideológica, de uma nova *weltanschauung*. Em suma, é preciso uma *guerra de posição* para a conquista da supremacia por uma classe.

Evidentemente, essas categorias — embora constituídas a partir de análises históricas — são abstratas, polares, essencialmente metodológicas, e para determinar o tipo de contexto e a tática revolucionária adequada torna-se necessária — como bem o disse Lênin, e de resto já o dizia Marx — a "análise concreta de situações concretas": a *forma* assumida por um determinado Estado, numa determinada etapa histórica de seu desenvolvimento, das forças produtivas e relações de produção e das condições ético-culturais, ideológicas, nas quais está imerso. Esse movimento para o concreto é dado pela categoria *bloco histórico*: a "(...) articulação interna de uma situação histórica precisa" (Portelli, H., 1987), uma *formação social específica*.

O bloco histórico representa, portanto, o modo como se articulam — numa situação concreta — a infra-estrutura e a superestrutura. O módulo que permite esta ligação é representado pelos intelectuais. Estes são responsáveis pela "homogeneidade" do bloco histórico. Mas essa "função" dos intelectuais não pode ser vista como um simples desdobramento superestrutural — como faz o Portelli (1987) — sob pena de uma análise elitista/idealista que perde de vista o fato de que a "(...) situação dos intelectuais enquanto elite política é apenas o efeito de um certo *modo de constituição de classe em seus vínculos com o Estado*" (Buci-Glucksmann, C., 1980:352) [grifos meus], Estado esse que possui uma base histórica e aparelhos de Estado específicos, classistas.

Os intelectuais constituem um *bloco ideológico* responsável pela garantia de consenso tanto no interior do bloco no poder quanto sobre os setores dominados. Isso se dá através da elaboração, difusão e "rearranjo" da ideologia da classe dominante e do constante esfacelamento das tentativas de organização ideológica das classes oprimidas. Assim, a classe dominante torna-se também dirigente, e o sistema, hegemônico. Dois processos são muito importantes neste campo. A *revolução passiva*, que permite reacomodações hegemônicas entre as classes e frações no poder, e o *transformismo*, que promove a incorporação de intelectuais das classes subalternas ao bloco intelectual dominante, "decapitando sua direção política e ideológica" (Portelli, H., 1987:69).

A desagregação deste bloco ideológico e a construção virtual de outro — contra-hegemônico — são o ponto de partida para o processo revolucionário. Isso requer o desenvolvimento de um sistema hegemônico próprio nas classes subalternas, sob direção da classe fundamental destes setores, pois todo bloco histórico — ainda que "ser-em-possibilidade" — pressupõe uma classe dirigente. Esse novo sistema deverá favorecer

> "a compreensão, com um conteúdo crítico, (que) passa, portanto, pelo enfrentamento entre hegemonias políticas, divergências de direção, primeiro no plano ético, depois no plano político, para chegar a uma visão superior do real que lhe seja própria. A consciência de pertencer a uma força hegemônica determinada (isto é, a consciência política)

é a primeira etapa no sentido de uma futura e progressiva consciência de si mesmo, no qual teoria e prática terminam por reunir-se. (...) Eis por que é necessário frisar que o desenvolvimento político do conceito de hegemonia representa um grande avanço não somente no plano político-tático, mas também filosófico, pois ele pressupõe e implica a necessidade de uma unidade intelectual e uma idéia que correspondam à medida de uma visão do real que superou o senso comum e tornou-se... crítica" (Gramsci, apud Macciochi, 1980:162).

Essa passagem, que recorda claramente a noção de consciência de classe presente no *18 Brumário* (Marx, K., 1983), faz lembrar também a preocupação de um autor mais recente de filiação marxista, Habermas, quando prega a necessidade da repolitização da sociedade através da reproblematização dos discursos práticos, do questionamento do *ethos* interativo (Habermas, J., 1975).

Isso não é surpreendente, na medida em que Gramsci faz uma crítica superestrutural que não perde nunca a referência da infra-estrutura, que revela a importância da luta ideológica sem cair nos desvãos da *Kulturkritik*, que capta, enfim, a dialética econômico/político, e cuja "única ortodoxia só pode ser a revolução" (Buci-Glucksmann, G. 1980).

O conceito de hegemonia, tal como foi formulado por Gramsci, significou um desenvolvimento da teoria marxista da revolução. Antes do pensador italiano, este termo era utilizado de maneira esporádica e não rigorosa, como em Lênin ou até em Stalin. Ainda assim, Gramsci remete a noção de hegemonia à obra política de Lênin, chegando a afirmar, nos *Quaderni*, que "o princípio teórico-prático da hegemonia" é a maior contribuição teórica de Lênin à "filosofia da práxis", ou seja, ao marxismo.

Gramsci fundamenta sua posição a partir das idéias desenvolvidas por Lênin em *As duas táticas da social-democracia na revolução democrática* (1984), em que o fundador do Estado soviético afirma a necessidade de a classe operária estabelecer uma aliança sólida com o campesinato, isolando politicamente a burguesia e impulsionando, dessa forma, a revolução democrática até a conquista do socialismo. É justamente nessa necessidade da classe operária "alargar" sua base social que Gramsci detecta a contribuição teórica e prática de Lênin ao conceito de hegemonia. Na realidade, existem diferenças marcantes entre o pensamento de Gramsci e o de Lênin, diferenças essas que foram fruto especialmente das realidades diversas com que se defrontaram.

Refletindo sobre a teoria marxista e sobre as experiências da revolução russa e do movimento operário italiano, Gramsci desenvolve o pensamento marxista no que concerne a idéia da revolução nos países capitalistas mais desenvolvidos, onde a burguesia se estabeleceu como classe hegemônica porque fez representar seus interesses particulares como os interesses gerais de toda a nação. Ela conseguiu, dessa forma, agrupar em torno de si várias forças sociais, utilizando a coerção apenas em relação aos setores das classes subalternas que não aceitassem sua direção.

Esta situação é muito diferente do contexto "oriental" acima referido, em que a burguesia domina fundamentalmente através da coerção, sem o consenso de outros grupos ou classes sociais em relação ao seu papel preponderante no poder.

Se no tipo de Estado *restrito* o que predominava eram os aparelhos coercitivos, no Estado *ampliado* surgem diversas instituições responsáveis pela elaboração e difusão de valores simbólicos, de ideologias e normas de comportamento (sistema escolar, partidos políticos, organizações profissionais, sindicatos, meios de comunicação, instituições de caráter científico, artístico e cultural) — o que Gramsci define, enfim, como sociedade civil.

É justamente no âmbito da sociedade civil que as classes buscam exercer sua hegemonia, no sentido de obter aliados para seus projetos através da direção e do consenso, enquanto na sociedade política exercem uma ditadura fundada na coerção.

O fracasso das revoluções proletárias no Ocidente, bem como a derrota do movimento dos conselhos dos operários de Turim na década de 20, fez com que Gramsci refletisse sobre a estrutura das sociedades capitalistas avançadas, ressaltando a importância da sociedade civil como arena de luta no capitalismo moderno. As conclusões a que chegou o pensador italiano contradiziam os esquemas revolucionários existentes até então, que seguiam o modelo da revolução "explosiva" ocorrida na Rússia. Sem uma longa luta — uma guerra de posições — da classe operária para buscar a direção cultural e ideológica da sociedade civil, qualquer assalto direto ao poder se revelará ineficaz. Essa luta pela direção cultural e ideológica significa, na percepção gramsciana, mudar os valores, as normas, as visões do mundo e o senso comum predominantes — o *ethos* capitalista — pelos do proletariado emergente. Somente dessa forma, acreditava Gramsci, a classe operária teria condições de agrupar em redor de si outras classes e grupos (campesinato, pequena-burguesia urbana, intelectuais etc.), em um processo que levaria à liquidação do poder burguês e à formação de um novo bloco histórico.

Essa concepção de guerra de posições, válida para os Estados no sentido ampliado, difere substancialmente da concepção leninista de assalto ao poder, qualificada por Gramsci de guerra de movimento e válida para os Estados no sentido restrito, como o caso da Rússia, em que a inexistência de uma sociedade civil complexa e de uma hegemonia sólida das classes dominantes colocava a questão da tomada imediata do poder na ordem do dia. Apesar de Gramsci se reportar a Lênin, o primeiro insiste na concepção de hegemonia, enquanto o segundo se detém à idéia de alianças. A diferença está em que a hegemonia não se limita a alianças de classe, mas envolve mudanças profundas nos valores e idéias vigentes na sociedade civil.

A conquista da hegemonia por uma classe, por outro lado, não pode se efetuar somente no terreno ideológico — das visões de mundo ou das idéias. É necessário, para que uma classe obtenha a direção da sociedade, que ela satisfaça, em algum grau, os interesses de outras classes e forças sociais que aceitam sua direção. Existe, dessa forma, um cimento material para a conquista da hegemonia. Com a passagem do capitalismo para a fase monopolista, quando vastos setores da população, oriundos de diversos segmentos e classes, têm seus interesses prejudicados pelo grande capital, as possibilidades "objetivas" de construção de uma nova hegemonia se ampliam consideravelmente.

Segundo Gramsci, a hegemonia das classes subalternas — no caso a classe operária — se diferencia radicalmente da hegemonia burguesa. Para esta, basta um consenso passivo, que permita a continuidade da acumulação capitalista e sua direção, nas orientações gerais da sociedade. A hegemonia burguesa, nas condições atuais de Estado capitalista ampliado, existe quando todos os interesses representados, ainda que divergentes e conflitantes, não se elevam acima do nível corporativo, ou seja, da efetivação de interesses limitados e específicos de cada categoria ou grupo social, assimiláveis pela ordem capitalista vigente.

A hegemonia da classe operária implica um consenso ativo, participativo. Ela é essencialmente política porque não pode se limitar a conseguir somente vantagens econômicas para esta ou aquela classe, mas persegue uma nova instituição da sociedade, ou seja, mudar a ordem vigente em todos os sentidos: a ordem econômica, política, cultural e, não menos importante, a visão de mundo da sociedade, o que significa mudar a maneira como a sociedade se percebe.

Se a hegemonia das classes subalternas pretende uma solução abrangente, nacional, para cada questão da sociedade, transcendendo os interesses meramente corporativos, ela deve ser construída a partir de uma pauta de prioridades que reflita anseios e reivindicações majoritários e convergentes na sociedade. Em uma sociedade dividida em classes, com interesses conflitantes e antagônicos, a hegemonia das classes subalternas se chocará certamente com a resistência de uma ínfima minoria do grande capital privado, que terá de ser isolada politicamente. Mas em condições do capitalismo monopolista, a hegemonia da classe operária pode e deve abarcar amplos setores da população, transcendendo em muito o setor especificamente operário.

Trata-se então, na perspectiva gramsciana, de contrapor ao liberalismo corporativista, instrumento da hegemonia do grande capital, uma democracia de massas, respaldada em órgãos de base, partidos de massa e um parlamento revitalizado.

3. HEGEMONIA E SOCIEDADE

Pensar as possibilidades da construção de um novo bloco histórico, de uma alternativa contra-hegemônica que articule a realidade de um setor — a saúde — à sociedade como um todo, remete a uma questão anterior: que projetos disputam a hegemonia no plano social? É possível perceber hoje três grandes "visões de mundo" estratégicas, três blocos ideológicos — com raízes antigas, mas profundamente reformuladas — que lutam pela direção nas diversas sociedades do Ocidente:[1] a neo-liberal, a social-democrata e a socialista.[2]

Parece sensato afirmar que nenhum deles — ao menos explicitamente — se assume enquanto autoritário, antidemocrático; pelo contrário, todos apontam para um referencial comum: a democracia.

Mas, do ponto de vista tático, pode-se observar uma convergência — ainda que conjuntural — entre as duas últimas que as separam

1 Nas sociedades ditas socialistas, outras mediações e embates estão colocados e escapam ao âmbito deste trabalho.

2 Entendendo-se por socialista aquela que propõe a necessidade de superação do modo de produção capitalista para sua efetivação, diferente portanto de outras visões que até podem se intitular como tal, mas não postulam este princípio.

profundamente da primeira. Trata-se do conteúdo e da forma como é entendida a questão da democracia.[3]

Para o neoliberalismo, esta se manifesta enquanto uma democracia de tipo corporativo, semelhante ao modelo norte-americano, com partidos ideologicamente amorfos, onde a mediação público/privado é feita através de organizações corporativas, e onde a organização da economia é baseada no mercado. A matriz utilitarista que informa essa concepção vê na igualdade de oportunidades e na livre-iniciativa a realização da democracia, o que se materializa em uma democracia política[4] com um mínimo de políticas sociais, aliada a uma privatização generalizada da economia e dos bens de consumo coletivos.

Embora com divergências profundas, as posturas socialistas e social-democrata apontam para a construção de uma democracia baseada no fortalecimento do espaço público, em políticas sociais abrangentes e no controle estatal dos bens de consumo coletivos e setores econômicos essenciais. Esse projeto requer partidos ideologicamente definidos, com penetração nas massas e uma instituição de sociedade em que os atores individuais e coletivos se reconheçam mutuamente, ou seja, é um projeto de cidadania, uma democracia de massas.[5]

A partir daqui dividem-se os objetivos: para os social-democratas é o fim da linha; para os socialistas, o começo. Para estes, a cidadania e a democracia modernas são subversivas na medida em que se revelam inacabadas, exigem ser completadas (cf. Ingrao, P., 1980:142), ou seja, são instrumentos de construção de uma nova hegemonia, de uma democracia mais que política: social, econômica e cultural.

O sentido que o socialismo dá à democracia é, portanto, radicalmente diverso daquele da social-democracia. Em primeiro lugar porque a concebe enquanto a possibilidade de a sociedade se manifestar a respeito de todas as ações que lhe são pertinentes, ou seja, tematizar

---

3 Sobre este aspecto ver Carlos Nelson Coutinho, "Representação de interesses, formulação de políticas e hegemonia", neste livro, p. 47.

4 Utilizo aqui a formulação de O'Donnel, para quem a democracia política "pode coexistir com diversos graus de democratização (e com sua falta) nos planos econômico, social e cultural" (in REIS, F. W. e O'DONNEL, G., 1988:43).

5 Sem se desconsiderar, evidentemente, que a proposta social-democrata não extrapola os limites do capitalismo, nem busca esses conteúdos apontados da mesma forma ou com a mesma intensidade dos socialistas; apenas se quer ressaltar que apesar das importantes diferenças, um aspecto tático a coloca — ainda que temporariamente — ao lado do socialismo no enfrentamento do projeto neoliberal.

as normas sociais dentro de uma agenda ilimitada;[6] em segundo lugar, porque exige uma *hegemonia ativa*, a efetiva participação dos setores subalternos na construção de um novo *ethos* social. Em relação a este ponto, Poulantzas chama a atenção para a desconfiança que a social-democracia tem em relação à democracia direta e às iniciativas populares:

> "para ela (a social-democracia) a relação das massas populares com o Estado é uma relação de exterioridade, o Estado detentor do poder e constituindo uma essência. É o Estado-sujeito, que detém uma racionalidade intrínseca, corporificado nas elites políticas e pelos mecanismos da democracia representativa. Esse Estado, pode-se ocupá-lo substituindo-se as cúpulas por uma elite esclarecida de esquerda e fazendo rigorosamente alguns corretivos no funcionamento das instituições, ficando claro que o Estado levará às massas o socialismo de cima para baixo" (Poulantzas, N., 1981:293).

A essa postura, que em termos gramscianos se chama *hegemonia passiva* opõe-se o processo ativo, da organização e luta dos setores subalternos, que, tendo em vista um socialismo democrático, articulem

> "(...) a ampliação e o aprofundamento das instituições da democracia representativa e as liberdades (que foram também uma conquista das massas populares) com o desenvolvimento das formas de democracia direta na base e a proliferação de focos autogestores" (Poulantzas, N., 1981: 293).

Essas observações requerem agora uma aproximação ao momento da América Latina, em especial no Brasil.

Aqui, segundo O'Donnel, se estaria vivendo a transição entre um governo democrático — inaugurado com o fim do regime autoritário-burocrático — e um regime democrático,[7] cuja questão central seria a da consolidação da democracia, através da avaliação das possibilidades de retrocesso e avanço, que resultariam num grau maior ou menor de competição e/ou acordo entre as forças políticas. Se é lícito considerar pouso viável um golpe militar, poder-se-ia dizer que esta é uma fase de maior competição no plano mais geral, e de graus

---

6 O que inclui, por exemplo, discutir e interferir na acumulação, o que evidentemente é impossível sob o capitalismo. Sobre as limitações da agenda no Estado capitalista moderno ver OFFE (1984).

7 O regime democrático implicaria a democratização política (REIS, F. W. e O'DONNEL, G., 1988:43).

variados de competitividade e "acordismo" ao interior dos blocos ideológicos. Distinguir-se-iam assim, três planos de disputa pela hegemonia:

1. O plano mais geral, em que se colocam proposições antagônicas tanto no aspecto tático como no estratégico. Caracteriza-se pela extrema competição, havendo apenas o acordo tácito — e não necessariamente ideologicamente real — quanto à manutenção da constitucionalidade. Aqui se situam a democracia corporativa e a democracia de massas.

2. O plano particular[8] destas proposições, em que, apesar da divergência estratégica, existem algumas concordâncias táticas, que entretanto muitas vezes se tornam irrelevantes diante da crescente competição. A possibilidade de um maior "acordismo" parece depender mais do crescimento da sua alternativa oposta, na medida em que praticamente não há uma relação orgânica entre os diferentes grupos. Aqui se situam a corrente social-democrata e os socialistas.[9]

3. O plano singular destas grandes correntes,[10] em que há uma concordância estratégica e divergências táticas. Apesar de um razoável grau de competitividade, os socialistas parecem caminhar para uma maior organicidade e acordo tático, buscando superar seu fracionamento.

Qualquer bloco ideológico que almeje a direção social precisará dar respostas que consigam derrotar no plano geral a alternativa antagônica, dar organicidade e delinear uma proposta clara no plano particular e reforçar estes aspectos no plano singular.

Assumindo a luta por uma *hegemonia ativa*, o único caminho que parece possível é aquele da democracia de massas, vista pela

---

8 Nesse item e no seguinte far-se-á apenas a análise do setor progressista, que postula uma democracia de massas, em função dos objetivos deste trabalho, embora grande parte do raciocínio possa ser aplicado ao setor neoliberal.

9 Pode-se perguntar onde se situaria o populismo, na medida em que não somente não foi incluído entre os três grandes projetos, como também neste plano. Isso ocorre pelo entendimento de que o populismo não possui *em si* um componente interno unificante, uma visão de mundo, constituindo-se enquanto uma miríade de propostas conjunturalmente unificadas — no caso do Brasil — por um líder carismático. Outro ponto importante diz respeito à crescente ocidentalização da sociedade civil brasileira, o que — na hipótese de um regime populista — daria características distintas das experiências anteriores, em que não havia este importante fator. A maior ou menor aproximação de um governo populista a uma das grandes linhas apontadas certamente se daria a partir das mediações estabelecidas entre estas e aqueles setores internos ao populismo que tivessem afinidade com elas.

10 Tratar-se-á dos socialistas, pelos mesmos motivos.

ótica socialista. Neste caso, que necessidades se colocam para a construção deste bloco histórico *potencial*? Em outras palavras, que *condições de possibilidade* se fazem necessárias para sua atualização?

Em primeiro lugar — e, embora pareça óbvio, isso nem sempre é levado em conta — conseguir derrotar o projeto neoliberal. Para tanto é mister a elaboração da sua alternativa: um conjunto de idéias e práticas que indiquem a democracia de massas. Esse ponto talvez seja o mais delicado e complexo, pois implica um acordo tático profundo entre estratégias radicalmente diversas, de atitudes políticas distintas, e elevado grau de competitividade pela hegemonia em todos os planos. O fator incremental de sua organicidade e ação conjunta reside — como dito anteriormente — na capacidade de o neoliberalismo se apresentar ou não a sociedade enquanto projeto viável: quanto mais forte este, maior a possibilidade de acordos no plano particular e menor a competitividade, dirigida ao plano geral. Essa é base da construção do ator coletivo, que ganha contornos mais nítidos à medida que seu "outro" se delineia mais claramente na arena social.

Isso é válido também para o plano singular, e aqui talvez seja onde a proposta contra-hegemônica mais tem avançado no sentido de um bloco ideológico mais homogêneo, com proposições e ações comuns, conseguindo manter, entretanto, uma salutar competição que parece conferir-lhe dinamismo. O importante é que os socialistas já conseguem ver suas contradições singulares enquanto inerentes a seu "eu", e essa autoconsciência pode ser um significativo passo para sua afirmação enquanto bloco ideológico contra-hegemônico e para um possível bloco histórico socialista.

Pensando numa guerra de posições para se chegar a esse objetivo — passando por uma democracia popular de massas —, alguns pontos se tornam importantes se se quer uma consolidação democrática que extrapole o projeto neoliberal e mesmo o social-democrata — e institua uma sociedade em novas bases:

• Desmistificar a idéia de que a trajetória brasileira para uma democracia política, social e cultural[11] seguirá os mesmos percursos e chegará aos mesmos resultados daquelas existentes. Esse raciocínio linear, etapista, perde de vista não só as profundas diferenças e as

---

11 A não-inclusão do econômico é proposital, na medida em que diz respeito à acumulação do capital, e como tal é impossível de ser democratizado no interior do próprio capitalismo.

significantes modificações que vêm ocorrendo nestes "modelos", como também as peculiaridades da formação social brasileira.

• A construção de sua *modernidade singular*,[12] que envolve duas dimensões:

• **Modernização** — A institucionalização de *regras* técnicas e *estratégias* baseadas no saber empírico e analítico modernos, o "agir-racional-com-respeito-a-fins;[13]

• **Democratização** — A criação de mecanismos de transparência (acesso e controle de informações), de controle social e participação popular, em que possam ser acordadas as *normas* sociais.

Essas dimensões da cidadania evidentemente não serão criadas por decreto. A consciência política e a cristalização institucional são aspectos da construção de uma contra-hegemonia no plano das idéias e na sua base material e, como tais, resultam do saber e do agir político.

O que essa modernidade singular pressupõe é que sua realização passa pela intervenção do Estado enquanto um aspecto central deste processo — ao contrário do neoliberalismo —, mas que essa intervenção se dará sob normas definidas nas instâncias da sociedade civil, o que exige uma nova consciência política e social.[14]

4. A MODERNIDADE SINGULAR DA SAÚDE

No campo da saúde, essa questão aparece de forma cristalina. Tomando-se o slogan "saúde: direito do cidadão, dever do Estado", percebe-se duas sentenças que sintetizam a idéia anterior: *direito do cidadão*, que remete à instituição de uma nova sociedade, à modernização e à democratização; e *dever do Estado*, que destaca — e, mais, exige — seu papel neste processo. Trata-se, portanto, também para a saúde, da construção de sua modernidade singular.

---

12 A categoria é utilizada para resgatar a especificidade brasileira ante uma idéia genérica de modernidade, e como contraposição à de modernidade *possível*, que trabalha com um modelo em relação ao qual se teria graus de modernidade.

13 Sobre as categorias, regras e normas ver Habermas (1975).

14 É evidente que a proposta social-democrata se esgota nesse ponto — o Estado do Bem-Estar — e não necessariamente exige uma hegemonia ativa, ao contrário do socialismo.

Por outro lado, as disputas pela hegemonia presentes na sociedade parecem ter manifestações específicas no setor, inclusive nos planos apontados:

• No plano mais geral, entre um projeto de corte neo-liberal, privatizante, e que aponta para um sistema de saúde com formas diferenciadas de prestação de serviços, semelhante ao norte-americano,[15] e um projeto publicista[16] de dinamização e ampliação do setor público e instituição de um sistema único de saúde.

• No plano particular entre um projeto social-democrata de modernização — e não necessariamente democratização — do setor dentro da ótica da seguridade social; e a proposta socialista de Reforma Sanitária, que requer, além da modernização, a democratização do setor, e procura inserir a proposta no quadro de uma contra-hegemonia.

• O plano singular, onde disputam a direção o que poder-se-ia chamar de tendência institucional e tendência societária.

Cabem aqui algumas indagações: O que unifica e o que diferencia as posturas social-democrata e socialista — o plano particular — em relação à questão saúde? E entre as tendências institucional e societária (o plano singular)?

Em relação ao plano particular, a unidade se dá em torno da modernização do setor, com a criação de um sistema único de saúde descentralizado, público, gratuito, hierarquizado, integral, eficaz, eficiente, racionalizado e sob comando estatal. As diferenças se dão em dois aspectos: a democratização, que possui um conteúdo distinto para os social-democratas, e a inserção — por parte dos socialistas — do processo de reformulação setorial no quadro da luta de classes. A primeira, enquanto proposta formal — não em sua substância —, pode ser assumida pela social-democracia em acordos com socialistas, mas a segunda, estratégica, é inconciliável.

No tocante ao plano singular as diferenças são táticas[17] e a tendência institucional[18] se caracteriza pela priorização da intervenção política no interior do aparelho de Estado em detrimento daquela junto à sociedade civil, e a tendência societária pelo inverso. A opção

15 Esse projeto será detalhado adiante.

16 Sobre esta categoria ver o texto de Romualdo Dâmaso nesta coletânea (p. 69).

17 Ainda que se possa analisar componentes estratégicos distintos entre as tendências, o que pode dar-lhes qualidades diferentes, mas ao menos explicitamente ambas conjugam o mesmo objetivo. Estes aspectos são mais aprofundados em Gallo, E. (1988b).

18 Essa categorização é evidentemente feita *ex-post-facto*, o que entretanto não diminui sua utilidade analítica.

por uma ou outra tem dado margem a mútuas críticas em relação a eventuais prejuízos estratégicos.

A perspectiva de um processo setorial contra-hegemônico, uma proposta político-organizativa e um bloco ideológico capaz de derrotar o neoliberalismo traz à tona — para os socialistas — questões extremamente relevantes:

> "a Reforma Sanitária, enquanto um movimento que pretende transformar conhecimentos, organizar politicamente, mudar instituições, reformular o plano legal, desenvolver a consciência sanitária etc., seria um aspecto setorial da construção de uma nova hegemonia? Isto é possível, viável, ou a transição pactada, as estratégias governamentais etc., vão reformar o reformismo?"[19]

O Movimento Sanitário — no sentido precisado anteriormente — representaria o bloco ideológico setorial correspondente ao nível particular? Em caso positivo, quais suas possibilidades e limitações? Antes de responder a estas perguntas é imprescindível esclarecer o que se compreende por Movimento Sanitário e Reforma Sanitária. Inicialmente se procurará entender como tem sido tratada a categoria Movimento Sanitário no interior do pensamento acadêmico — o que tem fortes implicações nas outras esferas do agir político — e propor uma categorização que parece mais correta. Partindo desta categorização, ver-se-á como tem se dado a disputa nos diversos planos pela hegemonia setorial e de que forma o Movimento Sanitário e sua proposta — a Reforma Sanitária — se situam neste contexto.

5. ALGO ALÉM DE UMA "AXIOLOGIA" DAS ELITES

Na literatura setorial, percebem-se diferentes matizes de interpretação do que viria a ser o Movimento Sanitário. Este ensaio propõe

---

19 Fleury Teixeira, S. M., Comunicação pessoal, 1989. Aqui há uma discordância com a autora em relação ao significado da categoria *reformismo*, que ela concebe como o que aqui se prefere chamar de *atitude reformadora*: A ação política que envolve reformas estatais ao interior do capitalismo, mas sem perder de vista a necessidade de sua superação; em contraposição ao *reformismo*, que seria essa ação como um fim *em si* mesma, abdicando da necessidade do processo revolucionário, com conseqüências teóricas graves. Para melhor compreensão da análise e das categorias utilizadas pela autora em tela ver Fleury Teixeira, S. M. — *O dilema da Reforma Sanitária brasileira* in Berlinguer, G., op. cit. Em outro trabalho (*Reformismo e revisionismo*: *duas formas de oportunismo para Lênin*, DCS/ENSP, 1987, mimeo.), este autor discute mais detalhadamente esta categoria.

que sejam agrupadas no que poder-se-ia chamar de "concepções correntes", e que são basicamente duas. Ambas têm como referência o "Partido Sanitário",[20] e esta é uma das causas de suas limitações; são elas:

• **Concepção axiológico-positiva** — Identifica o movimento e as modificações político-institucionais resultantes de sua articulação ao "Partido Sanitário": as propostas setoriais progressistas — seja no tocante à sua elaboração ou à sua efetivação — seriam resultante exclusiva do acúmulo de conhecimento e lutas deste grupo, portador dos interesses dos segmentos oprimidos da sociedade, e representante das preocupações das forças contra-hegemônicas da área de saúde.

• **Concepção axiológico-negativa** — Parte do mesmo referencial — Movimento Sanitário = Partido Sanitário —, embora chegue a conclusões diversas. Aqui este é visto apenas como promotor da colaboração de classes e/ou interessado em um projeto pessoal de poder, sem nenhuma preocupação com os setores subalternos, sendo suas propostas fundamentalmente voltadas à legitimação do Estado.

Ambas partem do mesmo viés elitista:[21] o fato de que as modificações político-organizacionais podem ser fruto da ação exclusiva de um determinado grupo. Se é correto afirmar que esse grupo foi — e é — extremamente importante na elaboração de uma alternativa para o setor, ou que a sua prática reformista favoreceu um projeto

---

20 Que, de acordo com Oliveira, seria "(...) um conjunto de técnicos (ou talvez seja melhor dizer... de *diferentes técnicos*) que tem em comum pouco mais do que um passado de preocupações progressistas, que vêem a si mesmos como componentes de um auto-proclamado e informal 'Partido Sanitário' e que ocupam hoje, com freqüência, postos e posições no interior do aparelho de Estado" (Oliveira, J., 1987) [grifos do original]. Sobre esta categoria, ver também Campos, Gastão W. "*A Reforma Sanitária necessária*", in Berlinguer (1988).

21 Não se pretende aqui desqualificar os aportes que a teoria de elites, nas suas diversas variações, traz ao entendimento das políticas sociais; ver por exemplo Heclo (1974); especialmente o capítulo 6, onde faz importantes observações sobre os *Policy Makers*. O que se quer destacar é que essa abordagem por si só não consegue apreender o processo de formulação de políticas como um todo, por não atentar suficientemente ao contexto histórico no qual são formuladas.

Por outro lado, através das abordagens de Martins, C. E. *Tecnocracia e capitalismo*, São Paulo, Brasiliense, 1974; Mosca, Caetano. *La classe política*, Roma, Loterz, 1975, entre outros, pode-se trabalhar a idéia de uma "Elite Sanitária", caracterizada pela ascensão a postos de poder através do seu conhecimento técnico. Essa abordagem é certamente mais correta do ponto de vista da Ciência Política que a de "Partido Sanitário", além de fornecer uma categoria importante para a compreensão da política setorial e do processo de transformismo.

governamental e dificultou uma tematização — no sentido habermasiano, de politização — da proposta de Reforma Sanitária,[22] responsabilizá-lo exclusivamente pelos avanços ou retrocessos é ignorar o processo histórico setorial.

No entender dos autores — e esta é uma das teses centrais deste ensaio —, o movimento pela saúde, o Movimento Sanitário, é constituído por *todas* as forças progressistas desta área: partidos, sindicatos, entidades populares, setoriais e intelectuais. As propostas comuns, as modificações, os recuos ou conquistas são antes reflexos da luta política dessas organizações — inclusive em seu interior — e de suas bases de massa, do estágio da consciência sanitária dos setores subalternos, que da intervenção iluminada ou maquiavélica de uma elite.

Em contrapartida, é possível — e, mais, necessário — propor uma nova categorização que resgate a formação dialética de uma proposta para a saúde, de uma Reforma Sanitária, no sentido que será precisado neste ensaio.

Se, no início de sua articulação, o Movimento Sanitário era basicamente um conjunto de intelectuais e técnicos de proporções reduzidas — e não apenas do "Partido Sanitário" —, ao longo dos anos ganhou o reforço e a contribuição das lutas específicas de setores diversos da sociedade civil (sindicatos, partidos, associações, encontros etc...), ainda que muitas vezes de forma não-orgânica.

Com o fim do autoritarismo, as propostas para o setor das diversas forças progressistas se revestiram de características ideológicas mais distintas, embora de cunho eminentemente tático, o que não impediu que os fóruns setoriais (VIII Conferência, 1° Congresso de Saúde Coletiva, Plenária Popular), independente de suas limitações, contribuíssem para uma formulação mais coletiva de uma nova proposta.

Isso pode levar — dependendo de como se desenvolverem as tendências a serem discutidas a seguir — à construção de uma alternativa contra-hegemônica no setor, representada por um Movimento Sanitário "ampliado", capaz de unificar progressistas e suscetível de uma hegemonia socialista.

---

22 Sobre este aspecto ver Gallo (1988a), Gallo, Lucchesi et al. (1988), Teixeira, S. M. F. "O dilema da Reforma Sanitária brasileira" e Campos, E. W. "A Reforma Sanitária necessária" in Berlinguer, G. (1988), e Oliveira, J. (1987).

6. BLOCO HISTÓRICO E MOVIMENTO SANITÁRIO

O Movimento Sanitário se coloca no nível particular de disputa hegemônica, tendo como seu "outro" o projeto neoliberal, que hoje representaria

> "um reordenamento de fatias de mercado: os SUDS, com bases ampliadas para as classes menos privilegiadas, o convênio-empresa para trabalhadores urbanos e o seguro-saúde privado para camadas médias e/ou superiores, (...) um sistema semelhante ao modelo americano: MEDICAID para os pobres, financiado por um duplo pagamento da classe trabalhadora e seguros privados para os demais" (Connil, E., 1988).

Mas esse projeto nem sempre esteve claramente colocado; ao contrário, à época do autoritarismo, o setor privado tinha no financiamento público sua principal sustentação e suas ações eram dirigidas para a ampliação desta base. Hoje, embora a utilização do erário público continue sendo objeto de investidas — vide a ampliação do modelo Incor para os outros hospitais públicos —, o eixo destas passou a ser o convênio-empresa (agora não mais contando com o fato de a empresa poder deixar de contribuir para a Previdência) e o seguro-saúde, que independem financeiramente do Estado, ou seja, a progressiva autonomia em relação a este parece ser uma característica marcante.

Se é lícito falar em uma ideologia publicista que informou o projeto do Movimento Sanitário, pode-se falar em uma privatista que informou o neoliberal. Em outras palavras, o Movimento Sanitário e o bloco neoliberal constituíram suas proposições atuais e a si próprios na luta pela hegemonia setorial no plano geral.

Mas o Movimento Sanitário também se constrói na disputa interna no plano particular. No setor saúde já há uma organicidade neste nível que não encontra correspondência na sociedade: apesar da elevada competitividade entre socialistas de tendência societária (STS), por um lado, e social-democratas (SD) e aqueles de tendência institucional (STI), por outro lado (entre estes últimos o acordismo foi intenso), os acordos entre as correntes conseguiram conduzir uma proposta razoavelmente coesa. O que parece ter acontecido é que esta, em conseqüência das avaliações da aliança SD/STI, se manteve nos limites da modernização, com alguns flertes com a democratização.

Atualmente parece haver um rearranjo das relações de força dentro do Movimento Sanitário que pode ter importantes desdobramentos para o processo de Reforma Sanitária. Alguns pontos indicam isso:

— uma maior competição entre SD e STI, além da já existente entre os primeiros e os STS;

— um maior acordismo entre STI e STS.

Isso decorre em parte da experiência de governo vivida pelos STI, que demonstrou as limitações de uma modernização sem democratização, bem como dos retrocessos possíveis em propostas não respaldadas amplamente em bases sociais; e em parte pela progressiva compreensão — também resultante da atividade política e intelectual — por parte dos STS, de que um projeto contra-hegemônico necessita de uma teia institucional que cristalize seus avanços sob pena de recuos futuros.

Dito de outra forma, as divergências táticas que afastaram as tendências socialistas parecem ter sido — pelo menos em parte — suprimidas, o que pode dar uma nova qualidade à Reforma Sanitária no Brasil. Por outro lado, o projeto social-democrata ganha mais definição na sociedade e no setor, o que diminui sua identificação mais orgânica com os socialistas, embora não o afaste do bloco ideológico social/setorial que se manifesta na democracia de massas/Reforma Sanitária.

Essa relação merece um melhor detalhamento para que se possa entender de que Reforma Sanitária se está falando.

Em primeiro lugar, é importante lembrar que uma proposta que busque inserir a questão saúde na luta pela democracia sob o prisma do materialismo histórico deve trabalhá-la do ponto de vista abstrato e do ponto de vista concreto. Isso equivale dizer que a saúde no capitalismo, tal como a democracia, é subversiva porque se revela inacabada, exige ser completada.[23] Ou seja, a proposta de concretização da idéia de saúde que se tem, a Reforma Sanitária, contém elementos passíveis de se realizar sob o capitalismo e outros factíveis apenas no socialismo.

Há aspectos contra-hegemônicos mesmo naqueles elementos viáveis no capitalismo, mas que só se mantêm enquanto tais na medida em que se relacionam com aqueles inviáveis. A democratização —

---

23 Para uma discussão sobre este aspecto, ver o texto de Sarah Escorel, nesta coletânea.

por exemplo — só pode levar a uma consciência sanitária revolucionária se na sua tematização estiver presente a discussão sobre as limitações que o capitalismo impõe à agenda da saúde, onde algumas questões sequer são colocadas.

A construção da modernidade singular da saúde — a Reforma Sanitária — precisa atender à dupla dimensão daquela, a modernização e a democratização, a construção da cidadania e, para além desta, da consciência sanitária plena.

7. ONDE SE CHEGOU E ATÉ ONDE SE PODE IR

Uma análise diacrônica da política de saúde mais recente coloca duas indagações básicas: o Movimento Sanitário — enquanto expressão de um bloco ideológico vinculado aos interesses subalternos — conseguiu fazer avançar o projeto de Reforma Sanitária? Sua ação logrou — seja junto ao Estado, seja na sociedade — alterar a lógica da política pública de saúde e da produção de serviços de saúde?

Começando pela segunda questão, poder-se-ia assinalar algumas constatações favoráveis e desfavoráveis:

Favoráveis

• Houve um significativo processo de modernização setorial, no sentido anteriormente explicitado, de integração, descentralização, hierarquização etc.

• Ocorreu uma realocação de despesas em favor do setor público,[24] com diminuição da participação relativa do setor privado e medidas como o fim da possibilidade de isenção da contribuição previdenciária às empresas que contratassem serviços privados.

• A constituição consagrou o Sistema Único de Saúde com condução do setor público, bem como o direito à saúde como um dever estatal.

• Houve um avanço da consciência sanitária. Hoje qualquer indivíduo percebe a saúde enquanto um direito seu; a questão tornou-se objeto de tematização.

---

24 "A participação relativa do setor privado contratado no total das despesas diminuiu de 76% em 1979 para 46% em 1986 (...) e, neste mesmo ano, apesar da realocação das despesas, quase 70% das internações ocorreram no setor privado" (Connil, E., 1988).

• Ainda em relação a esse ponto, é o setor que, comparativamente a outros, conseguiu alguns importantes momentos organizativos na sociedade civil.

Desfavoráveis

• Não se conseguiu avançar significativamente na dimensão democrática — transparência, controle social e participação popular.

• A participação do setor privado no financiamento público nos atos de maior complexidade praticamente não se alterou: cerca de 70% das internações continuam no setor privado, o aumento absoluto e relativo dos serviços auxiliares de diagnose e terapia (SADT), e do sistema de atendimento médico-hospitalar da Previdência Social (SAMHPS), levava a uma previsão de que mais de 50% do orçamento no Inamps para 1988 seria gasto com este setor, cerca de 2,4 bilhões de dólares (Vasconcelos, M. M., 1988:75).

• Ocorreu um importantíssimo aumento da atividade privada sem qualquer financiamento público. Hoje cerca de 50% dos produtores privados independem diretamente da verba pública. Esse crescimento se deu sob a forma de convênio-empresa e seguro-saúde individual.

• Ganhou corpo uma nova forma de utilização do setor público com fins lucrativos, o modelo Incor, em hospitais universitários e públicos.

• Não se garantiu constitucionalmente a relação do privado, enquanto suplementar ao público, e sim enquanto complementar.

• A consciência sanitária parece não ter conseguido extrapolar os limites corporativos: quase todos os dissídios coletivos incluíram cláusulas solicitando convênios com empresas médicas, inclusive naquelas categorias que incluem nas suas propostas gerais a luta pela Reforma Sanitária.

Pode-se afirmar, portanto, que a atuação do Movimento Sanitário conseguiu dar um caráter modernizador à política de saúde, sem entretanto alterar a lógica da produção de serviços de saúde tanto no interior do setor público quanto no privado. Isso equivale dizer que até o momento não se foi capaz de contrapor ao projeto neoliberal um projeto alternativo de Reforma Sanitária em bases institucionais.

Por outro lado, ainda não se conseguiu uma base social respaldada na consciência sanitária que recupere a credibilidade do setor público e instaure a exigência de que a idéia de saúde se concretize através de sua atuação.

Em outras palavras, o período recente da política de saúde caracterizado pela Reforma Sanitária "oficial"[25] parece ter se dado sob a condução da linha social-democrata do Movimento Sanitário que conseguiu atrair, em função da avaliação conjuntural, os socialistas de tendência institucional. Essa direção conseguiu substantivos avanços em relação a outros setores sociais, mas isso não implica ter conseguido alterar a lógica da produção de serviços.

O acordismo da transição pactada parece ter colocado fora da agenda de negociações a interferência sobre o setor privado. Não é objeto deste trabalho analisar se a forma como tem se conduzido a transição dificultou ou não o avanço rumo à democracia e à Reforma Sanitária,[26] mas constatar o "estado da arte" e apontar suas possibilidades de avanço ou recuo em direção a elas.

Entre as primeiras destaca-se a aparente convergência dos socialistas e a perspectiva de manter a ação conjunta com os social-democratas, embora sem a direção destes. Isso significa uma unidade mais orgânica no plano singular e um deslocamento de poder no plano particular, no Movimento Sanitário. Dessa forma parece possível acrescer à dimensão da modernização uma rigorosa democratização, e construir uma cidadania que instaure a modernidade singular da sociedade brasileira, suplantando o projeto neoliberal e criando outras condições que possam ser exploradas pelos socialistas em relação ao seu objetivo estratégico.

Com relação aos obstáculos, o primeiro — e óbvio — seria a derrota da proposta da democracia de massa/Movimento Sanitário pela neoliberal. Isso caracterizaria uma situação histórica de conseqüências no mínimo graves para uma proposta que pretende responder aos anseios dos setores subalternos.

O segundo problema seria — na hipótese de se sobrepor ao neoliberalismo — o do bloco ideológico progressista ser hegemoneizado pelos social-democratas. Neste caso poder-se-ia até chegar à uma sociedade modernizada e embasada na cidadania, mas certamente não se teria atingido o homem, que continuaria condenado à pré-história da humanidade.

---

25 Utilizo a terminologia de Campos, G. W. em A *Reforma Sanitária necessária*, op. cit.

26 Sobre este aspecto já existe uma vasta literatura. Ver, entre outros, trabalhos deste autor e também de Sonia Fleury, Nilson do Rosário Costa, Gastão W. Campos, Jaime Oliveira, Sarah Escorel, entre outros.

REFERÊNCIAS BIBLIOGRÁFICAS

ALTHUSSER, Louis. *Aparelhos ideológicos de Estado*, Rio de Janeiro, Graal, 1987.

BERLINGUER, Giovanni. *Reforma Sanitária Itália e Brasil*, São Paulo, HUCITEC/CEBES, 1988.

BUCI-GLUCKSMANN, Christine. *Gramsci e o Estado*, São Paulo, Paz e Terra, 1980.

CAMPOS, Gastão Wagner. *Os médicos e a política de saúde*, São Paulo, HUCITEC, 1988a.

_____. *"O Debate Necessário"* in *Revista Saúde em Debate* (25), Londrina, CEBES, 1988b.

CONNIL, Eleonor. *O processo de reforma sanitária no Brasil*, Rio de Janeiro, ENSP, 1988, mimeo.

COUTINHO, Carlos Nélson. Gramsci, Porto Alegre, L & PM, 1981.

_____. *Dualidade de poderes*, São Paulo, Brasiliense, 1987.

FERNANDES, Florestan. *Nova República?*, Rio de Janeiro, Tamar, 1985.

GALLO, Edmundo. "Da reforma ao reformismo" in *Revista Saúde em Debate* (22), Rio de Janeiro, CEBES, 1988a.

_____. *O dilema reformista na saúde: Da causação social à cassação do social*, Rio de Janeiro, DCS/ENSP, 1988b, Projeto de Dissertação de Mestrado.

_____. LUCCHESI, G.; MACHADO FILHO, N. e RIBEIRO, P. T. "Reforma sanitária: Uma análise de viabilidade" in *Cadernos de Saúde Pública* (IV, 4), Rio de Janeiro, PEC/ENSP, 1988.

GRAMSCI, Antonio. *Os intelectuais e a organização da cultura*, Rio de Janeiro, Civilização Brasileira, 1978.

_____. *Maquiavel, a política e o Estado moderno*, Rio de Janeiro, Civilização Brasileira, 1978.

_____. *Concepção dialética da história*, Rio de Janeiro, Civilização Brasileira, 1981.

GRUPPI, Luciano. *Tudo começou com Maquiavel: As concepções de Estado em Marx, Engels, Lênin e Gramsci*, Porto Alegre, L. & PM, 1980.

HABERMAS, Jurgen. "Técnica e ciência enquanto ideologia" in *Benjamin, Horkheimer, Adorno e Habermas*. São Paulo, Abril Cultural (Os Pensadores), 1975.

_____. *Conhecimento e interesse*, Rio de Janeiro, Guanabara, 1987.

HECLO, Hugh. *Modern Social Politics in Britain and Sweden: From Relief to Income Maintenance*, New Haven, Yale University Press, 1974.

INGRAO, Pietro. *As massas e o poder*, Rio de Janeiro, Civilização Brasileira, 1980.

LÊNIN, Vladimir I. U. "Duas táticas da social-democracia" in *V. I. Lênin, Obras Escolhidas* (1), Moscou-Lisboa, Edições Progresso/Avante, 1984.

MACCIOCHI, Maria-Antonieta. *A favor de Gramsci*, São Paulo, Paz e Terra, 1980.

MARX, Karl. "O 18 de Brumário de Luís Bonaparte", in *Marx*, São Paulo, Abril Cultural (Os Pensadores), 1983.

OFFE, Claus. *Problemas estruturais do Estado capitalista*, Rio de Janeiro, Tempo Brasileiro, 1984.

OLIVEIRA, Jaime A. A. "Reforma ou riforma", in *Presença* (10) Rio de Janeiro, 1987.

______; e TEIXEIRA, S. M. Fleury. (in) *Previdência Social: 60 anos de história da previdência no Brasil*, Rio de Janeiro, Vozes, 1986.

PORTELLI, Hughes. *Gramsci e o bloco histórico*, São Paulo, Paz e Terra, 1987.

POULANTZAS, Nicos. *O Estado, o poder, o socialismo*, Rio de Janeiro, Graal, 1981.

REIS, Fábio Wanderley e O'DONNEL, Guilhermo (Orgs.). *A democracia no Brasil. Dilemas e perspectivas*, São Paulo, Vértice, 1988.

VASCONCELOS, Miguel, M. "A perspectiva no Planejamento" in *Revista Saúde em Debate* (23), Londrina, 1988.

VIANNA, Luis Werneck. "Problemas Modernos na Construção da Hegemonia", in *Presença* (8), Rio de Janeiro, 1986.

SOBRE A FORMULAÇÃO DE POLÍTICAS SOCIAIS

Silvia Gerschman

1. INTRODUÇÃO

Nosso propósito neste trabalho é abordar a questão da formulação de políticas sociais, dentro das quais nosso objeto de reflexão e intervenção específico são as políticas de saúde.

O que se entende por políticas sociais? Que dilemas e interrogações se apresentam ao abordarmos uma determinada política social? Como ocorrem os processos de formulação de políticas sociais? Colocar estas questões talvez seja dar o pontapé inicial para problematizar o estado atual e os resultados das políticas sociais e de saúde.

O campo de política social é tão velho como o da teoria política. Segundo Coutinho (1988), desde Aristóteles pergunta-se como a política se encaminha à satisfação das necessidades do homem, se o governo é bom ou mau, legítimo ou ilegítimo em função do interesse comum, do bem-estar do homem. Mas, de modo específico, no interior da Ciência Política, desde o século XVIII, a política social constituiu um âmbito de reflexão no sentido de problematizar se o Estado deve intervir ou não para suprir ou remediar as carências ocasionadas pela pobreza; se a pobreza deve ser atribuída à incapacidade das pessoas ou se, pelo contrário, é o movimento natural da economia e suas flutuações que geram pobreza.

Nesse sentido, já no século XIX, vários pensadores vão se preocupar em discutir o papel que cabe ao Estado perante o processo de industrialização capitalista que destituiu da proteção social milhares de trabalhadores que abandonavam as formas feudais agrárias de produção, para se constituírem em trabalhadores livres. Este tem sido o ponto de partida para o pensamento das políticas sociais, embora diferentes teorias ou abordagens teóricas das ciências políticas tenham tido apreciações próprias a respeito do domínio da política social. No liberalismo clássico ou no liberalismo conservador de nossos dias, entende-se que o Estado não deve intervir nem na economia nem para corrigir desigualdades sociais e que as políticas sociais devem se restringir à sua expressão mínima. Outras correntes de pensamento que se distanciam do liberalismo, aproximando-se de propostas social-democráticas e que poderíamos enquadrar na escola liberal-democrática, acham que o mercado, liberado a si mesmo, tende a se destruir e portanto o Estado deve intervir, para contrarrestar os efeitos nocivos do mercado e prover de seguridade social as camadas sociais desprotegidas, eliminando as grandes desigualdades sociais. Exponentes deste pensamento são Keynes e Beveridge. Para o pluralismo e o elitismo, respectivamente, as políticas sociais são entendidas como uma conseqüência da existência de diversos grupos de interesse ou de administradores (*Policy makers*) que interagem no interior do Estado, definindo os rumos da (extensão) ampliação e implantação das mesmas. Já no caso do marxismo clássico, nega-se que o Estado capitalista possa prover bem-estar às classes trabalhadoras ou avaliar os males que ele mesmo cria, pois isso significaria a existência de valores que contrariam frontalmente as instituições capitalistas. No entanto, é de salientar o reconhecimento da proteção da mão-de-obra por parte do Estado, no tratamento que Marx dá à diminuição da jornada de trabalho na Inglaterra, afirmando que

"(...) sobre a constante pressão dos operários agindo por fora, nunca essa intervenção dar-se-ia. Em todo caso, este resultado não teria sido alcançado por meio de convênios privados entre os operários e os capitalistas (...)" (Marx, K., 1978a:96).

Nas abordagens mais recentes da teoria marxista há em alguns casos uma preocupação expressa pelas políticas sociais que se sustentam em estudos mais aprofundados sobre a complexidade do Estado capitalista de nosso tempo. Em outros, a preocupação pela política social não se manifesta de maneira expressa como é o caso de

Poulantzas (1980:191), que, no entanto, refere-se a elas ainda que de maneira não explícita ao analisar o papel atual do Estado.[1]

Diante da diversidade de visões e definições da política social, procuraremos neste trabalho incorporar a riqueza e ângulos de visão diferentes de algumas dessas abordagens teóricas, buscando um marco conceitual que, sem perder de vista a teoria marxista, possa nos encaminhar a uma visão mais compreensiva das políticas sociais.

2. LIMITAÇÕES E ALCANCES DAS TEORIAS SOBRE POLÍTICA SOCIAL

A questão que aqui nos preocupa acerca do alcance explicativo das diversas formulações teóricas sobre política social se apóia na necessidade de a teoria nos ajudar a desvendar o processo da "Reforma Sanitária brasileira", tanto no que diz respeito à sua formulação, proposta na VIII Conferência Nacional de Saúde (1986), como no que se refere ao processo de sua implantação, que começa em 1987 com a reforma administrativa do sistema de saúde. Esta reforma administrativa objetiva, através dos SUDS (Sistemas Unificados e Descentralizados de Saúde), a descentralização e a unificação do comando nas Secretarias Estaduais de Saúde. Desta forma, o Inamps e as Secretarias Estaduais de Saúde passariam a atuar de maneira descentralizada nos Estados e Municípios, tanto na administração e gestão dos serviços de saúde como no financiamento do sistema.

Grandes dilemas colocam-se perante um processo que aspira a uma reforma profunda do sistema de saúde, iniciado na esfera administrativa, mas que colide desde o começo com consideráveis interesses na defesa da manutenção da ordem vigente, instalados tanto no setor privado da área de saúde como nos aparatos institucionais do Estado: nas burocracias e tecnocracias inseridas no setor público ao perderem o manejo dos recursos e capacidade de influência; no âmbito do financiamento das políticas públicas que passam a se reger por critérios redistributivos e de eficiência deslocando e realocando recursos; no

1 Poulantzas afirma que há uma modificação dos próprios espaços do Estado e da economia. Assim, políticas como habitação, saúde, transporte passam a ser domínios próprios do Estado, expandindo e modificando o Estado num novo espaço e processo de reprodução e valorização do capital. Paralelamente, "capital público e nacionalização entre outros" se inserem no Estado, modificando seu papel na economia.

que diz respeito ao papel e ao preenchimento da função pública por parte dos profissionais da saúde, médicos, enfermeiros etc. e principalmente de um novo papel até o momento inexistente, que é a participação da população, do usuário do sistema, na administração, gestão e controle das unidades locais de saúde. Ou seja, a Reforma Sanitária nos coloca perante questões que nos remetem ao campo teórico mais amplo das relações entre o cidadão e o Estado no direcionamento e implantação de políticas sociais.

Um dos trabalhos mais concisos sobre política social[2] identifica sete abordagens teóricas na bibliografia internacional sobre política social, quais sejam: a perspectiva do serviço social; a teoria da cidadania; o marxismo; o funcionalismo; a teoria da convergência; o pluralismo e as teorias econômicas da política social.

Uma das características das diversas abordagens teóricas sobre política social é a ausência de preocupação em responder às perguntas: como surgem as políticas sociais?; ou, qual a relação destas com o Estado capitalista e as determinações estruturais que o permeiam? Ao percorrer as diversas correntes teóricas classificadas por Coimbra,[3] pode-se constatar a falta de uma definição adequada do que é política social.

---

2 COIMBRA, Marcos A. "Abordagens teóricas ao estudo das políticas sociais", in ABRANCHES, Sérgio A., DOS SANTOS, Wanderley G., COIMBRA, Marcos A. (1987:75).

3 Encontra-se uma análise bem detalhada das diversas correntes teóricas sobre política social no texto de Coimbra (ver nota 2). No entanto, para melhor *situar* o leitor, daremos uma pequena referência sobre cada uma delas. A teoria do serviço social nunca se constituiu num corpo teórico explícito; centra-se na idéia da intervenção do Estado na consecução da melhoria das condições sociais, através de assistentes sociais que atuam nas comunidades carentes. A "teoria da cidadania" (T. H. Marshall) explica a evolução da cidadania na sociedade moderna que possibilitaria uma maior igualdade social. A "teoria funcionalista" (T. Parsons) delega à política social a função de integração na sociedade tanto para a obtenção de *coesão* social como para uma maior harmonia entre pessoas e grupos. A "teoria elitista" (Hughes Heclo) entende que as políticas sociais se decidem através do papel dos administradores que dão substância concreta tanto às iniciativas como à implementação das políticas sociais. A "teoria da convergência" (J. K. Galbraith), uma variante do modelo funcionalista, entende que o desenvolvimento econômico e industrial é a tarefa fundamental das sociedades modernas e em torno delas a estrutura social se integra funcionalmente. As "teorias econômicas da política social" têm *duas vertentes*: a) *teoria econômica do Welfare State* para a qual o Estado tem de intervir na economia a fim de propiciar o bem-estar social (social-democracia) e b) *a teoria neoliberal* que se fundamenta na não-intervenção do Estado, reduzindo a um mínimo as políticas sociais na reedição da concepção liberal do mercado (Friedman, Hayek).

A preocupação de algumas é de caráter normativo, ou seja, de como a política social deveria ser; em outras, se faz um esforço de caráter meramente descritivo ou comparativo entre países; também há correntes que têm uma inclinação de caráter processual ou formalístico, ocupando-se de maneira parcializada de aspectos econômicos, administrativos ou jurídicos das políticas sociais.

Dadas as deficiências assinaladas acima, tomaremos como eixo central para a discussão das políticas sociais sua abordagem a partir das teorias marxista e pluralista. A seleção sustenta-se em que em ambas existe a preocupação de dar conta de explicar cientificamente as políticas sociais.

A teoria pluralista baseia sua explicação na existência de múltiplos atores sociais movidos por múltiplos interesses que correspondem a grupos diversos existentes na sociedade e que, pelo fato de atuarem numa determinada arena política, lhes possibilita tomar decisões a respeito das políticas sociais. A teoria pluralista supõe a liberdade de escolha dos atores na tomada de decisões. Neste sentido, apresenta-se aqui uma grande limitação deste enfoque teórico, já que, se os atores são basicamente livres, a decisão na escolha de uma ou outra política social obedece em última instância à vontade dos atores. Assim, a explicação da política social se perde numa multiplicidade de determinações; em um dado momento o ator é levado a atuar por causas inteiramente diversas das que se apresentam em outro momento, ou seja, resulta impossível inferir alguma determinação principal que explique a conduta dos atores.

Isto levou a teoria pluralista a se apoiar em uma enorme quantidade de pesquisas centradas em estudos de casos, sendo que cada uma tem uma explicação que não serve para outro caso. Portanto, não é possível, com este enfoque, chegar a uma síntese que possa englobar os casos particulares.

Na teoria marxista, as políticas sociais se explicam, ao contrário do pluralismo, a partir dos problemas específicos da formação social capitalista, ou seja, pela existência de uma estrutura econômica de classes baseada na valorização privada do capital e no trabalho assalariado livre; o Estado é uma resultante do modo de produção capitalista ao mesmo tempo em que contribui para produzir e reproduzir tal estrutura. Assim, as políticas sociais são o produto da interação do Estado e portanto elas também são funcionais à reprodução da ordem capitalista. Numa visão marxista mais estreita, de cunho estrutural-funcionalista, ao levar em conta estes elementos, exprime-se que as políticas sociais se explicam de uma parte ou porque elas servem ao processo de acumulação capitalista ou porque elas possibilitam que o Estado se legitime junto às exigências da classe operária. Trata-se de uma análise mecanicista, pois entende que o sistema político institucional é constituído de maneira a responder ou reagir às exigências da classe operária ou que o aparelho estatal atua de maneira monolítica, com mecanismos apropriados a implementar políticas sociais de acordo com as necessidades do capital. Essas abordagens simplificam as relações de classes ao pensar só em duas classes antagônicas: burguesia e proletariado, com o Estado agindo de acordo com os interesses da burguesia. De outra parte, trata-se de análises a-históricas[4] na medida em que o Estado agiria sempre do mesmo modo, e não se consideram as "relações específicas" que acontecem em diversos momentos históricos, entre políticas sociais e complexificação crescente do Estado. Temos assim uma abordagem de caráter linear, e a explicação das políticas sociais fica restrita aos princípios gerais que governam a lógica da acumulação capitalista.

Essas duas teorias, o "pluralismo" e o "marxismo", ao procurarem explicar as políticas sociais, remetem em "última instância" ou à pura vontade dos atores, e isso leva à indeterminação da explicação, ou, no outro caso, a uma determinação, que coloca toda e *qualquer* política social como resultado das necessidades do processo de acumulação ou das exigências da classe operária, ou de ambas, o que também inviabiliza a explicação.

Uma teoria mais compreensiva sobre política social, que evite tanto a pura determinação estrutural quanto o voluntarismo dos atores teria de trabalhar integradamente conteúdos que pertencem a enfoques teóricos diferentes. Essa teoria, que será tratada mais adiante, pressupõe, contudo, uma discussão preliminar de certos aspectos metodológicos que lhe são inerentes.

3. CAUSALIDADE, COMPREENSÃO E DETERMINAÇÃO NA ANÁLISE DAS POLÍTICAS SOCIAIS: UMA DISCUSSÃO METODOLÓGICA

Poderia haver uma causa da política social como há causas para a explicação de fenômenos físicos?

---

4 Coimbra, Marcos A. "Será que o marxismo responde à pergunta de como surgem as políticas sociais?", in Abranches, Sérgio A. et al. (1987).

Alguns autores, como por exemplo Coimbra,[5] utilizam o termo "causa" ou "explicação causal" da política social.

A referência à explicação causal remete a uma simplificação da temática a ponto de torná-la incompreensível.

Considerando as particularidades do objeto das ciências sociais, não poderíamos encontrar um comportamento único, das classes sociais, do Estado ou de grupos sociais. Não caberia pensar em leis dos objetos sociais, como se pensa na regularidade do comportamento dos objetos físicos. Não havendo leis, não poderia haver causas que explicassem o comportamento dos fenômenos.

A intenção de abandonar a noção das causas dos fenômenos sociais já está presente em Weber (Weber, M., 1958:9-37). As "ciências da cultura", partindo da subjetividade (recorte do objeto), chegam à objetividade que é encontrada na "estrutura lógica" do procedimento utilizado por estas disciplinas. A metodologia das ciências sociais estaria baseada em captar a uniformidade da conduta humana dotada de sentido; tratar-se-ia de modalidades típicas de comportamento acessíveis à compreensão. Tais uniformidades não são leis no sentido da sociologia positivista, mas são uniformidades empiricamente comprováveis e que podem ser expressas na forma de "tipos ideais". Em Weber, há uma complexa construção para fugir à causação do social na intenção de fundar uma sociologia que ele chamou de "sociologia compreensiva".

Já em Marx (1978b:116), tratar-se-ia da busca de um método científico que possibilitasse relacionar o conhecimento com as formas de produção e relação social presentes na sociedade capitalista. O elemento substantivo na teoria marxista, diferentemente de Weber, é a noção de totalidade para explicar a realidade social. A explicação da realidade se opera num processo de decomposição e composição da totalidade mediante um movimento do pensamento que vai do abstrato ao concreto, do mais simples ao mais complexo. Parte-se da "totalidade abstrata", parcelada, para se chegar à "totalidade concreta" que resultaria de múltiplas determinações através das quais as categorias vão se transformando e adquirindo concretude.

Tanto a sociologia compreensiva como o pensamento de Marx se constituíram no marco Epistemológico das ciências sociais do século XX, e é com estes paradigmas metodológicos que estamos lidando ao tratar das políticas sociais.

---

5 Coimbra, Marcos A. "Será que o marxismo responde à pergunta de como surgem as políticas sociais?", art. cit.

No campo da saúde no Brasil, o marco metodológico marxista foi absorvido e recriado com a incorporação das ciências sociais marxistas à saúde.

Duas vertentes de pensamento interagiram na criação deste campo interdisciplinar de conhecimento. De uma parte, o estudo de autores como Canguilhem, Foucault, Boltanski, Pollack levou a uma redefinição dos conceitos clássicos sobre o processo de saúde/doença, apontando para a existência de um processo de determinação social da doença.[6] De outra, a incorporação do método histórico-estrutural sustentou uma nova compreensão da intervenção do Estado nas políticas de saúde.[7]

Com respeito à introdução, no campo da saúde, do método histórico-estrutural para compreender as políticas de saúde, o característico desta incorporação é o abandono da noção de causalidade e sua substituição pelo conceito de determinação.[8] Com este novo enfoque, ao mesmo tempo em que as políticas de saúde foram compreendidas dentro do marco mais amplo do estudo das políticas sociais, entendidas como o resultado das determinações estruturais na intervenção do Estado, houve também uma certa aproximação deste enfoque (Oliveira, J., 1988) com a bibliografia marxista que interpreta as políticas sociais como preenchendo, por um lado, as funções de acumulação e, por outro, de legitimidade.

Transpor as explicações causais próprias das ciências físicas para as ciências sociais nos levaria a explicações mecanicistas e limitadas dos fenômenos sociais. O avanço que significou sua substituição por paradigmas próprios das ciências sociais abriu também o caminho para o abandono dogmático de modelos de explicação que, fechados em si mesmos, perdem sua capacidade explicativa. A questão que se coloca para uma formulação teórica mais acabada das políticas sociais é a integração ao marco metodológico marxista de outros conceitos e aportes teóricos, o que nos permitirá evitar o "beco sem saída" ao qual nos conduzem o "pluralismo" e a "teoria marxista" de cunho estrutural-funcionalista.

---

6 Os principais autores que trabalharam o tema na década de 70 foram: Juan Cesar García, Cecília Donnangello, Sérgio Arouca, entre outros.

7 Os aportes substantivos neste tópico foram dados no fim da década de 70 e na década de 80, através dos trabalhos de Sonia Fleury Teixeira e Jaime de Oliveira.

8 Este tema foi desenvolvido em profundidade no trabalho de Sonia Fleury Teixeira, *Estado, poder e democratização* (1988).

4. POR UM ENFOQUE INTEGRADO NA ANÁLISE DAS POLÍTICAS SOCIAIS

Encontramos esta ponte metodológica entre o marxismo e a concepção weberiana no plano das políticas sociais na visão de Clauss Offe.[9] Trabalharemos metodologicamente esta proposta com o intuito de integrá-la a algumas contribuições encontradas na bibliografia latino-americana sobre o tema.

Offe trabalha metodologicamente com dois planos de análise teórica da política social, que se articulam mediante a construção de relações que se estabelecem no plano específico do político.

Trata-se, por um lado, de um plano *estrutural*, no qual as políticas sociais estão ligadas ao Estado capitalista e às suas determinações estruturais.

Um outro plano de análise centra-se na singularidade das políticas sociais: estas são vistas sob o ponto de vista das peculiaridades que as distinguem de outras políticas. Neste plano, à maneira weberiana, o conhecimento se apóia na pesquisa empírica centrada em dois eixos básicos: a) a explicação da evolução, modificações e inovações de uma política social dada, e b) a relação entre as estratégias de racionalização administrativa e a implementação de inovações políticas.

A política social é entendida no plano estrutural como um instrumento de regulação política ou de criação de condições socioestruturais para que o trabalho assalariado funcione efetivamente como tal. Através da política social, o Estado vai regulamentar quem participa e quem não participa do mercado de trabalho. Para isto as formas de existência externas ao mercado precisam ser organizadas e sancionadas pelo Estado.

Para garantir que a força de trabalho se incorpore ao mercado é preciso sancionar os que estarão fora. Os que serão atendidos pelo sistema educacional, crianças e jovens; os que pela idade não estão em condições de trabalhar e serão atendidos pelo sistema de Previdência; os que não estão em boas condições de saúde e ficarão a cargo do sistema de saúde etc. Esta não poderia ser uma decisão do dono da força de trabalho, porque ele poderia decidir não trabalhar e buscar formas alternativas de sobrevivência (o roubo, vagabundagem etc...). Neste sentido, a política social não é só uma mera reação aos

---

9 Offe, Clauss e Lenhardt, Gero. "Teoria do Estado e política social", in *Problemas estruturais do Estado capitalista*, Rio de Janeiro, Tempo Brasileiro, 1984.

problemas ou demandas da classe operária, mas contribui para a constituição da classe operária, através de:

a) integração da força de trabalho no mercado do lado da oferta;

b) presença de diversas instituições de saúde, habitacionais, de previdência que exercem o controle e possibilitam socializar os custos do desgaste da força de trabalho; e

c) regulamentação quantitativa da relação entre oferta e demanda no mercado de trabalho.

Ou seja, a política social opera também regulando o emprego e desemprego, atuando no sentido de manter os jovens por mais tempo no sistema educacional para retardar a entrada no mercado de trabalho, diminuir o tempo para aposentadoria, estimular ou não a mulher a se incorporar no mercado etc...

Direcionando a análise para o plano singular do estudo das políticas sociais, como se poderia compreender sua evolução, suas modificações e inovações?

Diante do modelo funcionalista marxista que explica a gênese da política social a partir das necessidades de acumulação capitalista, de uma parte, e do Estado se legitimar ante as exigências da classe operária organizada, o autor coloca que as inovações que se produzem nesta área obedecem à *compatibilização* de estratégias que se dão na esfera do político, com o Estado reagindo tanto a "exigências" como a necessidades,[10] de acordo com as instituições políticas existentes (adequando-as, modernizando-as etc.) e de acordo com as relações de forças na sociedade canalizadas por estas instituições. A política estatal não está a serviço das necessidades ou exigências de qualquer grupo ou classe, mas reage a problemas estruturais do aparelho estatal de dominação e de "prestação de serviços". Se a afirmação anterior é verdadeira, as inovações na política social do Estado criam condições iniciais de interações conflitivas entre grupos e classes sociais, e seus resultados são não-previsíveis ou ambivalentes. Estas questões deveriam ser objeto de pesquisa. Não poderia se precisar a *priori* metas ou resultados, mas sim estudar quais as condições sociais de implantação da regulamentação de uma política dada. (Neste sentido tratar-se-ia mais de uma análise retrospectiva do que prospectiva.)

Este enfoque integrado pode ser visualizado no quadro seguinte.

---

10 É necessário lembrar que, quando se fala de "exigências", devemos pensar aquelas demandas que são admitidas, tema ao qual nos referimos ao abordar a "Seletividade das instituições políticas". Quanto às necessidades, Offe coloca que trata-se daquelas previsíveis ao processo de acumulação (pré-requisitos da economia do trabalho e as possibilidades orçamentárias).

RESUMO SINÓTICO DOS FUNDAMENTOS TEÓRICOS DE CLAUSS OFFE

PLANO ESTRUTURAL		PLANO SINGULAR	
		Análise do ponto de vista das inovações políticas	Análise do ponto de vista da racionalização administrativa e inovações políticas
As políticas sociais contribuem à constituição da classe operária: a) preparação repressiva e socialização da proletarização b) estabilização da força de trabalho, coletivização compulsória dos riscos c) controle quantitativo do processo de proletarização			Política estatal a) reage a problemas do aparelho estatal de dominação b) as medidas de racionalização administrativa acarretam efeitos externos c) as conseqüências não são determinadas pelo texto da lei ou pelos regulamentos, mas pelos conflitos sociais que eles produzem
Exigências Necessidades Relações de força Societárias	Compatibilização	Estratégias Políticas Instituições Políticas	
		Criam condições desencadeadoras de interações conflitivas, seus resultados estão em aberto, devem ser pesquisados em cada caso concreto	

A integração metodológica entre o plano estrutural e o plano singular se dá mediante a articulação de categorias ou conceitos do âmbito do político.

Adotando a linha metodológica iniciada por Offe no campo das políticas sociais, que poderia ser chamado de um enfoque integrado, queremos destacar algumas contribuições dadas pela bibliografia latino-americana sobre política social e Estado, que nos parecem idéias-chaves a serem incorporadas e articuladas, na análise das políticas sociais.

Um dos trabalhos analisados (Diniz, E., 1978:25) destaca na análise das relações entre Estado e sociedade o *papel dos atores sociais*, mas sem abandonar a perspectiva dos limites dentro dos quais esses atores agem, ou seja, as determinações estruturais do Estado capitalista.

A autora aponta o papel predominante que o Estado tem na bibliografia latino-americana, deixando num lugar subordinado da análise os fundamentos sociais da política. Ou seja, a primazia atribuída ao Estado no processo de desenvolvimento capitalista, "ainda que esta seja incontestável", descaracterizou a sociedade civil como geradora também de processos com dinamismo próprio. Por isso, defende-se a necessidade de captar essa articulação de interesses, suas conexões com agências governamentais e técnicos localizados em pontos estratégicos da burocracia pública. Distingue-se entre o que se poderia considerar uma fase propriamente decisória das políticas de uma outra de implementação, chamando a atenção para a distância entre a decisão e a aplicação. É aí precisamente que se fazem sentir os pesos dos diversos interesses e forças sociais que estão em jogo. Há medidas que são aprovadas e sua execução é bloqueada, ou pela burocracia ou através do poder de veto do grupo afetado pela medida. Um exemplo claro disso é a proposta da Reforma Sanitária que surge de um movimento da sociedade com capacidade de formular uma política social desta natureza, mas incapaz de garantir sua implementação. Diversos interesses presentes tanto na sociedade como no Estado oferecem resistências, e podem vetá-la ou modificá-la substancialmente. Esta questão merece ser melhor estudada empiricamente em nossas pesquisas, para se entender onde se localizam tais interesses (na máquina burocrática do Estado ou na sociedade civil) para conhecê-los mais de perto para dar-lhes um peso relativo em termos da aplicação desta política e desvendar os mecanismos de ação que os caracterizam. Trata-se, como coloca Diniz, de "(...) levar em conta a um tempo as determinações estruturais e o peso das opções feitas por atores e grupos de atores que ao escolherem uma alternativa ou outra atualizam as possibilidades estruturais (...)" (Diniz, E., 1978).

Uma outra luz sobre o processo de mudanças nas políticas sociais ou processos inovadores de política social pode ser encontrada na idéia introduzida por Wanderley dos Santos (1979:59) da *complexificação do social*. Esse conceito refere-se ao processo de diferenciação social e multiplicação organizacional que se operou nas sociedades nas últimas décadas. Aparecem novos grupos com uma grande heterogeneidade como resultado de novos papéis, ocupações e posições sociais, sendo difícil reconhecer nesta diversidade classes sociais mais homogêneas. Ao mesmo tempo, este processo é acompanhado também pelo aumento de uma multiplicidade de organizações que cumprem o papel de mediatizar a ação destes movimentos e grupos sociais.

Uma outra idéia que nos parece de valor substantivo é a encontrada no trabalho de Oszlak e O'Donnell (1976) na recuperação da *história dos problemas sociais* ou demandas políticas da sociedade e da *história das políticas*.

Considerando que as políticas sociais ocorrem no seio do Estado, na "ossatura" institucional do Estado, caberia perguntar como se retraduzem exigências sociais em problemas e por sua vez estes em respostas do Estado através de políticas específicas. Há uma seletividade das instituições políticas pela qual determinadas demandas se traduzem em problemas e conseqüentemente em políticas. Trata-se, para Offe (1984:140), de uma seletividade estrutural do Estado capitalista. Um sistema de filtros vinculados a interesses de classes não-visíveis faz com que determinadas questões sejam excluídas pelas instituições do Estado, enquanto outras são transformadas (de substanciais em menos relevantes) e algumas favorecidas.

Hirsch (1977:100) trata também este sistema de barreiras e filtros que operam na órbita do Estado transformando exigências políticas em uma agenda viável de problemas e questões. Acrescenta a este tratamento quatro modalidades ou formas em que funciona na prática esta seletividade.

• Mediante um sistema estrutural de não-decisões, as determinações fundamentais de desenvolvimento social não são objeto de decisões políticas.

• Os recursos materiais à disposição do Estado são estruturalmente limitados; seu limite está dado pelo lucro do capital. A massa de manobra quantitativa para as ações do Estado é muito limitada em relação à mais-valia produzida.

• A seletividade específica do sistema político se coloca na repressão física e na integração ideológica, marginalizando grupos que se afastam dos padrões de comportamento aceitos pelo Estado.

• E finalmente, e de maneira principal, as exigências que penetram nos aparelhos do Estado são tratadas de uma maneira funcional por burocracias que atuam de modo autônomo e que têm suas competências, clientelas e percepções próprias dos problemas. Isto toma a forma de um processo de barganha entre grupos de pressão administrativos e "testas-de-ferro de interesses". Através deste processo há uma destematização das relações sociais e do caráter de classe das diferentes estratégias administrativas.[11]

Em relação a como se opera essa seleção, Oszlak e O'Donnell (1976) chamam atenção para um estudo não só das transformações do Estado capitalista e suas modalidades de relacionamento com a sociedade civil, mas de maneira mais específica de como o Estado opera para transformar questões sociais em políticas. Como se apresentam as questões sociais, as condições de surgimento de uma questão social, sua evolução no sentido da passagem pelo Estado e sua resolução, ou seja, a filtragem e transformação, operada na órbita do Estado, de um problema social em uma dada política (com que amplitude, a que grupos favorece, de que maneira etc.). Tratar-se-ia de recuperar um processo histórico tanto dos problemas como das políticas.

Agora, tentaremos articular as contribuições discutidas acima à proposta de análise de políticas sociais elaborada por Offe.

a) O *papel dos atores* é fundamental para se compreender inovações políticas e/ou processos de racionalização administrativa, equacionados via compatibilização ou adequação de estratégias políticas. Estas são encampadas ou geradas por atores sociais específicos que em determinados momentos assumem interesses diversos — de classe, corporativos, de grupos, individuais e até específicos ou de caráter

---

11 É curioso como a análise de Hirsch em relação ao papel dos técnicos ou administradores do Estado coincide com a análise realizada por Heclo Hughes, um pensador da escola elitista, cujo ponto chave para a explicação das políticas sociais se apóia basicamente no papel dos *policy makers* ou administradores. Estes constituiriam, por um lado, a materialidade visível do Estado e, por outro, agiriam no sentido de transformar a desproteção a que estão submetidos os trabalhadores em políticas sociais de caráter fragmentário, tais como: pensões por velhice, seguro-desemprego etc.

clientelístico — que podem ou não se exprimir ideologicamente. O direcionamento de tais estratégias é dado pelo desempenho dos atores.

b) A *complexificação do social*, proveniente do enfoque teórico pluralista, se articula no plano da análise estrutural, possibilitando complexificar a análise marxista das classes sociais, pois no processo de acumulação capitalista, em sua atual fase monopolista, não podemos localizar com nitidez as duas classes fundamentais e antagônicas — burguesia e proletariado —: um processo de estratificação no interior dessas classes dificulta tanto a delimitação objetiva de classe como a própria identidade de classe. Grupos sociais que se superpõem à estrutura produtiva, assim como movimentos sociais urbanos que surgem na esfera da reprodução da força de trabalho via consumo de bens coletivos proporcionados pelo Estado através das políticas sociais, têm todos eles formas organizativas próprias expressando demandas sociais.

c) A *história dos problemas sociais e das políticas sociais* delimita a necessidade de um corte diacrônico tanto no plano da análise estrutural como no plano singular das políticas sociais. Isso poderia complementar a análise de Offe, na medida em que este autor só faz referência à importância de se realizar uma pesquisa empírica que ilumine o plano singular das políticas sociais, com uma visão retrospectiva que efetue uma reconstrução da "história dos efeitos" das políticas sociais.

Esta incorporação pode ser visualizada no gráfico a seguir:

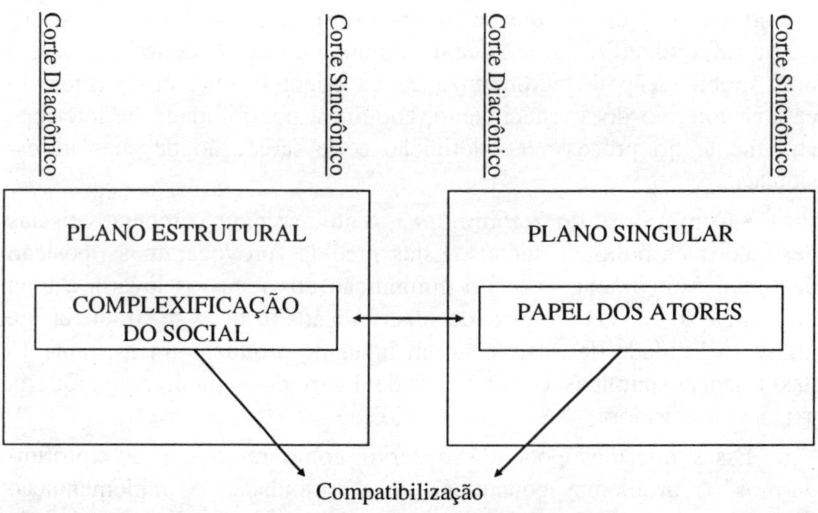

5. TÓPICOS PARA UMA PESQUISA SOBRE O ESTADO ATUAL DAS POLÍTICAS SOCIAIS

A proposta de análise teórica por nós realizada e que teve como base a concepção de Offe (1984:10) sobre política social sugere algumas questões que precisam ser melhor estudadas. Offe menciona algumas dificuldades, dilemas e possíveis soluções que se apresentam ao tratar das inovações sociopolíticas e de racionalização administrativa experimentadas na Alemanha:

• Como aumentar a eficiência de uma política social? Uma das soluções tentadas na Alemanha foi através das estratégias preventivas. Especificamente na área de políticas de saúde, buscando-se melhorias nas condições de trabalho e de vida, através de exames médicos coletivos de caráter preventivo, assim como na política educacional e na proteção ao trabalho.

• Como flexibilizar estruturas legais que vinculam direitos e exigências a certos fatos abstratamente definidos? Uma possível solução seria que os critérios decisórios deveriam depender de cada situação e de uma avaliação caso por caso em termos de oportunidade política. Ou seja, há momentos em que é necessário quebrar disposições legais se os ônus da sua implementação são excessivos ou se há uma necessidade social ou política para fazê-lo.

• Com a extensão da prestação de serviços sociais gratuitos ou semigratuitos, o dilema que se coloca é se o resultado dessas inovações será a infantilização burocrática da clientela ou se, ao contrário, haverá uma mobilização de autonomização da clientela que, em virtude do caráter coletivo do abastecimento, adquire a possibilidade de interferir ativamente no processo de definição e de satisfação de suas necessidades.

• Com a crise do *Welfare State*, tentou-se poupar recursos fiscais destinados às políticas sociais. Estas medidas provocaram a oposição da social-democracia, já que a diminuição dos recursos levaria a uma radicalização dos conflitos de distribuição o que se traduzia na ingovernabilidade da Alemanha em lugar de produzir um saneamento das finanças públicas e das taxas de lucro do capital, como queria a ala conservadora.

Essas questões podem nos servir como referência ao aprofundarmos os problemas concretos que a formulação e implementação de políticas sociais traz no caso brasileiro. No entanto, outras de caráter específico merecem ser pesquisadas, pois constituem os pontos críticos, questões e dilemas a serem encaminhados no estudo que estamos desenvolvendo sobre a implementação da Reforma Sanitária.

• Como no Brasil os interesses "subalternos" se fazem representar, como estes interesses se articulam na sociedade, com que grau de organicidade e como eles chegam a se expressar ou representar nos aparelhos do Estado? Ainda que hoje nos países de capitalismo avançado o Estado não possa incorporar demandas sociais como em décadas anteriores, diversos interesses se fazem representar no seu interior. São recriadas formas neocorporativas de intermediação de interesses, como um modo de regular conflitos entre capital e trabalho. No meio de uma profunda crise de *Welfare State*, os sindicatos e outras organizações se sentam à mesa de negociações participando da formulação de políticas sociais. No caso do Brasil, tal situação seria inimaginável. Trata-se também de um Estado capitalista cujas formas de organização política são substancialmente diferentes. Do "autoritarismo" à "transição democrática", nunca existiu, como nos países de capitalismo avançado, um sistema político de corte liberal, democrático. Os direitos sociais que foram produto da extensão de um modelo político democrático não aconteceram. As políticas sociais não atingiram essa grande massa de "despossuídos" que estão na miséria absoluta e que constituem 50% (Abranches, S., 1985) da população.

• Será que a ampliação das políticas sociais poderia colocar em risco a acumulação capitalista? A obsolescência do parque industrial, o atraso tecnológico, a falta de reinvestimento na indústria, a especulação financeira, a inflação, a dívida externa, o desemprego são os males que hoje afetam o desenvolvimento econômico. Para enfrentar esta situação, buscam-se saídas econômicas que cada vez restringem mais o papel do Estado na área social. As políticas sociais, na medida em que são investimento a fundo perdido, são vistas como não-rentáveis e se tornam cada vez mais restritas. Esta situação também repercute na esfera econômica, ao se combinar com baixíssimos níveis salariais, pois restringe-se cada vez mais os níveis de consumo por parte da grande maioria da população.

Diante dessa situação não parece muito compreensível que hoje se coloquem no Brasil idéias que estão em voga nos países capitalistas da Europa e nos EUA, pois eles já atingiram o estágio da democracia social. Perante a crise econômica e a quebra do *Welfare State*, esses países pregam a diminuição do papel do Estado na área social, *política* que a meu ver não pode ser mecanicamente trasladada aos países da América Latina.

• Quais os impactos e as saídas diante da crise do *Welfare State* nos países que não tiveram *Welfare State*, no âmbito das políticas econômicas e no campo específico das políticas de saúde? No Brasil, as políticas econômicas de ajuste à crise trouxeram cortes nos gastos destinados às políticas sociais que por sua vez agravaram ainda mais o problema estrutural da miséria. O que caracteriza o sistema é a falta de uma articulação solidária entre os mecanismos de financiamento e a natureza dos gastos sociais, assim como o caráter altamente regressivo dos impostos. Com respeito às políticas de saúde, os mecanismos de ajuste à crise foram: diminuir os recursos do Tesouro, aumentar as contribuições de empregadores e empregados e criar novos fundos sociais como o Finsocial. Mas estes fundos, ao invés de serem destinados a financiar ações para os setores sociais, se destinaram a suprir a crise fiscal. Medici (1988:11-20; 41-69) aponta algumas soluções em relação ao financiamento da Reforma Sanitária. A primeira e principal é o aumento na destinação do gasto público às políticas de saúde. Outras são de caráter mais específico, tais como: o aumento dos impostos diretos, especialmente o imposto de renda, reduzindo o peso dos impostos que se transferem aos preços e são pagos por toda a população, o aprofundamento na Previdência Social da unificação, regionalização e hierarquização, com maiores transferências de recursos para o setor público e expandindo-se o processo que já ocorre em alguns lugares de criação de Fundos Únicos para Saúde.

Apesar da existência de propostas econômicas de saída da crise, as dificuldades políticas para sua implementação são grandes. Quais são então as estratégias políticas inovadoras para não paralisar a Reforma? Tratar-se-ia de analisar as repercussões da crise do *Welfare State* no nível do Estado, na direcionalidade dos processos de democratização. Por exemplo, os avanços e retrocessos na relação setor público/setor privado, a participação da população no sistema de saúde e o grau de adesão dos trabalhadores de saúde (médicos, enfermeiros etc.) à Reforma Sanitária num momento de refluxo. E finalmente indagar-se-ia sobre direcionamentos, perspectivas e formas de intervenção para o andamento e consolidação da Reforma Sanitária.

• Como o Estado no Brasil filtra seus interesses? É preciso trabalhar sobre os mecanismos mediante os quais se opera este processo. O conceito de seletividade estrutural do Estado permite ampliar a visão, sempre e quando possamos aprofundar sobre a maneira em que se opera essa seletividade e para quê.

• Finalmente, poder-se-ia também pesquisar: Como neutralizar interesses privados no setor saúde e de ordem tecnoburocrática no Estado que contribuem para a manutenção do sistema atual de saúde? Qual o tratamento a ser dado à inserção no setor público dos profissionais de saúde (médicos, enfermeiros etc.), para que estes contribuam à implementação da Reforma Sanitária, num momento de supervalorização do exercício liberal da profissão, resultado dos baixos salários no setor público e da crise econômica?

Ainda não existe um arsenal teórico que possa dar conta dessas questões. Através da pesquisa, poderíamos chegar, tanto no Brasil como na América Latina, a teorias mais adequadas a estas realidades ou, ao menos, a novas pesquisas que nos aproximassem mais de nosso objeto de estudo: a formulação das políticas sociais, especificamente as políticas de saúde, e a viabilidade da Reforma Sanitária.

REFERÊNCIAS BIBLIOGRÁFICAS

ABRANCHES, Sérgio. *Os despossuídos. Crescimento e pobreza no país do milagre*, Rio de Janeiro, Zahar, 1985.

ABRANCHES, Sérgio A.; DOS SANTOS, Wanderley G.; COIMBRA, Marcos A. *Política social e combate à pobreza*, Rio de Janeiro, Zahar, 1987.

COUTINHO, Carlos N. "Políticas e Estratégias da Construção da Reforma Sanitária, Representação de Interesses, Formulação de Políticas e Hegemonia", Seminário da Reforma Sanitária, realizado na ENSP/FIOCRUZ, junho de 1988.

DINIZ, Eli. *Empresariado, Estado e capitalismo no Brasil: 1930-1945*, Rio de Janeiro, Paz e Terra, 1978.

HIRSCH, Joachim. "Observações teóricas sobre o Estado burguês e sua crise" in Poulantzas, N. (org.), *O Estado em crise*, Rio de Janeiro, Graal, 1977.

MARX, Karl. "Salário, Preço e Lucro", in Marx, São Paulo, Abril Cultural (Col. Os Pensadores), 1978a.

______. "A crítica da Economia Política", in *Marx*, São Paulo, Abril Cultural (Col. Os Pensadores), 1978b.

MEDICI, André C. *Saúde e crise na América Latina* (Impactos sociais e políticas de ajuste), trabalho elaborado a pedido da CEPAL, março de 1988, mimeo.

OFFE, Claus. *Problemas estruturais do Estado capitalista*, Rio de Janeiro, Tempo Brasileiro, 1984.

OLIVEIRA, Jaime. *Teoria política e políticas sociais: Uma proposta de trabalho*, ENSP, 1988, mimeo.

OSZLAK, Oscar, O'DONNEL, Guilhermo. *Estado e polítca estatal em América Latina: hacia una Estrategia de Investigación*, Documento CEDES/CLACSO, n. 4, 1976, mimeo.

POULANTZAS, Nicos. *O Estado, o poder, o socialismo*, Rio de Janeiro, Graal, 1980.

SANTOS, Wanderley G. dos. *Cidadania e justiça*: *A política social na ordem brasileira*, Rio de Janeiro, Campus, 1979.

TEIXEIRA, S. M. F. *Estado, poder e democratização*, elaborado para a Associação Latino-americana de Medicina Social, 1988, mimeo.

WEBER, Max. *Ensaios sobre metodologia sociológica*, Buenos Aires, Amarrortu Editores, 1958.

CORPORATIVISMO: NOTAS PARA SUA APLICAÇÃO NO CAMPO DA SAÚDE

Jeni Vaitsman

As estratégias que os interesses empresariais organizados do setor saúde vêm desenvolvendo em relação às propostas da Reforma Sanitária não podem ser compreendidas sem que se faça uma reflexão preliminar sobre as formas de articulação e intermediação de interesses entre os diferentes grupos da sociologia civil e Estado. Sendo o corporativismo uma das formas através da qual os grupos privados organizados canalizam suas demandas junto ao Estado e negociam políticas públicas, esse conceito será discutido na perspectiva de sua utilização para compreender como os interesses privados do setor — especificamente a indústria farmacêutica e os empresários hospitalares — se articulam com as diferentes agências estatais para a formulação de políticas favoráveis a seus interesses.

A análise das formas corporativas de representação também coloca em discussão uma série de questões relativas aos atores que na arena política *não* representam os interesses privados, mas sim coletivos: como eles canalizam suas demandas e se posicionam em relação à estrutura corporativa de representação de interesses e negociação de políticas? Esta é uma problemática central para se entender o peso relativo e as estratégias utilizadas pelos atores que lutam por diferentes políticas no campo da saúde. Cabe observar, contudo, que o termo corporativismo, tanto no senso comum como na teoria política e sociológica, tem sido utilizado para designar diferentes ordens de fenômeno. Por isso, faremos uma rápida menção a tais sentidos, detendo-nos na sua utilização enquanto um conceito, permitindo esclarecer a relação entre representação de interesses organizados e formulação de políticas. Finalmente, levantaremos algumas questões iniciais que, longe de estarem respondidas, constituem uma primeira tentativa de aplicar esse marco conceitual na análise da trajetória político-institucional da Reforma Sanitária.

1. CORPORATIVISMO NO SENSO COMUM

Usualmente, o termo corporativismo costuma ser utilizado para se referir à defesa dos interesses próprios de um grupo profissional ou à existência de um sentimento comum — *ésprit de corps* — que gera uma prática autoprotetora unindo os profissionais de uma mesma área ou membros de uma mesma instituição. Fala-se em corporativismo quando um médico é acusado de negligência, mas o paciente não consegue levar adiante um processo contra ele num órgão oficial regulador da prática médica, devido a obstáculos criados por outros médicos.

2. CORPORATIVISMO COMO UMA CONCEPÇÃO DE SOCIEDADE TOTALITÁRIA

Neste sentido, o conceito está associado à noção de "Estado corporativo", que serviu de base ideológica para os regimes fascistas. A origem desse corpo teórico remonta ao século XIX, quando surge como crítica ao individualismo liberal e como tentativa de retorno conservador às concepções holísticas da sociedade medieval. Porém, ao contrário desse modelo de organização social, onde as corporações eram autônomas e auto-suficientes, no modelo corporativo moderno e totalitário a sociedade é concebida como o conjunto das corporações funcionais reunindo empregados e empregadores, organicamente submetidas ao Estado que controla e direciona todas as esferas da vida social. O sentido de organicidade e integração exclui a possibilidade de expressão de qualquer forma de conflito entre as partes constitutivas da sociedade, o que é viabilizado pelo papel que assumem os aparelhos de repressão.

3. CORPORATIVISMO COMO UMA FORMA DE INTERMEDIAÇÃO DE INTERESSES ENTRE SOCIEDADE CIVIL E ESTADO

O termo, neste sentido, vem sendo utilizado principalmente a partir de Schmitter, que define corporativismo como uma forma de intermediação de interesses entre Estado e sociedade civil através de unidades funcionais, não-competitivas, reconhecidas ou criadas pelo Estado que lhes concede um monopólio de representatividade junto às suas categorias em troca de controle e articulação de demandas e apoios (Schmitter, Ph., 1974).

Segundo a concepção de Schmitter, o corporativismo é fundamentalmente uma *práxis*, sem vinculação com qualquer ideologia. É uma das formas possíveis e existentes através da qual os interesses organizados da sociedade civil se articulam com as estruturas decisórias do Estado; uma estrutura de articulação entre Estado e sociedade civil típica das sociedades industriais; uma maneira de os grupos organizados segundo critérios funcionais fazerem suas demandas chegar até o Estado. Isso quer dizer que as formas corporativas de representação podem ser encontradas tanto em regimes autoritários como nos democráticos, sendo compatíveis com diferentes tipos de regimes, sistemas partidários, ideologias dominantes, níveis de mobilização política e abrangências de políticas públicas. Nos regimes democráticos, o corporativismo coexiste com formas pluralistas de atuação e representação, institucionalizadas através dos partidos políticos, cujas bases de representação não se dão a partir de critérios funcionais, mas sim políticos e ideológicos, que servem de fundamento a um projeto mais amplo que se pretende implantar na sociedade como um todo.

Embora definindo o corporativismo enquanto *práxis*, o próprio Schmitter reconhece que sua definição é típico-ideal, ou seja, uma construção lógico-analítica composta de uma variedade considerável de componentes teórica ou hipoteticamente inter-relacionados, mas que nenhum sistema empírico de representação de interesses reproduz inteiramente. Ao mesmo tempo, na medida em que a articulação corporativa de interesses da sociedade civil junto ao Estado é um entre vários componentes do processo político, seu significado só pode ser compreendido em função do sistema político ao qual está articulado. É nesse sentido que Schmitter define dois subtipos de corporativismo, correspondentes a diferentes sistemas políticos:

1) *corporativismo social*: ocorre em sistemas políticos com unidades territoriais relativamente autônomas, processos eleitorais e sistemas partidários abertos e competitivos, autoridades executivas portadoras de diferentes ideologias e em coalizão. Costuma ocorrer nos Estados pós-liberais capitalistas avançados do *Welfare State*. Suas origens estariam na lenta e quase imperceptível decadência do pluralismo avançado.

2) *corporativismo estatal*: ocorre em sistemas políticos em que as unidades territoriais são rigidamente subordinadas ao poder burocrático central; as eleições inexistem ou são plebiscitárias; os sistemas partidários são dominados ou monopolizados por um único e fraco partido; as autoridades executivas possuem uma ideologia uniforme e são recrutados de forma estreita. É um elemento constituinte e talvez até mesmo estruturalmente necessário do Estado neomercantilista, autoritário, antiliberal nos países capitalistas retardatários. Suas origens estariam na rápida e visível morte do pluralismo nascente.

Nos países europeus de tradição ibérica e na América Latina, a representação corporativa de interesses assumiu, ao longo de anos de autoritarismo, o formato estatal, através do qual as associações de representação de interesses da sociedade civil estiveram organicamente submetidas ao Estado. Por outro lado, nos países democráticos e industrialmente avançados e principalmente naqueles que seguiram a via do *Welfare State*, o corporativismo societal, que se caracteriza pela participação democrática das associações de interesses da sociedade civil junto às estruturas decisórias do Estado, adquiriu tal peso enquanto esfera de representação, que passou a conformar um modelo de sistema político, o *neocorporativismo*.

4. CORPORATIVISMO COMO UMA EVOLUÇÃO RECENTE DA INTERMEDIAÇÃO DE INTERESSES NAS SOCIEDADES CAPITALISTAS AVANÇADAS E DEMOCRÁTICAS OU NEOCORPORATIVISMO

Nesta perspectiva, o conceito refere-se a um aspecto da realidade política e econômica que se desenvolveu a partir das últimas décadas nos países europeus no contexto do *Welfare State*. Na interpretação de Offe, o neocorporativismo não descreveria uma situação, mas sim um "eixo" de desenvolvimento em certas sociedades. De um modo geral, os sistemas políticos podem ser mais ou menos corporativos, mais ou menos avançados no processo de corporativização, dependendo do grau em que o *status* público é atribuído a grupos de interesses organizados (Offe, C. 1985).

Para Offe, o desenvolvimento do neocorporativismo a partir dos anos 60 foi uma forma de o Estado capitalista reordenar o sistema de representação de interesses num contexto onde a representação pluralista não conseguia mais absorver a influência política e o poder econômico dos interesses organizados, cuja atuação causava problemas econômicos e prejudicava as tentativas de planejamento a longo prazo. A absorção dos conflitos através da institucionalização dos grupos de interesses enquanto interlocutores formais do Estado e sua integração em instâncias formuladoras de políticas públicas teria sido uma maneira de disciplíná-los, tornando suas relações tanto com o Executivo quanto com o Legislativo mais previsíveis e cooperativas.

A complexificação da divisão social do trabalho, o surgimento de novas categorias funcionais, a concentração do capital e conseqüente dominação do mercado pelas grandes corporações foram fenômenos que se desenvolveram paralelamente ao fim do *laissez-faire* e ao crescimento do papel intervencionista do Estado nos países capitalistas avançados e democráticos. Onde a social-democracia ascendeu ao governo, a "reorganização" do sistema de representação de interesses dentro de uma lógica de "concertação", com o intuito de *conciliar* demandas econômicas e políticas conflitivas entre, principalmente, capital e trabalho, surgiu como um instrumento para superar as crises geradas por impasses no modo pluralista de representação de interesses. Offe faz a seguinte observação, ao interpretar a reorganização do sistema de representação de interesses na Alemanha a partir do final da década de 60 como uma forma de a administração social-democrata conseguir efetivar políticas de reforma social: "eles perceberam que, sob condições de competição partidária e pluralismo de grupos de interesse, tal ativismo reformista defrontar-se-ia com dificuldades políticas insuperáveis: falta de consenso, mobilização de curto prazo e crescentes níveis de conflito. Estratégias que facilitassem a criação de consenso e a absorção de conflito, incluindo disposições institucionais para assegurar a coordenação não somente entre várias agências do aparelho de Estado, mas também entre o Estado e atores e organizações *privados* passaram a ser considerados como um dos pré-requisitos mais cruciais do reformismo ativo" (Offe, C., 1985:229).

Para Offe, o neocorporativismo indicaria a falência dos partidos políticos em cumprir a função de agentes da vontade política do povo e construir consenso, pois as decisões políticas dos governos parlamentares são cada vez menos o resultado de deliberações intrapartidárias e cada vez mais o de negociações interpartidárias entre partidos em coalizão.

Nos regimes liberal-democráticos, a representação de interesses através das estruturas corporativas passou a se dar paralelamente à representação pluralista expressa através da competição entre partidos políticos organizados em torno de um projeto político e ideológico que se pretende implantar na sociedade como um todo. As políticas públicas surgem, nesse contexto, com o resultado negociado da articulação tripartite entre capital, trabalho e Estado. Os embates e impasses decorrentes de projetos políticos e ideológicos conflitivos e até antagônicos são dessa forma superados, o que leva, como coloca Offe, à "despolitização" da vida pública (Offe, C., 1985:247).

Por um lado, a integração corporativa das organizações de interesses significa que elas passam a ter acesso ao Executivo e à formulação de políticas — o que pode ser visto como uma conquista do ponto de vista das organizações das classes trabalhadoras — mas, por outro, que devem aceitar obrigações restritivas quanto à sua atuação. Trata-se de uma "concertação" entre diferentes atores sociais, permitindo que os conflitos sejam resolvidos no quadro das relações sociais existentes e garantindo a continuidade e reprodução do Estado capitalista. O neocorporativismo pode ser visto como uma evolução sociopolítica que veio assegurar a hegemonia burguesa através do projeto social-democrata que pretende, pela via do acordo e do consenso entre diferentes grupos e classes sociais, levar adiante o processo de reformas sociais sem rupturas institucionais.

5. CORPORATIVISMO COMO UM MODELO TEÓRICO

Desenvolvido principalmente a partir de Schmitter, este modelo seria uma alternativa ao pluralismo, não mais capaz de dar conta das modificações ocorridas nos processos políticos das sociedades industriais avançadas nas últimas décadas (Schmitter, Ph., 1974). Não se trataria propriamente de superar o pluralismo enquanto teoria, mas de complementá-lo, na medida em que o modelo corporativista integra novos fenômenos na análise dos processos políticos e decisórios, reconhecendo a importância dos grupos de interesses organizados em sua articulação com as estruturas estatais.

Na visão pluralista, a sociedade é formada por indivíduos pertencentes a diferentes grupos, que no processo político atuam enquanto "grupos de interesses". O que faz com que as demandas de tais grupos sejam ou não atendidas pelo governo é a sua força política. O poder estaria disperso entre os diferentes grupos existentes na sociedade, sendo os mais poderosos aqueles que, através dos processos competitivos, conseguem assegurar políticas favoráveis a seus interesses. Assim, mesmo que a base para o exercício do poder possa advir de diversos tipos de recursos, o voto é o mais decisivo deles. A competição eleitoral serviria para impedir uma estrutura de desigualdades políticas permanente e prevenir a acumulação do poder político pelos que têm poder econômico. Ainda segundo esta visão, o Estado é praticamente o mesmo que "governo" e "administração pública", representando sobretudo o "público" em relação ao "privado". O papel do governo é atender às demandas legítimas através das políticas públicas, sendo neutro em relação a interesses (Cawson, A., 1986).

A oposição "clássica" à visão pluralista é a marxista, segundo a qual os interesses são objetivos, estruturais, isto é, determinados pela posição que um grupo possui na estrutura das relações de produção, pela sua posição de classe. Isso implica que o fundamental para a ação política de um grupo seja seu interesse de classe. Implica também que o poder político é visto como conseqüência do poder econômico que a classe proprietária dos meios de produção possui na sociedade. O Estado não é neutro, mas um instrumento da dominação de classes, e sua principal função é assegurar a reprodução do sistema como um todo. Na fase monopolista do capital, o Estado tornou-se intervencionista para compensar as falhas do mercado e assegurar a continuidade do processo de acumulação.

As modificações na divisão social do trabalho, na estrutura de classes e nas funções do Estado nos países capitalistas mais avançados fizeram, é verdade, com que marxistas como Offe (1985) passassem a pensar os processos políticos para além de uma explicação baseada exclusivamente na teoria das classes sociais. Assim, ganham importância na análise o papel e o poder que os grupos de interesses, que não podem ser explicados apenas a partir do conceito tradicional de classe social, adquiriram nas sociedades modernas, ao conseguirem se organizar, ser reconhecidos pelo Estado e participar das instâncias decisórias na formulação de políticas.

De certo modo, o modelo corporativista incorpora elementos das teorias pluralista e marxista, pretendendo complementá-las a partir dos novos dados empíricos que a evolução das relações políticas e econômicas na sociedade industrial moderna vem apresentando.

Partindo da forma como se organiza este tipo de sociedade — através das grandes corporações — e como os grupos de interesses se organizam num processo de ação coletiva, para os teóricos que adotam o modelo corporativista, qualquer coisa na sociedade moderna está aberta à negociação, até mesmo as bases do capital. Embora reconhecendo a desigualdade de poder entre diferentes grupos, não a atribuem à estrutura de classes, como os marxistas, mas à organização e à mobilização. As organizações conseguem poder quando adquirem o monopólio da representatividade formal de uma categoria particular de interesses funcionais. Assim, embora os interesses de classe consistam em uma das bases para a organização e o reconhecimento público, não são a única: "o que impede pequenos comerciantes ou grupos de consumidores de exercer um grau de poder comparável ao das grandes corporações e grupos de produtores é a sua inabilidade de se organizar em torno de seus interesses. O pequeno comerciante é vulnerável à pressão; consumidores são vulneráveis ao poder dos produtores" (Cawson, A., 1986:15).

Segundo o modelo corporativista, nas sociedades industriais complexas, mesmo que os grupos possam formar-se em torno de preferências políticas, isto é menos importante para a política e para as relações de poder do que quando eles se constituem em torno de funções sócio-econômicas. À medida que a economia competitiva dá lugar à monopolística e a intervenção estatal na economia se expande e aprofunda, os grupos deixam de apenas refletir interesses, mas passam também a fazer parte do processo de formá-los, negociando políticas com as agências estatais. Uma vez que os interesses-chaves se localizam no processo de produção, quando se trata de políticas públicas, o poder dos grupos pluralistas torna-se limitado.

Teóricos que vêm utilizando este modelo reconhecem, contudo, que os grupos corporativizados mais importantes são ao mesmo tempo organizações de classe. Em muitos países capitalistas, os sindicatos operários tornaram-se uma parte importante do processo governamental e, apesar do poder variável que possam deter, jamais conseguem ser tão poderosos quanto as organizações capitalistas, que possuem uma vantagem estrutural no processo de produção.

Cawson sugere a aplicação do modelo corporativista para se compreender duas modalidades distintas que assumem as relações entre Estado e organizações de representação de interesses nas sociedades industriais modernas. Uma, na análise da articulação entre agências estatais e interesses organizados em setores específicos, para a formulação e implementação de políticas setoriais, e que constituiriam fenômenos de "mesocorporativismo". A outra aplicação seria na comparação dos sistemas capitalistas democráticos, verificando-se os diferentes padrões de relações entre Estado e interesses organizados. Nesse sentido, os fenômenos de "macrocorporativismo" refletiriam um equilíbrio de poder mais permanente entre o Estado e as organizações de interesses mais abrangentes, as políticas públicas expressando ao mesmo tempo o resultado da negociação entre os "parceiros sociais" (Cawson, A., 1986:20).

6. CORPORATIVISMO E SUA APLICAÇÃO NO CAMPO DA SAÚDE

A aplicação do conceito de corporativismo enquanto intermediação de interesses privados no campo da saúde implica, ainda, algumas definições mais precisas. A ampla recorrência a categorias como "grupos" e "organizações" impõe uma reflexão que vá um pouco mais além da interpretação pluralista. Grupos e organizações podem se referir a jogadores de futebol, estudantes, donas de casa ou operários, isto é, a realidades inteiramente distintas, tanto no que diz respeito aos seus elementos constituintes como ao seu significado na estrutura social e econômica. Na perspectiva que nos interessa, trata-se de entender quais são os grupos que participam da negociação corporativa de políticas públicas. Classificando-se os grupos em função de sua posição na estrutura econômica, surge uma primeira distinção entre grupos de produtores e de consumidores de bens e serviços. Entre os primeiros, agrupam-se tanto trabalhadores assalariados como empresários, categorias que, apesar de se posicionarem assimetricamente em relação à propriedade dos meios de produção, têm em comum a capacidade de poder obstruir o processo de produção. Porém, esta capacidade não é mobilizada da mesma forma por grupos de trabalhadores ou de empresários, fato que implica relações diferenciadas de uns e outros com o Estado, como será visto mais adiante. Por enquanto, queremos apenas afirmar que, estruturalmente opostos, ambos os grupos, enquanto produtores e na medida em que conseguem se organizar, adquirem uma posição de força que lhes dá acesso às estruturas corporativas e à negociação de políticas públicas.

Os grupos de consumidores (dos quais participam indivíduos que ao mesmo tempo também são produtores) ou usuários de bens e serviços coletivos encontram-se em posição de desvantagem estrutural em relação aos produtores, pois não têm o poder de obstruir o processo de produção. Não costumam ter o mesmo peso dos grupos funcionais na formulação de políticas, mas podem vir a formar movimentos importantes na mobilização por políticas atendendo a seus interesses.

Uma vez que os grupos mais sujeitos ao processo de corporativização são aqueles que, enquanto produtores, conseguem se organizar e ser reconhecidos pelo Estado, como argumentou Cawson, isso significa, mesmo nos países mais democráticos, corporativismo para os fortes e pluralismo para os fracos (Cawson, A., 1986:18). Participar corporativamente de uma mesa de negociações no Executivo é, portanto, uma posição de força que nem todos os grupos detêm.

Além do fato de somente os grupos de maior importância econômica e capacidade de organização conseguirem *status* público e participação na elaboração de políticas públicas, a função da comporativização varia de acordo com o tipo de grupo incorporado. A esse respeito, Offe coloca que os objetivos do Estado são bem diferentes ao conceder o direito de representação funcional para sindicatos e para outros grupos de interesse.

Apesar da aparente similaridade, a função que a corporativização cumpre nos dois casos é distinta. Para as organizações da classe trabalhadora, o que se quer conseguir é restrição, disciplina, responsabilidade e maior previsibilidade de comportamento. No caso do grupo de interesse comum, ao qual é concedido um *status* público e o direito à "auto-administração", o principal motivo é a delegação, devolução e transferência de questões e demandas políticas a uma arena onde elas não afetam diretamente a estabilidade do governo central e a coesão de seu partido de apoio ou coalizão partidária, mas ao contrário, ajuda a reduzir uma agenda superlotada (Offe, C., 1985:241). A dualidade — plasticidade, diríamos — do corporativismo está então no fato de que, por um lado, restringe a base de poder das organizações das classes trabalhadoras, estabilizando sua ação política; por outro, cede poder de Estado a grupos privados.

Quanto à segmentação do grupo de produtores entre proprietários de capital e proprietários de força de trabalho, a posição de classe do grupo será decisiva para conformar suas relações com o Estado capitalista. Novamente, é Offe quem mostra como esse critério é essencial para a capacidade de mobilização, organização e condições de atuação política.

Embora a fonte de poder do capital e do trabalho advenha de sua capacidade de obstrução econômica, cada tipo de grupo mobiliza essas sanções de forma diferente. O capital pode exercer seu poder de obstrução, mesmo quando não está organizado enquanto grupo de interesse, ao passo que a obstrução da força de trabalho só se torna um instrumento de poder se realizada coletivamente, isto é, se organizada. Além disso, geralmente os interesses dos trabalhadores são divididos não apenas entre os diferentes segmentos da classe trabalhadora, mas dentro do trabalho individual. O objetivo que conduz a atuação de qualquer capitalista é o lucro. Isto é inerente à racionalidade da atividade empresarial. Porém, ao contrário das empresas, não existe um padrão de "racionalidade" segundo o qual os trabalhadores possam "otimizar" entre objetivos conflitivos. Numa sociedade capitalista os trabalhadores estão ao mesmo tempo interessados em salários, manutenção de emprego e condições de trabalho e muitas vezes esses objetivos são conflitivos. Por isso, o equilíbrio ótimo entre eles geralmente deve ser calculado coletivamente, por uma organização, que então prevê tanto a agregação quantitativa dos meios de poder para alcançar tais objetivos como a definição qualitativa de tais objetivos. Por isso, para as organizações da classe trabalhadora, certos princípios não-individualistas como "solidariedade" e "disciplina" são fundamentais e a eficácia de sua ação política depende do fato de conseguirem suspender, pelo menos parcialmente, as ligações de seus membros com os incentivos monetários individualistas.

Por outro lado, a função de uma organização empresarial costuma ser a de prover serviços às empresas e formular e defender na arena política os interesses individuais que são comuns a todas, ou à maioria das empresas. Ao contrário dos sindicatos, o poder e as definições de interesses das associações empresariais não costumam ser o resultado de um processo organizado de mobilização e discussão entre seus membros; elas apenas afirmam posições de poder já estabelecidas e definições de interesses já decididos. Por isso, a organização é algo muito mais importante para a defesa e promoção dos interesses dos trabalhadores do que dos empresários, pois, para estes últimos, capital, monopólios, cartéis etc. é que são instrumentos decisivos para a afirmação de seu poder social. Assim, qualquer regulamento restritivo por parte do Estado sobre formas de associações e atividades organizacionais tem um impacto muito mais forte sobre as organizações do trabalho do que sobre as de empregadores e investidores (Offe, C., 1985:250).

Este marco teórico é importante no contexto da sociedade brasileira em dois sentidos. Primeiro, porque, uma vez que as restrições à liberdade de associação das classes trabalhadoras têm sido uma constante em nossa história política, possibilita compreendermos como tem se manifestado a representação de interesses de trabalhadores e empresários, qual têm sido suas formas e funções em distintas conjunturas políticas. Segundo, e com vistas à sua aplicação no campo da saúde, porque pode ajudar a refinar a análise do papel que os grupos privados atuando neste campo possuem no Estado e no interior das agências estatais, enquanto detentores de capital e monopólios.

O'Donnell, numa análise já clássica sobre o caso brasileiro, diferencia o corporativismo do período populista daquele característico do regime burocrático-autoritário instaurado em 1964. No populismo, o corporativismo teria incorporado segmentos importantes das classes trabalhadoras ao Estado, fomentando ao mesmo tempo sua atuação política, mesmo que de forma controlada, através dos vínculos verticais, subordinando os sindicatos ao Estado.

De qualquer maneira, esta corporativização teria levado à organização do setor popular e ao reconhecimento do direito do sindicato representar a classe operária perante a burguesia. A soberania do capitalista em "sua" empresa foi restringida pelo papel do Estado, corporativista mas ativante e protetor, que reconhecia a representação operária através do sindicato na empresa (O'Donnell, 6, 1976).

Reelaborando os conceitos de corporativismo "societal" e "estatal" elaborados por Schmitter e, como Offe, articulando classe social com a função que a corporativização exerce no sistema sócio-político, O'Donnell reconhece que a relação entre sociedade civil e Estado não é neutra, mas tem um viés dependendo de que tipo de interesses estão sendo representados. Na análise do corporativismo durante o regime burocrático-autoritário, O'Donnell desenvolve esta interpretação, qualificando o corporativismo como bifronte: por um lado, é estatizante, subordinando as organizações da sociedade civil — principalmente aquelas das classes trabalhadoras — ao Estado; por outro, é privatizante, abrindo áreas institucionais do Estado à representação de interesses organizados da sociedade civil exclusivamente aos setores dominantes. Assim, além de bifronte, o corporativismo é segmentário, pois a maneira pela qual se estruturam as relações entre Estado e sociedade civil é determinada pelo critério de classe.

Se a função de corporativização num regime democrático com uma sociedade civil bem organizada não escapa dos constrangimentos ditados pela própria natureza de classe do Estado, num regime autoritário com uma sociedade civil fracamente organizada, a corporativização, além da segmentação de classe, expressará também o caráter "restrito" da dominação: as funções diferentes da institucionalização das organizações de interesses serão mantidas, não pelo consenso, mas pela coerção.

Mesmo durante o período autoritário, os canais — formais e informais — de representação de interesses privados jamais se fecharam totalmente para os setores em que os empresários foram mais capazes de se organizar.[1] Por outro lado, as caraterísticas do regime e a articulação específica entre Estado e sociedade civil — a hipertrofia do Executivo e a centralização, por parte da tecnocracia estatal, dos processos decisórios conduzidos muitas vezes à revelia de certas frações das próprias classes dominantes, assim como a inexistência, em vários setores empresariais, de organizações de interesses formalmente reconhecidas pelo Estado — geraram outras formas de intermediação de interesses, tais como a "cooptação" e os "anéis burocráticos".

Segundo Cardoso, o mecanismo de cooptação implica a escolha, por parte dos que detêm o controle do aparelho de Estado, de pessoas representativas de alguns setores da sociedade, para participar de certas instâncias dos processos decisórios. Através da cooptação, e não da eleição por parte do próprio setor "representado", os interesses privados estabelecem um canal de mediação junto aos órgãos estatais, enquanto participantes de comissões ou grupos de consultoria (Cardoso, F. H., 1982).

Por anéis burocráticos, entende-se o estabelecimento de laços formais e informais entre indivíduos que representam os interesses privados e detentores de cargos importantes na burocracia pública, produzindo-se, dessa forma, canais de influência sobre a formulação e execução de políticas diretamente e relacionadas aos interesses privados.

Se bem que nenhuma dessas duas formas tenha surgido com o regime militar, podendo ser detectadas enquanto o sistema de mediação entre interesses privados e esfera pública ainda na década de 30, com

---

1 Ver a este respeito o estudo de caso sobre os empresários da indústria de base, feito por BOSCHI, Renato Raul, *Elites industriais e democracia*, Rio de Janeiro, Graal, 1979.

o desenvolvimento da divisão social do trabalho e a proliferação de empresas públicas e privadas, assim como de agências e órgãos estatais, esse sistema torna-se mais complexo e diversificado, com ramificações mais ampliadas no tecido sócio-econômico.

É importante mencionar ainda o *lobby*, outra forma de representação de interesses, que se dá junto ao Legislativo e não ao Executivo e através da qual os representantes dos interesses privados estabelecem uma série de relações de influência e pressão sobre os parlamentares para a elaboração e votação de leis. Durante o período autoritário, quando as políticas não passavam pelo Legislativo, sendo geradas diretamente no Executivo e impostas por decreto-lei, essa forma "pluralista" de representação de interesses não tinha muita razão de ser. Com o processo de redemocratização, porém, os *lobbies* foram se afirmando como uma força de pressão capaz de orientar o curso das políticas geradas ou ratificadas na esfera legislativa.

As classes dominantes sempre tiveram canais de articulação com a burocracia pública, sobretudo suas frações dominantes, que formam o "bloco no poder" (Poulantzas, M. 1968), cuja ação política e econômica, que leva à reprodução das relações capitalistas de produção, é garantida pelo Estado através da burocracia pública. Assim, mesmo durante o regime burocrático-autoritário, as frações dominantes da burguesia não poderiam ter sido totalmente alijadas dos processos decisórios centralizados pela tecnoburocracia civil e militar no Executivo.

No setor saúde reproduziram-se as relações dominantes no conjunto da sociedade, com o privilegiamento do setor privado, a capitalização da medicina e o desenvolvimento do complexo médico-industrial.[2] As empresas hospitalares, de medicamentos ou de equipamentos, ao longo de sua implantação no país, mesmo que apresentando contradições entre si, pois representam diferentes frações da burguesia, articularam-se com as diversas instâncias estatais através dos canais disponíveis, formais e informais, corporativos e pluralistas.

No ramo de medicamentos, a indústria farmacêutica vem participando corporativamente de instâncias decisórias estatais há várias décadas, principalmente através da Associação Brasileira de Indústria Farmacêutica — ABIFARMA — que tem a hegemonia do grande capital multinacional com forte poder de mercado e, em alguns casos,

---

2 Ver a esse respeito: BRAGA, José Carlos S. e GOES DE PAULA, S. (1981); CORDEIRO, Hésio A. (1981), TEIXEIRA, S. M. F. e OLIVEIRA, J. A. (1981).

de monopólio, e possui *status* de órgão consultivo governamental desde 1955. Entender as relações corporativizadas entre essas e outras organizações de interesses do setor de medicamentos e as agências estatais que lidam diretamente com esta questão, como por exemplo, a Vigilância Sanitária, a CEME, a CACEX etc., é avançar na compreensão da atuação do setor privado em relação às propostas da Reforma Sanitária.

Se a articulação de interesses entre os setores dominantes e o Estado é explicada em função do próprio caráter capitalista do Estado, como, em contrapartida, os atores que representam os interesses coletivos contra as políticas privatizantes, e a favor da democratização do sistema de saúde e da Reforma Sanitária, têm articulado suas demandas e negociado com o Estado? Esse processo vem tomando impulso principalmente a partir da década de 70, através do movimento sanitário, em torno de certas propostas de reformulação da prática médica e do sistema de saúde. Com o intuito de aprofundar a discussão sobre atores e estratégias que viabilizarão ou dificultarão a implementação de um sistema de saúde universal e eqüitativo, algumas questões se colocam como tema de debate:

1. O que é o movimento sanitário?

É um movimento que reúne intelectuais, profissionais da área de saúde, organizações e associações, tendo como referencial ético a saúde como valor universal, o que só pode ser concretizado através da reformulação do sistema, para atingir a universalização e eqüidade. Para tanto, o movimento apresenta um conjunto de propostas políticas e técnicas que se consubstanciam enquanto uma "Reforma Sanitária".

O Movimento Sanitário não é um grupo de interesses e nem é formado por grupos de interesses. Embora dele possam fazer parte grupos de produtores (médicos, por exemplo) e de consumidores (usuários, potenciais ou reais, dos serviços de saúde), organizações de representação de interesses e partidos políticos, o que o caracteriza enquanto movimento é o fato de ele aglutinar, além de indivíduos, entidades de diferentes naturezas funcionais, organizacionais e políticas, com uma proposta ético-política visando interesses coletivos.

A atuação dos profissionais no movimento não se faz no sentido de defender políticas que atendam aos seus interesses privados. Sua participação extrapola o fato de serem membros de grupos de interesses corporativos, pois o que dá identidade ao movimento é o conjunto de valores éticos e propostas políticas e técnicas de democratização do sistema de saúde. Nesse sentido, talvez se pudesse dizer que o movimento se identifica como condutor das aspirações de grupos de consumidores, de usuários dos serviços de saúde enquanto cidadãos.

2. Como o Movimento Sanitário articula suas demandas junto ao Estado?

No contexto da discussão sobre corporativismo, deve-se observar que nunca, em qualquer momento, qualquer das organizações que fazem parte do Movimento Sanitário adquiriu *status* público, em posição institucional equivalente a das organizações de interesses dos empresários.

É claro que um movimento, pela sua inorganicidade, não participa de estruturas corporativas. Além disso, na sua relação com o Estado, o Movimento Sanitário orienta suas práticas não só para negociar políticas de interesse coletivo, mas sobretudo para a construção de uma nova hegemonia, baseada em novas práticas, em outro modelo de atenção à saúde e organização dos serviços. Por isso, sua relação tanto com o Estado como com a sociedade civil é sempre marcada por essa perspectiva.

Esse fato talvez pudesse explicar por que a participação do Movimento Sanitário junto ao Estado vem se dando não através das organizações que dele fazem parte, mas individualmente, através das lideranças que se destacaram enquanto porta-vozes das propostas reformadoras, e vieram ocupar cargos no aparelho de Estado, mas cuja participação é ao mesmo tempo resultado do peso e articulação do movimento.

3. As estruturas neocorporativas constituem uma tendência que começa a se delinear no Brasil?

Como já se discutiu, o modelo neocorporativista é típico das democracias liberais avançadas, ocorrendo num contexto de decadência das funções originais da representação pluralista. Ao mesmo tempo, a existência de um sistema pluralista institucionalizado, com partidos e organizações de representação de interesses do capital e do trabalho fortes e organizadas, constitui uma das condições para seu desenvolvimento. No Brasil, estas condições têm sido inexistentes e a desarticulação e despolitização da sociedade civil é também expressa através do clientelismo e fluidez dos partidos políticos atuantes na esfera pluralista. Assim, o neocorporativismo — cujo traço básico é a negociação tripartite de políticas entre Estado, capital e trabalho — inexiste na sociedade brasileira.

Algumas modificações, porém — embora ainda débeis do ponto de vista de uma efetiva intermediação de demandas dos setores populares perante o Estado —, vêm ocorrendo nos últimos anos, tanto no interior da sociedade civil como na relação desta com o Estado. Verificou-se o crescimento não só de movimentos sociais de diversos tipos, entre os quais o Movimento Sanitário, mas também de um novo e atuante movimento sindical que não se coloca de forma subordinada em relação ao Estado. Isto significa que o modelo de corporativismo bipartite e estatal, vigente há tantos anos em nossa sociedade, pode dar espaço para o desenvolvimento do corporativismo societal. Neste caso, é certo que os setores populares deveriam lutar para conseguir junto ao Estado canais institucionais de representação de seus interesses equivalentes àqueles que até agora têm sido exclusivos das classes dominantes. Ao mesmo tempo, deve-se ter claro que a ampliação da representação corporativa, que se transformaria de bipartite em tripartite, para a negociação de políticas públicas, e especialmente sociais, com vistas à redistribuição de renda e reforma social, se faria dentro de uma perspectiva de redistribuição de renda, reforma social, consenso e *hegemonia burguesa.*

À medida que forem se abrindo espaços corporativistas de representação, será importante que o Movimento Sanitário aprofunde sua articulação com as organizações de representação de interesse de trabalhadores. O objetivo seria garantir a canalização de demandas negociáveis nessa esfera. E para definir compatibilidades entre canalização de demandas e formulação de políticas, finalmente, seria também importante estabelecer quais as esferas de representação que vêm sendo ou podem ser utilizadas pelos setores populares, a fim de se traçar as estratégias a empregar em cada uma delas.

REFERÊNCIAS BIBLIOGRÁFICAS

Antecedentes da Reforma Sanitária, Cadernos PEC-ENSP, Rio de Janeiro, ENSP, 1989.

BOSCHI, Renato Raul. *Elites industriais e democracia*, Rio de Janeiro, Graal, 1979.

BRAGA, José Carlos S. e GOÉS DE PAULA, Sérgio. *Saúde e previdência*, São Paulo, CEBES/HUCITEC, 1981.

CARDOSO, Fernando Henrique. "Os regimes autoritários na América Latina", in COLLIER, David. *O novo autoritarismo na América Latina*, Rio de Janeiro, Paz e Terra, 1982.

CAWSON, Alan. *Corporatism and Political Theory*, Oxford, Blackwell, 1986.

CORDEIRO, Hésio A. *As empresas médicas — Um estudo sobre as transformações capitalistas da prática médica no Brasil*, São Paulo, USP, 1981, mimeo.

O'DONNELL, Guillermo. "O corporativismo e a questão do Estado", in *Cadernos DCP*, UFMG, n. 3, março de 1976.

OFFE, Clauss. *Disorganized Capitalism, Contemporary Transformations of Work and Politics*, Oxford, Polity Press, 1985.

POULANTZAS, Nicos. *Pouvor politique et classes sociales*, Paris, Maspero, 1968.

SCHMITTER, Philippe, "Still the Century of Corporatism?", in PIKE, Frederick e STRICH, Thomas (eds.). *The New Corporatism: Social — Political Structures in the Iberian World*, Notre Dame, University of Notre Dame Press, 1974.

TEIXEIRA, Sonia M. Fleury e OLIVEIRA, Jaime A. (*Im*) *Previdência Social: 60 anos da previdência no Brasil*, Petrópolis, Vozes/Abrasco, 1981.

BUROCRACIA E POLÍTICA DE SAÚDE: ARENA OU ATOR?

Geraldo Lucchesi

I

A necessidade de avançar no estudo da burocracia enquanto um espaço de luta política está colocada, de uma forma geral, para todos os que se dedicam à análise das políticas públicas, tanto no que se refere à sua discussão e formulação como no desenvolvimento das ações concretas no nível das instituições governamentais.

Ao analisarmos as lutas por mudanças na política de saúde que era dominante no período autoritário pós-64, percebemos momentos em que a burocracia estatal assumia importância no jogo de decisões, levando-nos mesmo a entendê-la, ou confundi-la, com um ator social de relevo na constituição das políticas setoriais. Porém, em outros momentos, principalmente quando se verificava uma luta política para a ocupação de postos-chaves no aparato estatal de saúde e na definição de diretrizes políticas das principais instituições, vimos a burocracia aparecer mais como palco no qual atuavam diferentes atores tanto na esfera da administração como das decisões políticas.

Marcada pelas contradições que ocorrem na sociedade e que se refletem em seu próprio interior, a burocracia se caracterizaria como uma arena política ou como um ator coletivo na especificidade da construção da política de saúde? Pode ela ter essa dupla característica ou isso depende do ângulo através do qual a analisamos?

Com o objetivo de avançar nesta discussão, a questão da burocracia, principalmente enquanto aparelho do Estado, será abordada no sentido do entendimento da natureza deste espaço de poder e da forma como ele opera na relação do Estado com a sociedade, sempre no âmbito setorial da saúde.

II

De início cabe definir conceitualmente o termo burocracia que corriqueiramente é utilizado de forma indiscriminada. O senso comum usa-o tanto para reclamar dos entraves de papéis nos órgãos da administração pública, no sentido da complexidade e do emperramento dos fluxos decisórios, como para se referir ao contingente de funcionários públicos de todos os níveis hierárquicos que manipulam estes papéis ou fazem outros serviços gerais da administração.

Mesmo nos meios intelectuais o termo é utilizado de forma indefinida e geralmente se relaciona com as caraterísticas materiais e comportamentais do aparato estatal.

Em todos os casos o sentido é quase sempre negativo, e remete à imagem de um contingente de funcionários de estreita visão política, inseridos em um ambiente "viciado" e voltados para si mesmos. Essa imagem, que pode ter graus diferenciados de verdade, talvez seja fruto do impacto que causou a histórica expansão do intervencionismo estatal e a sua crescente ingerência em todos os campos da atividade social, notadamente na esfera das liberdades e na economia privada. Esta crescente ingerência reforçou a sensação de poder em mãos da burocracia tanto porque esta recebia a delegação para operacionalizar as funções do Executivo quanto pelo implícito poder dos técnicos[1] do Estado que sempre ameaçou, inclusive, o poder dos políticos. Tornaram-se por isso freqüentes as acusações mútuas de irresponsabilidade, arbítrio e excessos nas decisões.

Uma evidência a favor desta hipótese é a verificação do fato de que o termo burocracia é raramente utilizado para se referir à organização das empresas privadas, salvo por estudiosos e tratadistas posteriores à obra de Weber, que apontou a contribuição positiva e

---

1 Ver Carlos E. MARTINS. *Tecnocracia e capitalismo*. O autor analisa a questão do poder tecnocrático e, no capítulo II, trabalha a distinção conceitual entre burocracia e tecnocracia estatal.

essencial da burocracia enquanto instrumento de organização funcional que permite a formação do caráter objetivo da instância de poder e autoridade do Estado e outras organizações (cf. Fueyo, J. F., 1986:132).

Outros destes autores pós-weberianos, que estudaram a organização empresarial, como Motta, são taxativos em condenar a forma burocrática de organização, interpretando-a unicamente como instrumento de dominação, de indiscutível superioridade técnica enquanto "o meio mais seguro de estabilizar o controle sobre a renda gerada na produção e manter a alienação no trabalho" (Motta, F. C. P., 1981:76).

O termo burocracia será empregado neste trabalho com o sentido amplo de um modelo organizativo, como uma forma de administração, operada pelos funcionários do Estado que, orientados e condicionados pelas normas e regras técnicas e políticas, lhe imprimem uma dinâmica específica. É com esse significado, que se aproxima daquele de "aparato estatal" — que engloba a forma organizativa da administração estatal e a atuação dos seus funcionários —, que o termo burocracia é mais utilizado pelos autores que a analisam.

Este significado não coincide com o definido por Weber para o tipo ideal de burocracia — baseado na racionalidade, impessoalidade, hierarquia, qualificação técnica, carreiras, direito administrativo, eficiência, rapidez, separação entre público/privado e político/administrativo etc., ou seja, a combinação ótima entre recursos e benefícios na organização da administração, seja pública ou privada.

III

Weber foi o primeiro a abordar o fenômeno da burocracia com rigor intelectual, de forma objetiva. Baseou a sua análise no entendimento das formas de poder, materializadas nos tipos de dominação: tradicional (patrimonial e feudal), carismática e racional-legal.

Quando uma organização necessita, para funcionar perfeitamente, exercer a dominação sobre um número grande de pessoas, torna-se necessário que ela disponha de um aparato administrativo operado

---

2 Nos países de capitalismo periférico como o Brasil, este pressuposto se torna mais complexo. Setores modernos da sociedade devem conviver num grau mais acentuado com outros bastante atrasados e conservadores, cuja forma principal de se relacionar politicamente não se coaduna com a organização burocrática ideal weberiana.

por um conjunto de funcionários. O significado principal do termo burocracia em Weber se refere ao aparato administrativo correspondente à dominação racional-legal, isto é, a formação de dominação baseada nos princípios da razão e do direito, em contraposição às formas tradicional e carismática, típicas de sociedades não-modernas. A burocracia emerge com o capitalismo que, por seu turno, pressupõe um Estado capitalista burocrático moderno (Weber, M., 1978:15-18).[2]

Na formulação do tipo ideal da dominação racional-legal, representado pela organização burocrática, Weber distingue as seguintes características principais:

a) cargos ou empregos bem-definidos;

b) ordens hierárquicas com linhas de autoridade e responsabilidade bem-delimitadas;

c) seleção de pessoal à base de qualificações técnicas ou profissionais;

d) normas e regulamentos para ações oficiais;

e) segurança no cargo e acessibilidade de carreira (cf. Chinoy, E., 1936: 132).

Nessa burocracia ideal, o processo administrativo significa a busca racional dos interesses específicos de uma associação, dentro dos limites estabelecidos em preceitos legais e segundo princípios aprovados pela associação. As normas são estabelecidas, por acordo ou coerção, visando fins utilitários e/ou valores racionais; quem representa a autoridade ocupa um cargo e está subordinado a uma ordem impessoal que orienta suas ações; quem obedece uma autoridade, não o faz obedecendo a um indivíduo, mas à lei (também impessoal); há um dever de obediência apenas dentro da esfera racionalmente delimitada de autoridade.

Apesar do fenômeno burocrático não discriminar regimes políticos ou sistemas econômicos, Weber mostra que é no capitalismo que a administração burocrática encontra bases econômicas mais propícias para o seu desenvolvimento. Certamente essa afinidade do capitalismo com a burocracia se refere à necessidade que têm as associações, dentro do regime capitalista, de se prepararem da melhor forma para a competição da economia do mercado, tornando-lhes indispensáveis as formas mais eficientes de organização dentro do propósito da acumulação. E a eficiência é um conceito-chave para a burocracia racional-legal. Weber atesta a superioridade da administração burocrática sobre os outros tipos de dominação, visto ela significar o exercício da dominação do saber, o que a tornaria especificamente racional e com uma perspectiva puramente técnica. Assinala que a administração burocrática é atualmente indispensável para o atendimento das necessidades da administração de massa. Sua assertiva é tal que afirma que, no aspecto administrativo, a opção está entre a burocracia e o diletantismo e por isso expressou teu temor diante da possibilidade de uma "ditadura da burocracia" (cf. Weber, M., 1978:11 e 25) e enfatizou a necessidade do controle social sobre ela.

Podemos questionar em Weber alguns pontos, como por exemplo a possibilidade de existir uma burocracia politicamente neutra, somente técnica e racional, ou então, na sua descrença quanto à eficiência de outras formas de administração que não o modelo burocrático, tipo comissões, sovietes etc. Porém não podemos deixar de comprovar que o desenvolvimento de formas modernas de organização, em todos os setores, coincide com a contínua expansão da administração burocrática. E, por sua indispensabilidade, assume também importância e poder cuja análise é sempre ponto de polêmica.

IV

Para nos referirmos exclusivamente aos funcionários do Estado, utilizaremos o termo de Poulantzas: "Pessoal do Estado", por entendermos que este autor o emprega principalmente para analisar o comportamento dos funcionários do Estado antes que para estudar o tipo de organização da administração (cf. Poulantzas, N., 1985:177 ss.).

Para ele, o pessoal do Estado constitui uma categoria social diferenciada, detentora de uma unidade própria — que seria efeito da organização do Estado e da sua autonomia política — que não deixa de ter uma adscrição de classe (um lugar de classe que pode ser diferente de sua origem de classe), isto é, não é um grupo social à parte ou acima das classes.

Grosso modo, a situação desse pessoal no interior do aparelho estatal reproduz a divisão social do trabalho: os cargos superiores são ocupados pela burguesia, os escalões intermediários e subalternos são de domínio dos estratos médios urbanos. E como Poulantzas percebe o Estado "atravessado" e constituído pelas lutas de classe, esse pessoal também é afetado por essas lutas de maneira diferenciada. As contradições e divisões no bloco do poder repercutem no interior das altas esferas do pessoal do Estado. As lutas populares causam rupturas e divisões no pessoal e as contradições entre classes dominantes e classes dominadas refletem-se no interior do pessoal do Estado de maneira complexa devido à peculiaridade desse pessoal se constituir em uma categoria social diferenciada.

Segundo Poulantzas, o pessoal do Estado, não obstante suas divisões e facções, teria uma certa unidade que seria regulada em dois sentidos (fragmentando ou reforçando a unidade), por dois fatores:

a) as lutas das massas populares que, ao chegarem no Estado têm impactos diferenciados sobre seus diferentes aparelhos e também sobre as diferentes frações do pessoal do Estado;

b) a ideologia dominante do interior do Estado que se constitui no "cimento interno" que une ao propagar aos funcionários a imagem do Estado neutro, representante dos interesses gerais, árbitro dos conflitos entre as classes, instrumento da ordem, da justiça social e do equilíbrio em favor dos "fracos", acima das classes.

Subjacente a essa ideologia — que é dominante sobre outras que também se disseminam no interior do Estado — existe a crença de que a democratização do Estado significa a restauração desse papel de árbitro, acima das classes com força suficiente para se contrapor aos grandes interesses econômicos e se "descolonizar", retornando a um estado puro e ideal.

Poulantzas sugere que, ao defender os interesses populares, o pessoal do Estado tem limites impostos pelo quadro material do Estado, fundado na relação objetiva entre a classe dominante e o Estado. E coloca também que esta defesa se faz na posição de governante, reproduzindo a divisão social do trabalho entre governantes e governados. Os limites da politização do pessoal do Estado fazem com que uma parte desse pessoal, cuja magnitude varia com o contexto social, somente tenda para as classes dominadas caso haja uma condição de certa continuidade que sustente o Estado; que preserve o Estado e conseqüentemente a sua posição. Quando o Estado é ameaçado em seu papel de "autoridade e de árbitro", pelos interesses de fortes grupos econômicos, essa parte do seu pessoal coloca-se estrategicamente a favor dos dominados, tendo em vista a defesa da continuidade.[3]

3 Alguns acontecimentos mais ou menos recentes dentro do setor saúde ilustram esse tipo de conflito, como por exemplo as polêmicas dos germicidas hospitalares; do teor de SO_2 nos sucos de frutas; dos registros de medicamentos e da comercialização do sangue. Uma parte do pessoal do Ministério da Saúde ficava indignada com o desfecho dos casos que quase sempre atendiam os interesses dominantes.

V

Mas este comportamento de defesa de privilégios corporativos para Poulantzas não é essencial. Ao falar da considerável extensão do pessoal do Estado ele coloca sua percepção de que uma importante parcela dele questiona os privilégios da função pública, numa tendência "esquerdizante". Aponta sempre, porém, para dois tipos de limites nesse processo: o nível de politização do pessoal e o arcabouço material do Estado.

Offe traz uma contribuição importante para se entender o papel do pessoal do Estado, quando propõe que a tarefa fundamental do Estado capitalista é a de manter condições favoráveis às relações de troca, ou seja, ele deve assegurar a todos os proprietários (de força de trabalho, bens ou serviços) a conservação e a universalização da forma-mercadoria para as suas "propriedades". Dependente da acumulação privada de capital para sua reprodução e condicionado de um lado pelas crises de acumulação (paralisação da viabilidade de mercado engendrada pelo próprio desenvolvimento capitalista) e, de outro, pela sua necessidade de legitimação, o Estado, na sua ação política para garantir as relações de troca, não protegeria nenhum interesse de classe em especial, mas todos os "proprietários" (todas as classes) na base das relações de troca capitalistas, podendo entrar em choque com qualquer fração da classe capitalista ou com a classe operária no intuito de garantir a acumulação e por conseqüência, sua própria reprodução (Offe, C., 1984:128). Em decorrência, a ação da burocracia também não privilegiaria *a priori*, nenhuma das classes sociais. A contemplação dos interesses de uma classe ou fração de classe seria subproduto da sua ação com o objetivo de garantir o processo de acumulação e assim sua própria sobrevivência.[4]

Offe fez um estudo de caso do Estado alemão-ocidental. Naturalmente, é necessário, para melhor entender qualquer caso específico, romper com a simples translação de idéias de caráter formal-abstrato procedendo à "análise concreta de situações concretas".

Nesse sentido, Poulantzas coloca duas dimensões de análise para a compreensão de como se articulam no Estado os efeitos das modificações nas relações de produção/divisão social do trabalho e

---

4 Anotações de aula da disciplina "Estado e Sociedade II", ministrada pelo prof. Jaime A. Oliveira, no mestrado em Saúde Pública da ENSP/FIOCRUZ.

nas lutas de classes, particularmente as lutas políticas, para, assim, explicar melhor as formas diferenciais e as transformações do Estado:

a) a especificidade de cada Estado e seus diversos aparelhos, dada por sua reprodução histórica e suas transformações;

b) as transformações do Estado segundo os estágios e fases do capitalismo e as formas diferenciais do Estado e de regime.

VI

As organizações burocráticas, como o Estado, reproduzem uma estrutura social característica de sua formação social. Temos assim a história como um marco explicativo básico para a compreensão do arcabouço institucional do Estado e seus aparelhos, vistos como a condensação de determinadas relações políticas no Brasil.

Na interpretação de Uricoechea (1977:85-109), a transferência da Corte e da burocracia real para o Brasil causou um crescimento fantástico do aparato estatal, bem como grandes distribuições de benefícios institucionais para um imenso grupo de "favoritos reais" e dependentes pessoais que não contavam com meios de subsistência ao se instalarem aqui.

Décadas após décadas, o aparato estatal imperial, concentrado, no nível central, foi se estendendo, através de relações formais e informais, em bases patrimoniais. O poder da Corte na periferia era pouco ou nenhum em virtude da fraqueza do Estado, o que a obrigava a pactuar com os senhores rurais na base de prebendas, serviços litúrgicos, acordos e cooperação. Assim, grupos privados ganhavam *status* e autoridade passando a representar o Estado. O Estado imperial tinha consciência que não podia governar isoladamente sem contar com os serviços destes grupos (grandes proprietários de terras, ricos comerciantes etc.). O processo de organização política e administrativa desdobrava-se na forma de diferentes redes de ligações de parentesco

5 Uricoechea ainda afirma: "quanto mais nos deslocarmos para a periferia e para os períodos mais remotos do império, mais teremos o parentesco como a estrutura definitiva para estereotipar as chances de apropriação dos cargos públicos numa base patrimonial tradicional; inversamente, quanto mais nos movemos para o centro e para os períodos mais recentes, mais serão as estruturas de partido essenciais para estereotipar as chances de apropriação de cargos numa base racional, burocrática".

e faccionalismo político que se constituíam em formas básicas de apropriação dos empregos públicos (Uricoechea, 1977:103).[5]

Com fraco poder econômico, o Estado dependia do escravismo — para a exportação —, ao mesmo tempo que significava a única opção de emprego para as minorias médias urbanas. Legitimava-se com o escravismo ao mesmo tempo em que dava abrigo para os marginais do sistema econômico dominante e se tornava através da sua burocracia, de uma só vez, instrumento de manutenção (do escravismo) e de transformação das estruturas econômico-sociais (fim do escravismo).[6]

Segundo os estudos de Murilo de Carvalho (1979:19), o tamanho do funcionalismo sempre foi, desde o Império, desproporcional às tarefas que estavam colocadas para o Estado e eram sistemáticas as acusações de parasitismo, ociosidade, corrupção e custo excessivo para o erário. Porém atendia a outras exigências que não as estritamente relacionadas às necessidades reais do serviço, principalmente de cunho político (cooptação de opositores, pagamento de favores, ocupação para camadas urbanas etc.). A burocracia foi desenvolvendo um poder próprio e tornando-se importantíssima à dinâmica política que se consubstanciava na possibilidade de coalizões entre a burocracia, ou partes dela, com setores externos ao governo. O governo fazia uso clientelista do emprego público e este acabava representando a constituição da cidadania para seu ocupante, ao invés de ser seu produto.

Percebe-se que desde o início de nossa história a máquina administrativa se desenvolve com um forte vínculo com a esfera política, quase se confundindo com ela em determinadas épocas e setores. Na gênese das suas características encontra-se a típica indistinção patrimonial entre a administração e a política, entre patrimônio público e o particular. A burocracia nascia antes do que as organizações da sociedade civil e o Estado antes que a Nação.[7]

Os períodos históricos em que o governo realizou esforços de industrialização do país significaram também tentativas mais enfáticas de tornar o aparato estatal menos patrimonial e mais próximo de uma organização burocrática racional-legal.

---

6 Esta formulação é de J. Murilo de Carvalho (1979:7-31), que batizou essa situação de "dialética da ambigüidade".

7 Anotações de aula na disciplina de "Teorias da Administração Pública", profa. Maria Eliana Labra, mestrado ENSP/FIOCRUZ.

No entanto, essas tentativas aconteciam no interior de um espaço contraditório onde o governo tinha de fazer alianças com setores mais atrasados e conservadores (principalmente a oligarquia rural) que se relacionavam clientelisticamente com o Estado. Essas alianças, entre outros fatores, sempre representaram fortes bloqueios às pretensões modernizantes na administração pública. Na ação política do Estado (e na sua burocracia) predominam as marcas históricas de patrimonialismo e do clientelismo político.

A burocracia, como parte constituinte do Estado, é necessariamente heterogênea e alguns dos seus segmentos sempre tiveram um tratamento privilegiado (e maiores facilidades para se organizarem corporativamente) devido à natureza de suas funções e por sua importância vital para a existência e a reprodução do Estado.

Entre os primeiros a se organizarem em moldes mais profissionais no Império, Carvalho[8] cita os agentes do fisco (base do fiscalismo imperial); os magistrados (os "coronéis modernos" da política) e os militares (a militarização da comunidade política data do período colonial).[9]

Outros setores não tiveram condições suficientes para organizar sua burocracia em moldes mais racionais-legais, permanecendo mais vulneráveis à dominação patrimonialista com seu contexto de práticas clientelistas e de administrações arbitrárias. Percebemos hoje que isso acontece com maior freqüência nos setores sociais (saúde, educação etc.) sem, no entanto, identificarmos melhor os determinantes de tal situação. Pelo menos enquanto hipóteses podemos afirmar que:

a) os setores mais bem estruturados burocraticamente correspondem àqueles que precisam ser mais eficientes tendo em vista sua importância para o Estado no processo de acumulação;

b) o setor social, por sua natureza, constitui-se em um espaço preferencial para as práticas clientelísticas que sempre estiveram presentes na ação política do Estado brasileiro.

No entanto, essas questões precisam de melhores estudos.

---

8 Cf. J. Murilo de Carvalho (1979:9). Referindo-se aos magistrados e militares, este autor diz que "certamente são as duas burocracias mais desenvolvidas que herdamos de Portugal".

9 Hoje podemos perceber que o Magistério Público, as Forças Armadas e a Receita Federal estão entre os setores que apresentam um grau maior de organização burocrática na administração pública brasileira.

VII

Uma abordagem mais aprofundada sobre a burocracia implicaria necessariamente uma abordagem paralela da natureza do Estado brasileiro, pois é certo que a formação de ambos — Estado e burocracia — ocorre de forma indissociável e fundada em fatores semelhantes. Tal profundidade, no entanto, escapa aos limites deste trabalho e por isso nos limitaremos a citar ainda pelo menos um ponto que julgamos importante para um melhor entendimento da nossa burocracia.

Tal ponto se refere à modalidade de transição ao modo de produção capitalista moderno que ocorreu no Brasil, do tipo "revolução pelo alto". Este processo teve um início mais visível na década de 30 e é marcado por duas conjunturas autoritárias (pós-37 e pós-64) que se caracterizaram por apresentar em comum um Estado centralizador, sob o domínio da alta burocracia civil e militar e grupos oligárquicos e burgueses comprometidos com uma modernização conservadora. Ou seja, o regime, nessas conjunturas de direcionamento do processo de transição ao modo de produção especificamente capitalista, necessitou de um Estado forte[10] com funções ampliadas de intervenção na economia, na política, no social e na cultura, para a construção de uma nova dominação, via coerção, na busca de concretização dos seus intentos. É fundamental, pois, o papel que o Estado desempenha no processo de industrialização nos países de capitalismo atrasado. Sem acumulação de capital e sem uma burguesia forte o suficiente para bancar um projeto industrializante e com a existência de uma oligarquia rural conservadora, foi obrigatória a presença de um Estado forte que regulasse e impulsionasse o processo.

Estes fatos propiciaram assim a criação, a expansão e o fortalecimento do aparato estatal cujo crescimento se deu, em linhas gerais, de forma descoordenada e mesmo incontrolável. Esta implementação do aparelho do Estado, porém, não se fez de forma homogênea. A área social sempre teve uma importância secundária, em relação à econômica, na partilha do poder, correspondendo a orçamentos mais escassos e ao menor poder político.[11]

---

10 No pós-64, o Estado burocrático-autoritário, conforme descrição de O'Donnell (1985).

11 A aliança política que sustentava o governo Kubitscheck, por exemplo, serve de ilustração: enquanto o PSD, que representava as oligarquias tradicionais e os setores hegemônicos da burguesia, dominava os ministérios mais importantes (Fazenda, Justiça, Viação, Relações Exteriores), o PTB controlava o Ministério do Trabalho e os Institutos de Aposentadoria e Pensões.

Segundo Oszlak, os regimes autoritários, e assim foi no Brasil pós-64, correspondem a um verdadeiro avanço do Estado sobre a sociedade civil que, desmantelada e cada vez mais desmobilizada, oferece resistências cada vez menores, paradoxalmente à complexidade dos problemas que apresenta. No intuito de enfrentá-los, o regime militar criou, expandiu, diferenciou e especializou instituições estatais; fez acomodações e adaptações nas suas direções, alterações de jurisdições, hierarquias, competências e situações de poder interno; estabeleceram-se filtros ideológicos para recrutamento de pessoal e proibições para a organização dos funcionários, tudo para aumentar o grau de congruência entre o aparato burocrático e o projeto político do regime.

Apesar da realização de eleições (66-70-74-78), o Estado burocrático-autoritário era relativamente livre de pressões eleitorais e assim ampliou sua capacidade de iniciativa em relação a problemas sociais. Não eram mais necessárias negociações com os diferentes atores sociais e forças políticas; as propostas eram elaboradas por grupos técnicos ou funcionários de confiança. Com o sistema político desativado, a instituição militar no poder inclina-se para um tipo de vínculo técnico entre o Estado e a sociedade, em lugar de uma vinculação política via partidos políticos e alianças com base social (Oszlak, O., 1982:17-60). Os "anéis burocráticos" converteram-se no principal mecanismo de articulação entre o Estado e os interesses privados. Em quase todos os setores sociais (saúde, habitação, educação, transportes etc.) eles se transformaram em elementos importantes, quando não decisivos, na formulação de políticas.

Mudanças de regime, como em 64, geralmente correspondem a mudanças nas funções e estruturas da burocracia. Estas mudanças operadas nas instituições estatais geram comportamentos burocráticos resistentes no sentido de desvirtuar o novo projeto político, especialmente por parte dos setores que se sentem prejudicados. Coerção e compensações são aplicadas para modificar a tendência do pessoal do Estado a ajustar-se mais à racionalidade dos seus interesses do que àquela do novo projeto.

Nesse sentido as instituições, enquanto burocracias estatais, não fazem somente um trabalho de implementação traduzindo um conjunto de normas e diretrizes, mas acabam compatibilizando os interesses de suas clientelas, os seus próprios, e aqueles dos projetos políticos do regime.

VIII

As conseqüências do regime burocrático-autoritário, no setor saúde, são já bem conhecidas por aqueles que se ocupam em estudá-lo: prioridade total à privatização da assistência médica previdenciária, esvaziamento e marginalização das atividades de responsabilidade do Estado com a saúde coletiva, sucateamento dos serviços próprios, entre outros.[12]

Os cargos-chaves de direção na instituição hegemônica da política de saúde que é o Inamps, por exemplo, foram preenchidos por representantes dos empresários privados do setor a fim de conformar a conexão burocrática que lhes garantiria a continuidade de uma política favorável a seus interesses, apesar de desfavorável à população que com a desativação do sistema político e da organização social, não podia se fazer representar de nenhuma forma.

As decisões mais importantes sobre a política de saúde eram sempre tomadas pela burocracia técnica, de elite, dentro das instituições estatais. A unificação dos IAPs, a definição pela privatização da assistência previdenciária, a criação de instituições como o Instituto Nacional de Alimentação e Nutrição (INAN) e a Central de Medicamentos (CEME); de programas como o Plano de Pronta Ação (PPA) e o Programa Nacional de Alimentação e Nutrição (PRONAN); a Lei do Sistema Nacional de Saúde são exemplos dessas decisões. Elas espelham também contradições, no interior desses aparelhos, pois alguns desses programas, na sua origem, tinham matizes progressistas e redistribuidores indiretos de renda, como o PRONAN e a CEME. Em sua operacionalização, no entanto, chocaram-se com os limites impostos pelo regime autoritário e seus aliados e perderam aqueles matizes, adquirindo um caráter de puro assistencialismo.

Ainda que baseados nessas poucas evidências poderíamos arriscar a formular a hipótese de que, à medida que nos aproximamos de graus mais acentuados de fechamento no regime burocrático-autoritário, maior será a possibilidade de percebermos a burocracia com um comportamento de *ator político*. Na verdade, ela adquire um grau maior de homogeneidade e se confunde com a ação do Estado

---

12 Há uma literatura relativamente vasta sobre a questão saúde no período autoritário, elaborada principalmente a partir de 1975. Entre outros autores: C. Gentile de Mello; M. C. Ferro Donnangelo; Madel T. Luz; H. Cordeiro; P. Singer; O. Campos e E. Oliveira; J. Oliveira e S. Fleury Teixeira; J. C. de Souza Braga e S. Góes de Paula; C. Possas; além de revistas, teses e ensaios publicados.

(ditatorial) que, ao cortar o diálogo com a sociedade e excluir a participação política, inclusive com o esvaziamento do papel do Legislativo, se comporta como um ator quase único na cena do poder. A burocracia, ao receber a delegação de formular e implementar as políticas do Executivo, amealhava, com seu poder técnico, um poder que era maior que aquele dos políticos. Nesse cenário, não há ou há escassa luta política. E certo que um ator não se esgota em si mesmo; ele representa interesses, e a burocracia, que nesse quadro foi confundida com tecnocracia, representava os interesses do regime e atuava quase sozinha, havendo poucos atores sociais que com ela pudessem contracenar.

IX

Mudanças na correlação de forças do sistema político implicam mais ou menos mudanças na composição do pessoal do Estado. No setor saúde isso também aconteceu. A partir de meados dos anos 70, os escalões intermediários foram sendo ocupados por indivíduos de pensamento diferente daquele propagado pela ideologia do Estado para a saúde. A ação desse pessoal voltava-se a preencher espaços gerados pela própria dinâmica da luta social ou pela incompetência do Estado, e era mais tolerada dentro de instituições marginais para a política de saúde e em momentos em que se precisava de proposições políticas alternativas para o enfrentamento dos problemas sociais.

Segundo Oszlak (1982:27), a relação Estado/sociedade se concretiza através de sucessivas tomadas de posição (ou políticas) de diferentes agentes sociais e estatais diante de questões problemáticas. Isso pressupõe sucessivas e talvez diferentes formas de alianças da sociedade com o Estado, à medida que mudam as forças políticas, que fazem mudar as tomadas de posição. A dinâmica dos comportamentos intraburocráticos acompanha esse processo e seus efeitos de retroalimentação sobre as agências estatais.

Na área da saúde, o movimento pela reformulação da política de saúde encontrava eco em pequenos grupos burocráticos, marginais dentro das instituições de saúde como o Inamps, o ministério da saúde e as secretarias estaduais e municipais de saúde. Quanto mais importante a posição da instituição em relação à política dominante de saúde, mais difícil era a existência destes grupos e a sua sobrevivência.

A maior heterogeneidade da burocracia, as pressões sociais e a necessidade de atender a segmentos populacionais desassistidos em saúde deram origem a projetos alternativos de atenção à saúde (medicina comunitária, atenção primária de saúde etc.), ações e programas marginais, gerados e/ou operados pela burocracia de algumas agências públicas. Secretarias estaduais e municipais operaram uma contínua troca com os movimentos da sociedade — o Movimento Sanitário em especial — que representava, senão outros tipos de "anéis burocráticos", pelo menos novas e diferentes alianças entre Estado e sociedade, ainda que contra-hegemônicas.

À medida que a sociedade lutava pela democratização do país, reivindicando graus maiores de participação e que o regime se deslegitimava por não conseguir dar respostas concretas aos problemas que enfrentava, foi se acentuando também dentro do Estado a heterogeneidade da burocracia.

A crise do modelo dominante de atenção à saúde e o avanço dos movimentos pela redemocratização oportunizavam a entrada em cena de novos atores e o reforço de um segmento burocrático não coincidente com a ideologia do Estado. A influência desses outros atores, de extração acadêmica, parlamentar, ou mesmo popular, tornava-se lentamente mais importante no nível da relação do Estado com a sociedade, mediada pela burocracia estatal. O Plano Conasp é um bom exemplo disso.[13] Perdia terreno um tipo de aliança burocrática, ganhava outro; e o espaço burocrático, enquanto espaço de poder, assumia feições de *arena política*.

Com as mudanças mais recentes das relações entre as forças políticas no advento da "Nova República", o aparato burocrático passou por transformações mais significativas que buscavam consolidar, no seu interior, bases de sustentação para essas novas relações.[14]

Nesse processo ocorreu uma autêntica luta pelo poder burocrático das instituições de saúde. Algumas das principais lideranças do Movimento Sanitário assumiram os principais postos nas agências mais importantes do setor. Embora o fato de que no topo da pirâmide hierárquica esse poder seja notadamente político, antes que administrativo, a base técnica (a força da proposta técnica) representou um

---

13 A criação do Conselho Consultivo de Administração da Saúde Previdenciária (CONASP) e do Plano de Reorientação da Assistência à Saúde no âmbito da Previdência significou a participação de novos atores sociais na política de saúde, junto à burocracia do Inamps.

fator bastante importante na ocupação destes postos de direção da área da saúde. Numerosos cargos menores foram também ocupados por pessoas ligadas ou simpáticas ao Movimento Sanitário, seja no nível federal, seja nos Estados e municípios.

X

Estes acontecimentos possibilitam uma interpretação que repele o caráter monolítico do Estado e o concebe como uma instância de articulação e dominação da sociedade, que condensa e reflete seus conflitos e contradições, tanto nas posições que assume — via suas instituições — como nas relações de força existentes entre estas instituições, configurando-se assim como uma "privilegiada arena de conflito político onde interesses contraditórios lutam para prevalecer sobre questões socialmente importantes, sendo sua instituição um produto histórico" (cf. Oszlak, O., 1982:27).

A simples ocupação do aparelho do Estado, no entanto, não significa necessariamente a transformação da relação entre o Estado e as classes dominadas, apesar de abrir espaços (deslocar os limites) e avançar nas suas proposições. Poulantzas argumenta que estes avanços tornam-se secundários diante do problema mais fundamental que é o da transformação do Estado em suas relações com as massas populares (cf. Poulantzas, N., 1985:181). Certamente ele se refere a uma transformação radical do Estado (a "quebra" do Estado, em Lênin) que talvez não se aplique aqui, pois não vivemos, com a "Nova República", uma situação revolucionária que ensejasse tal feito. Antes disso, as mudanças que ocorreram em nível de governo a partir de 1985 nos mostram mais um deslocamento, com avanços e recuos, da hegemonia de uma fração do bloco do poder para outra. Se por um lado essas diferenciações no bloco do poder permitiram a ocupação, por algum tempo, dos aparatos estatais de saúde, por outro o próprio Estado colocava seus limites para as transformações. "O poder de Estado não é reduzido à manipulação de uma classe; tem uma materialidade própria que não é o reflexo da materialidade da classe dominante, por isso para transformá-lo não basta ocupá-lo", insiste Poulantzas.

---

14 Não somente são criados novos ministérios, como são realizadas extinções e rearranjos de órgãos públicos, alterações organizacionais e partilha de poder com novas forças políticas.

A nova burocracia ainda enfrentaria outros limites. Diferentes governos têm diferentes propostas políticas, apoiadas em alianças sociais diferentes, e impõem restrições diferenciais ao comportamento burocrático.

O depoimento de um ex-ministro do Ministério da Previdência e Assistência Social (MPAS) serve de base empírica para comprovar estes problemas relacionados ao comportamento burocrático. Ele expôs as principais resistências e dificuldades que encontrou para operar mudanças a fim de modernizar a administração do MPAS e entre elas salientou a dificuldade de implantar um projeto que fosse comum à direção e às outras instâncias do ministério, a corrupção interna de "servidores mancomunados com fornecedores"; o despreparo e o desinteresse do pessoal e ainda a cooptação e o uso político da burocracia na forma de nomeações, caixinhas eleitorais etc. (cf. Magalhães, R. A., 1988).

Porém, esse tipo de obstáculo, relativo à defesa de privilégios pessoais ou corporativos, que é inevitável ao se tratar com pessoal do Estado, não é mais grave, segundo Poulantzas. O problema mais sério se constituiria na impregnação de ideologia dominante do Estado que faz o seu pessoal acreditar no seu papel de representante do "interesse geral", cabendo-lhes o estabelecimento da justiça social, de um reequilíbrio em favor dos fracos etc., deixando de perceber o caráter de classe do Estado e o seu próprio lugar e função na reprodução da divisão social do trabalho no seio do aparelho estatal.

No Brasil, porém, talvez não seja tão secundária assim a questão da defesa dos privilégios clientelistas e corporativos, devido, entre outras coisas, à limitada politização do pessoal do Estado e à matriz patrimonialista na formação da burocracia estatal. A execução de novas políticas encontra enormes bloqueios e dificuldades quando contraria tais interesses, como indica o depoimento do ex-ministro. Seu depoimento também nos sugere, no MPAS, uma organização/administração não-burocrática (que se aproxime do tipo racional-legal), bem como a força e a heterogeneidade de interesses e comportamentos que perpassavam a linha hierárquica.

Outra questão para a qual Poulantzas chama a atenção é o risco de o "novo pessoal" acabar reproduzindo as práticas decorrentes da estrutura do Estado, devido tanto àquela ideologia do Estado, como às ilusões, dos "devotados às causas das massas populares" de empreenderem verdadeiras transformações nas relações entre o Estado e as classes dominadas (cf. Poulantzas, N., 1985:184).

Em casos semelhantes aos apontados quando é dominante um comportamento do pessoal do Estado no sentido de autocontemplar-se, procurando a estabilidade e continuidade da sua situação (e do Estado), ou quando se incorpora na função de materializar o "interesse geral" da sociedade, temos também elementos para perceber mais claramente a burocracia agindo como um *ator social*; capaz de ter objetivos e dinamismo próprios; tendendo a favorecer certo tipo de organização; colocando obstáculos à mudança que não a contemplem e interferindo nas políticas públicas. Deste modo a burocracia pode agir como um grupo de pressão setorial, que reivindica o direito de participar na definição e tradução daquele "interesse geral", do qual é o agente operacionalizador, o que justifica a si mesma, a apropriação de recursos e privilégios adicionais à seus membros (cf. Oszlak, O., 1979: 197).

XI

O fato do "Movimento Sanitário", em sua luta pela reformulação da política de saúde, ter se dirigido à ocupação do aparelho do Estado, como estratégia preferencial — em vez de optar por outros caminhos como por exemplo a luta parlamentar ou a inserção em experiências diretas de organização de serviços via associações sindicais e/ou populares — pode denotar a importância que o aparelho estatal tem na definição das políticas públicas no Brasil e a menor significação da clássica participação política.

Poulantzas havia percebido, nos países em que o capitalismo alcançou o estágio monopolista, o fenômeno do declínio do poder parlamentar e o fortalecimento do executivo, principalmente o papel político importante que hoje desempenha a administração. O poder de normatização e de edição de regras deslocou-se para o executivo e a administração, sendo que a "burocracia de Estado sob a autoridade das cúpulas do executivo, tornou-se não só o lugar mas o principal agente de elaboração da política estatal" (cf. Poulantzas, N., 1985: 260)[15]. O parlamento perdeu praticamente a iniciativa de propor leis, principalmente as que regulam a política econômica concreta, rotineira, cabendo isso ao Executivo.

Poulantzas também assinala que esse deslocamento da responsabilidade governamental do parlamento para a cúpula do executivo ocasionou restrição de poderes do parlamento no controle da administração; uma autonomização do governo e o distanciamento da administração em relação à representação nacional. Isso se deve sobretudo a um modo novo de funcionamento da democracia representativa, no qual ocorre a criação de focos de expressão direta de grandes interesses econômicos no interior da administração, onde as frações do capital monopolista, principalmente dirigentes de empresas, se instituem em privilegiados interlocutores com o executivo (neocorporativismo, *lobbies*, anéis burocráticos etc).

Com as devidas ressalvas e diferenças contextuais, podemos constatar a ocorrência do mesmo fenômeno aqui. O círculo das decisões, por onde transitam inclusive os parlamentares, se localiza nas cúpulas do Executivo; ministros e gabinetes ministeriais. As leis de instituição do SUDS, a que extinguiu as Superintendências Regionais do Inamps e a que congelou os salários, a que proíbe contratações, para citar algumas das últimas leis que tiveram fortes repercussões no setor saúde, foram elaborações e decisões do Executivo. O parlamento não foi consultado.

Além disso, a insuficiência, em nosso país, de condições sociopolíticas para o pleno desenvolvimento da cidadania, e conseqüentemente os limites que isso coloca para a mobilização política de grupos e classes sociais, restringe as estratégias de luta e leva tendencialmente o recurso ao Estado como instrumento de reforma (cf. Carvalho, J. M., 1979:27).[16] Esta hipótese reforça a atual importância do aparelho burocrático estatal como o *locus* efetivo das tomadas de decisões acerca das políticas estatais e portanto arena atualmente principal da luta política, excluindo evidentemente a Assembléia Constituinte, a partir da qual espera-se que tal tendência possa ser invertida.

Nesse sentido, torna-se compreensível que o "Movimento Sanitário" tenha concentrado sua ação estratégica na ocupação do aparelho administrativo/executivo do Estado e que, a partir daí, tenha realizado

---

15 Percebe-se aqui que a burocracia é colocada como lugar (arena) e como agente (ator) da política estatal.

16 O autor extrai esta conclusão ao analisar a ação política do Estado Imperial. Creio porém que ela se adapta perfeitamente ao momento atual. O autor entretanto foi mais enfático e colocou não a insuficiência, mas a inexistência de condições para o pleno desenvolvimento de cidadania e o Estado como único recurso para operar mudanças sociais.

tentativas de transformações nas relações entre Estado e sociedade através da política de saúde. Estratégia semelhante de ação no interior do Estado (mas nas formas de "anéis burocráticos") já havia sido utilizada pelas organizações dos produtores privados de serviços e pelos representantes da prática médica liberal. Outro ator importante neste cenário, a indústria farmacêutica, que tem uma poderosa influência na organização social da prática médica, segue, entretanto, uma estratégia distinta, influenciando a política desde fora do aparelho estatal.

Porém há que se ter consciência de que esse mesmo "recurso ao Estado" pode implicar novas limitações para o avanço das conquistas, reforçando um círculo vicioso que bloqueia o desenvolvimento da cidadania individual ou coletiva, tanto pelos limites impostos pela materialidade do Estado, como pelo desestímulo às lutas populares e à participação política fora do aparelho do Estado.

XII

Consideradas estas hipóteses verdadeiras para o contexto brasileiro, fica claro, pelo menos neste primeiro momento, que a burocracia estatal desempenha ao mesmo tempo os dois tipos de papéis:

a) *é arena de luta política* — o lugar de intervenção de uma série de atores, representantes de diversos interesses privados (alguns privilegiados), nos processos de discussões e formulações de políticas, de elaboração e promulgação de leis, normas etc. que contracenam entre si;

b) *é ator social* — enquanto agente de iniciativas, interlocutor de outros atores, portador de objetivos próprios representando os "interesses públicos" do Estado ou representando interesses de terceiros; enquanto tradutor de um conjunto de diretrizes políticas; legitimador de alguns desses interesses e com ação refletida nas políticas públicas.

Para o melhor entendimento destes papéis da burocracia, é essencial considerar a alternância dos seus movimentos, as funções específicas em cada momento e lugar, a sua heterogeneidade e a sua própria natureza contraditória. Para cada caso é necessário um estudo das funções desempenhadas, as quais darão as características de um e ou de outro papel.

Oszlak assinalou a extraordinária heterogeneidade dos elementos constitutivos da burocracia estatal — unidades que possuem notáveis diferenças em termos de autonomia, funções, tamanho, clientela e recursos — o que propicia uma complexa trama de relações com a sociedade civil e dificulta a geração e generalização de proposições.

Há, nesse sentido, só no setor saúde, diversas burocracias com funções e papéis não necessariamente adicionais, mas portadoras de interesses peculiares e até contraditórios entre si. Competindo, por exemplo, por recursos, pela manutenção dos seus interesses e pela hegemonia, constituem-se também em atores no terreno interno do Estado e perante a sociedade.

A burocracia estatal, portanto, não é apenas executora dos interesses econômicos dominantes; também não é expressão do "interesse geral" da sociedade e, na ação de conciliá-los, a burocracia coloca em jogo o seu próprio interesse; tudo isso constitui "um marco normativo real inerentemente contraditório" (Oszlak, O., 1979:191).

Nesse sentido ela pode ser um ator social agregado e complexo, exposto à diferentes demandas, muitas vezes incompatíveis; também pode ser tomado e analisado enquanto ator específico, em uma determinada instituição, frente a determinada questão.

No entanto, como afirma Oszlak (1979:184 ss.), o estudo da burocracia estatal ainda se encontra numa fase pré-paradigmática. A concepção hegeliana da burocracia — como parte de uma estrutura tripartite que serve de nexo entre a sociedade civil e o Estado com a função principal de conciliar o "interesse geral" do Estado e os interesses particulares dos diferentes setores da sociedade — ainda é hegemônica no pessoal do Estado. É esta a única dimensão analítica estudada na maior parte das vezes.

Porém o processo que resolve as questões sociais, de alguma forma, tem na burocracia um participante ativo; um ator que não é agregado ao Estado, mas, como parte dele, tampouco é autônomo; é interdependente com outras instituições do Estado nos planos orçamentário, funcional e hierárquico, com uma relativa autonomia; possui capacidade de articular-se e compatibilizar seus interesses com diferentes setores da sociedade civil e do próprio Estado.

Por isso as burocracias estatais não somente atuam como atores políticos como também o seu âmbito de atuação constitui um terreno de lutas onde atuam outros setores sociais, individuais, grupais, setoriais ou organizacionais.

XIII

Dentro da necessidade de melhor entender o Estado capitalista dependente e a formulação de suas políticas sociais, há um imenso espaço vazio no campo da burocracia estatal, particularmente no setor saúde (cf. Labra, E., 1987).

Estas colocações, baseadas em escassos autores recentes e observações empíricas sobre a nossa realidade, são apenas indicações. Entre os muitos aspectos que permanecem em questão acerca da burocracia podemos destacar:

a) as funções da burocracia no Estado capitalista dependente e as suas relações com o tipo de regime no desenvolvimento de políticas sociais;

b) as posições que a burocracia assume na resolução de questões sociais, onde há interesses antagônicos em luta, como base para o entendimento do seu papel e a natureza da sua intervenção;

c) a burocracia como portadora de uma autonomia relativa, inclusive perante o próprio Estado, ao mesmo tempo que é aparelho do Estado, devendo, em última análise, servir aos objetivos gerais do Estado capitalista;

d) como fundamento de sua ação, a burocracia oscilaria entre uma racionalidade técnica e uma racionalidade política no enfrentamento das questões sociais;

e) a (im)possibilidade de uma clara e definitiva delimitação dos seus papéis de sujeito (como ator social) ou de instrumento (funcionando como executores de planos cuja formulação escapa aos seus domínios);

f) no setor social os esforços para a superação de formas tradicionais de organização não tiveram a mesma ênfase e prioridade dos outros setores; as ações nesse campo visariam mais à resolução de conflitos entre interesses políticos antagônicos via reacomodações institucionais do que a dotar a burocracia de uma maior racionalidade formal;

g) na luta por transformações da política de saúde, a burocracia, enquanto aparato estatal, assume importância devido à própria importância do Estado (capitalista dependente), no processo de democratização/desenvolvimento da sociedade.

REFERÊNCIAS BIBLIOGRÁFICAS

CARVALHO, J. M. "A burocracia imperial: a dialética da ambigüidade", in *Dados* (21):7-31, Rio de Janeiro, 1979.

CHINOY, E. *La sociedad*, México, Fondo de Cultura Econômica, 1966. Apud *Dicionário de Ciências Sociais*, Rio de Janeiro, MEC/FGV, 1986.

FUEYO, J. F. *La morfologia del poder político y burocracia*. Apud. *Dicionário de Ciências Sociais*, Rio de Janeiro, MEC/FGV, 1986.

LABRA, E. M. *Proposições para o estudo da relação entre política, burocracia e administração no setor saúde brasileiro*, Rio de Janeiro, ENSP/FIOCRUZ, setembro 1987, mimeo.

MAGALHÃES, R. A. *Obstáculos à modernização do Estado*, Rio de Janeiro, IUPERJ/Cadernos de Conjuntura, n. 14, abril 1988.

MARTINS, C. E. *Tecnocracia e capitalismo*, São Paulo, Brasiliense, 1974.

MEC/FENAME. *Dicionário de Ciências Sociais*, Rio de Janeiro, Ed. Fundação Getúlio Vargas, 1986.

MOTTA, F. C. P. *O que é burocracia*?, São Paulo, Brasiliense, 1981.

O'DONNELL, G. *Reflexiones sobre las tendencias generales de cambio en el Estado burocrático-autoritario*, Buenos Aires, CEBES/CLACSO, n. 1, 1985.

OSZLAK, O. "Políticas públicas e regimes políticos: Reflexões a partir de algumas experiências latino-americanas", in *Rev. da Administração Pública* 16(1):17-60, jan./mar. 1982.

______. "Notas críticas para una teoría de la burocracia estatal. Desarrollo Económico", in *Rev. de Ciencias Sociales*, 74(19):21-50, IDES, Buenos Aires, 1979.

OFFE, C. *Problemas estruturais do Estado capitalista*, Rio de Janeiro, Tempo Brasileiro, 1984.

POULANTZAS, N. *O Estado, o poder, o socialismo*, Rio de Janeiro, Graal, 1985.

URICOECHEA, F. "A formação do Estado brasileiro no século XIX", in *Dados* (14):85-109, Rio de Janeiro, 1977.

WEBER, M. "Os fundamentos da organização burocrática: uma construção do tipo ideal", in CAMPOS, E. (org.). *Sociologia da burocracia*, Rio de Janeiro, Zahar, 1978.

______. *Ensaios de Sociologia*. Orgs. GERTH, H. H. e MILLS, C. W., 5ª ed., Rio de Janeiro, Guanabara, 1982.

REFERÊNCIAS BIBLIOGRÁFICAS

SAÚDE: UMA QUESTÃO NACIONAL

Sarah Escorel

Uma discussão que freqüentemente ocupa uma parcela dos intelectuais e acadêmicos da saúde coletiva é a relação entre a luta específica pela conquista do direito à saúde, e a luta mais global, pela transformação das relações sociais. Até que ponto a luta setorial tem seus limites bem-definidos e portanto não se trata de um passo adiante na luta geral? Pode o desenvolvimento de uma consciência específica (consciência sanitária) ser parte integrante, elemento constitutivo e até precursor de uma consciência de classe? A luta específica setorial pode transformar-se numa luta nacional?

Neste trabalho tentamos elucidar um pouso essas questões tomando para estudar a luta setorial algumas categorias *gramscianas* que Carlos Nelson Coutinho utilizou para analisar a sociedade como *um todo*.[1] O uso desses conceitos tem por objetivo retirar a luta pela transformação da situação de saúde da população brasileira de um cotidiano específico para visualizá-la como *parte* — para nós privilegiada — da luta pela transformação da sociedade brasileira.

Para nós, o "privilegiamento" da arena de luta da saúde está dado por ser um campo de múltiplas interseções e relações com as

---

1 Refiro-me a participação de Carlos Nelson Coutinho no seminário "Políticas e estratégias de construção da reforma sanitária, representação de interesses, formulação de políticas e hegemonia" promovido pelo grupo de pesquisa, em junho de 1988, na ENSP, Rio de Janeiro.

demais esferas do desenvolvimento das sociedades. Também porque a saúde é um elemento vital, que mexe com a vida e morte dos seres humanos, que perpetua ou liberta (possibilita a libertação) das relações de dominação.

I

Podemos considerar a saúde como valor universal, como parte do ideário universal, elemento constitutivo da humanidade e portanto um valor para todas as classes e acima das classes. Algo a ser obtido por todos os habitantes do planeta. Parte integrante do que é considerado como "condições mínimas de sobrevivência — mínimo vital" (Teixeira, S. M. F., 1988:33).

A saúde é então componente fundamental da democracia e da cidadania. A democracia a que nos referimos é a democracia *substancial* "que indica um conjunto de fins, entre os quais sobressai a igualdade jurídica, social e econômica" (Bobbio, N. et al., 1986:328-329), onde podemos situar a saúde com um dos "objetivos sociais" a serem atingidos.

A saúde plena, a que não envolve apenas a recuperação da doença, significa, como foi definido na 8ª Conferência Nacional de Saúde (1986), "a resultante das condições de alimentação, habitação, educação, renda, meio ambiente, trabalho, transporte, emprego, lazer, liberdade, acesso e posse da terra e acesso a serviços de saúde. É assim, antes de tudo, o *resultado* das formas de organização social da produção, as quais podem gerar grandes desigualdades nos níveis de vida". Esse conceito, de saúde como *resultante* e como *condicionante* de um conjunto de fatores, transforma a luta pela saúde numa luta global, por transformação social. Não poderíamos tomar todos os outros elementos da definição (habitação, educação, renda etc.) e pensar neles enquanto resultantes e condicionantes sem considerar a saúde como elemento inicial.

Saúde é assim uma explicitação das condições de *igualdade social* na medida em que é determinada por esse conjunto de *direitos*. A noção de direitos nos remete à definição de cidadania, compreendida não só pela existência formal de direitos civis, políticos e sociais, mas pela *possibilidade efetiva de exercê-los*. O exercício dos direitos sociais — que implicam, necessariamente, "um comportamento ativo por parte do Estado para garantir aos cidadãos uma situação de certeza" (Bobbio, N. et al., 1986:354-355) — é que possibilita exercer plenamente os direitos civis e políticos. A igualdade social é portanto uma noção concreta sobre um cotidiano onde a garantia de determinadas condições de vida e sobrevivência permite (ou não) ao homem ser livre, manifestar seu pensamento, organizar-se e lutar por aquilo que lhe parece correto. Trata-se da "ampliação da noção de igualdade: de uma igualdade formal a uma igualdade na apropriação da riqueza social" (Teixeira, S. M. F., 1988:31).

A noção de igualdade mereceria um texto a parte. A teoria marxista reconhece dois tipos de igualdade que correspondem às duas fases *da sociedade pós-revolucionária.* Na primeira, predomina o princípio "de cada qual segundo sua capacidade, a cada qual segundo o trabalho realizado (...)". À fase comunista superior da sociedade pós-revolucionária corresponde o princípio "de cada qual segundo sua capacidade, a cada qual segundo suas necessidades" (Marx, K., 1969: 325; Bottomore, T., 1988:187). Mas a saúde como elemento de igualdade entre os homens, ou seja, como parte das necessidades fundamentais do ser humano, está inscrita no ideário universal, inclusive das sociedades capitalistas, como mostra a Declaração Universal dos Direitos do Homem.

A saúde — medida da existência em si, pois lida com a vida e com a morte — assim como outros direitos sociais, é um elemento potencialmente *revolucionário* e *de consenso.* A "revolução" neste caso deve ser entendida como instrumento essencial para a conquista da liberdade, identificada no fim da exploração do homem pelo homem e, por conseqüência, com a possibilidade de vencer a pobreza, mas também como meio de conseguir a igualdade, posta na justiça social, e de o homem desenvolver plenamente todas as suas qualidades.[2]

Parece claro que a saúde é parte integrante e fundamental desse conceito de igualdade e da possibilidade (pensando inclusive em termos vitais) de desenvolvimento pleno das qualidades de cada um. Desta forma, a luta pela saúde adquire um caráter subversivo, inclusive em contraposição ao tratamento de mercadoria que recebe nas sociedades capitalistas. Porém, o que queremos destacar com o que chamamos de potencial revolucionário é o fato de a saúde constituir um campo privilegiado da luta de classes (Arouca, A. S., 1982), onde

2 "Foi Marx quem fundiu perfeitamente os dois elementos acentuados pelos iluministas — liberdade e felicidade — e apresenta a perspectiva de sua consecução simultânea pela libertação do homem produtor" (BOBBIO, N. et al., 1986:1123-4).

se enfrentam o direito em si e o exercício deste, onde pode se dar a formação e a transformação da consciência (luta ideológica), onde se chocam as concepções de vida das diferentes classes sociais. Nas sociedades em transição para o socialismo como Cuba e Nicarágua, a saúde foi um *palco de luta, uma arena* em que se enfrentaram nitidamente as forças revolucionárias e contra-revolucionárias. A luta ideológica no campo da saúde assume assim uma espécie de manifestação da luta ideológica da sociedade como um todo em que a valorização da vida e a sobrevivência humana adquirem especial relevância.

Berlinguer, em recente visita ao Brasil,[3] declarou que "a saúde é o componente revolucionário da Reforma Sanitária". A nosso ver, isso significa que o objetivo último e principal da Reforma Sanitária reside na mudança substancial e substantiva das condições de saúde da população (no nosso caso, brasileira), uma vez que essas transformações permitirão o exercício da liberdade de poder mudar a sociedade como um todo.

A saúde é também um elemento potencial de consenso, aqui definido como "a existência de valores largamente compartilhados (que) se apresentam portanto como um elemento fundamental de solidariedade, constituindo, por assim dizer, um aspecto importante do tecido conectivo de uma sociedade" (Bobbio, N. et al., 1986:242). A saúde, a existência de boas condições de saúde é um valor largamente compartilhado e portanto um campo potencialmente formador de consenso, um direito ao redor do qual pode unir-se um conjunto de forças para, através de uma aliança, empreender uma luta para a sua conquista. Ou seja, *a saúde é um elemento potencial de consenso, a forma de distribuição desse "direito consensual" é que é motivo de dissenso.*

II

Tomemos o que Gramsci chamou da "classe nacional" para discutir a saúde como uma "questão nacional", cuja especificidade

3 Refiro-me às observações feitas pelo senador e professor italiano Giovanni Berlinguer em sua participação no seminário "Análise Comparada das Reformas Sanitárias: Brasil e Itália" promovido pelo grupo de pesquisa coordenado pela Dra. Sonia Fleury Teixeira: *Estudos das políticas e estratégias de construção do sistema de saúde: perspectivas da Reforma Sanitária brasileira* ENSP/FIOCRUZ/SCT-MS, com o apoio do CNPq, na ENSP

transforma-a em palco privilegiado e precursor de uma luta mais global de transformação da sociedade. Como aponta Carlos Nelson Coutinho (1987b:10), Gramsci "elaborou a noção de 'classe nacional', mostrando que — para obter *hegemonia* e ser assim capaz de se propor o problema do poder — a classe operária deve superar todo o corporativismo e fazer-se portadora de um projeto global de sociedade; ao mesmo tempo, ele destaca nesse ensaio[4] a importância dos intelectuais na agregação de um bloco histórico, de uma vontade coletiva, ou seja, na construção das relações de hegemonia".

Está claro que a análise feita por Gramsci refere-se à luta de classes e não a um determinado campo, mesmo que privilegiado, dessa luta. No entanto, podemos analisar a questão da saúde e da luta para a sua conquista a partir das categorias apontadas: uma questão torna-se *nacional* na medida em que supera todo o corporativismo e é portadora de um projeto global da sociedade. Analisar a luta implica necessariamente perceber a direção que lhe é dada, em que pode-se identificar qual o projeto global da sociedade que está implícito ou subjacente a essa luta num campo particular de transformação social. Cabe analisar a construção (ou não) do bloco histórico e a importância dos intelectuais na construção das relações de hegemonia.[5]

Na luta pela transformação do sistema de saúde e das condições de saúde da população brasileira foi se configurando um *sujeito político coletivo* (Coutinho, C. N., 1984:41) constituído inicialmente por intelectuais com atuação no campo da saúde, conhecido como Movimento Sanitário (Escorel, S., 1987). Algumas de suas principais características são o de ser um movimento *suprapartidário*, cuja *organicidade* é formada por um projeto e uma linguagem comuns. A "linguagem", o código de identificação, está contido no pensamento médico-social (Escorel, S., 1987: cap. 2) e o projeto é a transformação das condições de saúde da população brasileira. No desenvolvimento histórico do Movimento Sanitário percebe-se que a luta pela transformação da saúde nunca se distanciou da luta pela transformação da saúde nunca se distanciou da luta pela transformação da sociedade, mesmo que sabendo-se de antemão as restrições colocadas para a luta

4 Carlos Nelson Coutinho refere-se ao longo ensaio sobre "Alguns temas da questão meridional" que Gramsci escreveu antes dos *Cadernos do cárcere*.

5 Os intelectuais, neste texto não têm um conceito gramsciano em que todos os homens são intelectuais e sim num sentido mais estreito dos intelectuais como pensadores, pesquisadores e estudiosos, conhecidos como pertencentes à "academia" (Gruppi, L., 1978:58).

numa arena setorial. No entanto, sob a ditadura, o Movimento Sanitário tinha como diretriz "saúde e democracia". Num segundo momento da transição política traçou a estratégia de penetração dos aparelhos de Estado numa clara busca de tentar dar uma outra *direcionalidade* à política pública. Ao iniciar-se o que esperamos seja o último capítulo da transição democrática, a Constituinte, soube organizar-se para conseguir escrever o direito à saúde como direito elementar do cidadão brasileiro. Para isso, o Movimento Sanitário fez valer uma de suas outras características que é o *estabelecimento de alianças* com setores progressistas, populares ou não, comprometidos com a luta. O que lhe permitiu consolidar alianças, manter-se enquanto movimento orgânico e organizado, foi "conceber a unidade como valor estratégico" (Coutinho, C. N., 1984:47) e tratar a questão da saúde não sob a ótica do corporativismo e sim como uma "questão nacional". Até o presente momento, o Movimento Sanitário, que tem como base grupos corporativos como os médicos, os sanitaristas e os profissionais de saúde coletiva, soube superar os interesses de grupos e movimentar-se conjunta e progressivamente, no sentido de fazer toda a sociedade avançar (Gramsci, A., s. d.) em direção à construção de um projeto global da sociedade.

Os interesses defendidos pelo Movimento Sanitário — mesmo que hoje ampliado com um conjunto de outros movimentos populares, ainda é nitidamente um movimento de intelectuais, de classe média — não são interesses próprios. O Movimento Sanitário pode ser considerado como um *intelectual coletivamente orgânico* das classes trabalhadoras no campo de luta da saúde. Ainda se depara com o

---

6 Esse "conceito" foi emitido por Sérgio Arouca no processo de orientação da tese mencionada. Chama de "fantasma" porque "assusta, mas não existe", ou seja, o Movimento Sanitário questiona periodicamente sua própria legitimidade enquanto intelectual coletivamente orgânico por não contemplar em suas discussões e decisões "cotidianas" organismos formalmente representativos das classes trabalhadoras como os sindicatos operários, as centrais sindicais e até mesmo os partidos progressistas. No entanto, a classe operária não está ausente, no sentido de que seus valores e necessidades direcionam a luta pela Reforma Sanitária. Arouca expressa que exigir da classe operária a direção *efetiva* dos processos revolucionários (e com isso descaracterizar o Movimento Sanitário) significa desconhecer a história dos processos revolucionários desde a URSS em 1917 até as mais recentes como Cuba e Nicarágua. Coutinho também chama a atenção para o fato de que "do ponto de vista social, a classe operária — sem perder sua centralidade — não é mais o único sujeito na luta pelo socialismo: essa luta envolve hoje indivíduos e grupos cujos carecimentos e motivações têm origem num terreno bastante diverso do terreno 'tradicional' da classe operária" (Coutinho, C. N., 1987a:90-91).

"fantasma da classe ausente" (Escorel, S., 1987: cap. 6)[6] já que no seu processo de desenvolvimento não foi capaz de estabelecer, de maneira permanente e profícua, não apenas alianças com os setores subalternos, mas sim a construção de uma estratégia comum de luta e de operacionalização do novo. Mas não há respaldo histórico para caracterizar o Movimento Sanitário enquanto defensor de interesses próprios, corporativos, ou como sendo um movimento elitista, já que todos os espaços conquistados são imediatamente "abertos" (no sentido de permitir e propiciar a ação) para os setores marginalizados, cuja falta de organização ou organicidade não tem lhes permitido avançar e conquistar posições. Desta forma, podemos pensar no Movimento Sanitário, como apontou Carlos Nelson Coutinho como uma "manifestação do novo bloco histórico no setor saúde",[7] que procura, mais do que construir uma nova ideologia, transformar as relações sociais existentes sem com isso retirar o principal campo de luta da Reforma Sanitária que é o da luta ideológica.

Gruppi aponta que "Gramsci especifica o modo pelo qual põe o problema da hegemonia da classe operária: a hegemonia se realiza enquanto descobre mediações, *ligações com outras forças sociais*, enquanto encontra vínculos também culturais e *faz valer* no campo cultural as próprias posições" (Gruppi, L., 1978:63)

E ainda, ao trabalhar o conceito de *bloco histórico*, o mesmo autor aponta que "a hegemonia tende a construir um bloco histórico, ou seja, *realizar uma unidade de forças sociais e políticas diferentes e tende a conservá-las juntas através da concepção do mundo que ela traçou e difundiu*" (Gruppi, L., 1978:78) [grifos nossos].

Portanto, a construção de um bloco histórico "alternativo" ao dominante passa pelo estabelecimento da hegemonia e formação de alianças que devem ser analisadas enquanto *momentos de constituição* na construção do bloco histórico.[8]

No processo de luta pela Reforma Sanitária tem sido freqüente o estabelecimento de estratégias que *ampliam* o leque de alianças sem com isso perder de vista a *direção* do processo. Podemos visualizar diferentes *momentos* de ampliação das forças sociais envolvidas, de aumento de legitimidade da luta e de sua visibilidade social.

---

7 Observação feita por Carlos Nelson Coutinho em sua participação no seminário, citado na nota 1.

8 Observação feita por Carlos Nelson Coutinho no seminário citado na nota 1.

As AIS — Ações Integradas de Saúde — conseguiram aglutinar ao seu redor prefeitos, vereadores, secretários de saúde municipais e organizações de moradores. A 8ª Conferência Nacional de Saúde estabeleceu definitivamente como fórum *legítimo* de discussão um espaço onde a sociedade civil se fez representar intensa e diversificadamente. No âmbito administrativo, mas com grande importância política para a consecução do Sistema Único de Saúde, o ainda cambaleante SUDS — Sistemas Unificados e Descentralizados de Saúde — promoveu uma maior adesão à luta dos governadores e secretários estaduais e uma importante inflexão na direcionalidade da política previdenciária. No âmbito político, a Plenária de Entidades pela Saúde na Constituinte se forma como parte de um processo de luta pela transformação do sistema e das condições de saúde, constituindo (a plenária), assim como os deputados constituintes que se envolveram intensamente com a aprovação do capítulo da seguridade social, expressão do desenvolvimento histórico de um projeto de transformação, ou melhor, do "bloco histórico alternativo".

O conceito de hegemonia envolve (implica) as concepções de "direção e domínio, e, portanto, é concebida como conquista, através da persuasão, do consenso, mas também como força para reprimir as classes adversárias" (Gruppi, L., 1978:58).[9]

Gruppi ainda sintetiza melhor "a hegemonia é isso: determinar os traços específicos de uma condição histórica, de um processo, tornar-se protagonista de reivindicações que são de outros estratos sociais, da solução das mesmas, de modo a *unir em torno de si esses estratos*, realizando com eles uma aliança na luta contra o capitalismo e, desse modo, isolando o próprio capitalismo" (Gruppi, L., 1978:59). Gramsci, em suas notas sobre "O problema da direção política na formação e desenvolvimento da nação e do Estado moderno na Itália", ressalta que "um grupo social pode e até tem que ser dirigente" antes

9 Pelas observações de Carlos Nelson Coutinho (1981:94), essa definição de Gruppi traduziria melhor a definição de *supremacia*: "o momento sintético que unifica (sem hegemonia) a hegemonia e a dominação, o consenso e a coerção, a direção e a ditadura", cabendo no conceito de hegemonia a concepção de direção, mas não a de domínio. No entanto, "o uso da palavra em dois sentidos diametralmente opostos — significando domínio ou significando liderança — complica qualquer definição de hegemonia. (...) Gramsci utilizou esse termo para referir-se a uma estratégia da classe operária, para analisar o modo pelo qual a burguesia estabelece e mantém sua dominação, assim como para mostrar que a natureza limitada do consentimento pode levar a uma base precária para uma ordem política, que tender a apoiar-se cada vez mais na força". (Bottomore, T., 1988:177-8).

mesmo de conquistar o poder governamental (esta é uma das condições principais para a conquista do poder); depois, quando exerça o poder e ainda que o tenha firmemente nas mãos, se torna dominante, mas tem sempre que seguir sendo também "dirigente" (Gramsci, A., s. d.:486).

Carlos Nelson Coutinho coloca que a hegemonia é "a capacidade de *formular uma proposta* a partir do ponto de vista de uma determinada classe, mas que conseguindo adesão das demais classes se transforme em *projeto comum*, superando os corporativismos".[10] Parece-nos ficar claro que a luta pela Reforma Sanitária, *dirigida* pelo Movimento Sanitário, partiu de um projeto com a perspectiva das classes trabalhadoras e populares, vem se transformando num projeto comum a outras classes e tem conseguido superar o corporativismo de suas bases.

Ou seja, parece-nos que o Movimento Sanitário tem conseguido hegemonizar a luta pela Reforma Sanitária (e com isso imprimir a direção do processo) porque estabelece um projeto comum e porque participa intensamente na luta ideológica mais geral que é (intrínseca e necessária à noção de hegemonia) a de participar, com o conjunto de forças sociais progressistas, da "criação dos pressupostos políticos, econômicos e ideológicos que tornarão possível o estabelecimento e a consolidação do socialismo em nosso País" (Coutinho, C. N., 1984: 20). Esses pressupostos, que significam mais do que a contestação dos valores ideológicos dominantes, a criação de *novos valores*, num processo que chamamos comumente de construção da "contra-hegemonia", são produtos, como analisou Coutinho (1984:20, 40-2, 45), de um "combate árduo e provavelmente longo" de "democratização não só da economia como da política" (esta última — socialização crescente da política — vista como único antídoto de eficácia duradoura contra o veneno da "via prussiana") na qual "a democracia é concebida como elemento estratégico da luta pela renovação social do conjunto da Nação".

Por fim, analisemos um pouco a questão do papel do intelectual na medida em que caracterizamos o Movimento Sanitário enquanto um movimento composto em sua maior parte e "dirigido" por um conjunto de intelectuais. Gramsci afirma que "não existe uma classe

---

10 Observações feitas por Carlos Nelson Coutinho no seminário citado na nota 1.

independente de intelectuais, e sim cada grupo social tem sua própria camada de intelectuais ou tende a formá-la" (Gramsci, A., s. d.:487).

Assim, parece claro que não existem apenas intelectuais da classe dominante e que há um papel a ser cumprido pelos intelectuais da classe dominada: a construção de novos valores e idéias identificados com as necessidades da classe operária, que possam aglutinar em torno de si outras classes e se sobrepor à ideologia dominante, burguesa. No entanto, é importante ressaltar que esses intelectuais têm como origem de classe não exclusiva e necessariamente uma origem proletária. Os estratos médios dos quais se originam o conjunto de intelectuais de uma sociedade os fornecem para ambas as classes fundamentais. Ou seja, não é necessariamente sendo operário que o intelectual elabora e constrói valores "operários" ou confere uma direção proletária na luta pela conquista de valores universais como a saúde. Como ressalta Gruppi "Gramsci diz que é preciso levar em conta o fato de que os intelectuais se formam lentamente, que reagem com muita lentidão e de modo bastante complexo aos movimentos sociais, precisamente por causa da necessidade que sentem de generalizar as experiências e de encontrar uma definição total e universal das mesmas. Portanto, não podemos pensar nem que se formem rapidamente os intelectuais da classe operária, nem que se desloquem rapidamente grandes estratos intelectuais em direção à classe operária" (Gruppi, L., 1978:62).

O próprio Gramsci aponta que, o que nos interessa "são os intelectuais *como massa* e não somente como indivíduos. É sem dúvida importante e útil para o proletariado que um ou mais intelectuais, individualmente, adiram a seu programa e doutrina, se fundam com o proletariado, se convertam em parte de e se sintam parte dele. O proletariado é, como classe, pobre de elementos organizativos e não tem nem pode formar um estrato próprio de intelectuais senão muito lentamente, muito trabalhosamente, e somente depois da conquista do poder estatal. Mas também é importante que *na massa dos intelectuais* se produza uma *fratura de caráter orgânico*, historicamente caracterizada; que se construa, como formação de massas, uma tendência de esquerda no sentido moderno da palavra, ou seja, orientado para o proletariado revolucionário" (grifos nossos).[11]

---

11 Gramsci, A. "Alguns temas da questão meridional", in *Antologia*, México, Siglo Vientiuno, s. d.

O conjunto de ações desenvolvidas pelo Movimento Sanitário, de sua origem nos departamentos de medicina preventiva e social até hoje em dia, vem, como já apontamos, imprimindo uma direção à luta pela transformação das condições de saúde da população brasileira, em direção às classes trabalhadoras, e também *construindo* valores ideológicos proletários quando luta por um sistema de saúde universal, equânime, acessível e democrático, quando pensa na saúde como valor universal e se concentra no alvo de impedir a mercantilização da saúde. Ainda, no conjunto dos intelectuais — médicos e demais profissionais de saúde —, o Movimento Sanitário trava uma luta ideológica importante com o liberalismo, buscando produzir na massa dos intelectuais (setoriais) uma fratura de caráter orgânico. As alianças conferem ao ampliar a base social, uma maior legitimidade, e uma maior visibilidade social da luta pela Reforma Sanitária, permitindo também que sejam ultrapassados os limites setoriais "da fratura orgânica". Ao mesmo tempo invade com a questão saúde um conjunto maior de intelectuais, conseguindo, em alguns momentos, como recentemente na luta específica pela proibição da comercialização completa do sangue e hemoderivados, criar um *sistema de solidariedade* entre intelectuais. No entanto, o Movimento Sanitário ao pautar suas ações numa estratégia que privilegia o aparelho de Estado como palco de luta, relega a um segundo plano a atuação sobre as próprias condições de saúde. Também, ao optar por uma luta "técnico-política institucional", o Movimento Sanitário se afasta de um trabalho mais cotidiano e permanente com a classe trabalhadora. Daí ter encontrado dificuldades para colocar-se como intelectual orgânico do proletariado e para produzir *permanentemente* uma fratura ideológica na massa dos intelectuais setoriais.

Cabe observar que, se as categorias utilizadas na análise permitem concluir que a ação do Movimento Sanitário tem sido *efetivamente* na direção de um longo e árduo processo de criação de novos pressupostos políticos, econômicos e ideológicos que tornarão possível o estabelecimento e a consolidação do socialismo em nosso País (Coutinho, C. N., 1984), ainda existe um conjunto de questões e desafios para que o Movimento Sanitário se mantenha nessa direção, consiga operacionalizar suas conquistas e seja capaz de "alimentar-se" permanentemente das "questões proletárias" para informar sua luta política. Isso não significa abandonar o palco de luta até agora considerado estratégico e sim reforçar a organicidade no sentido de fundir-se com o proletariado, converter-se e sentir-se parte dele.

Dentre os desafios destaca-se a resolução de algumas questões de ordem técnico-política como conseguir promover alterações substantivas na forma de atenção à saúde, assim como, num segundo momento, nas próprias condições de saúde da população brasileira. Esse papel "técnico" não pode ser delegado. É responsabilidade do Movimento Sanitário. E nesse âmbito o Movimento Sanitário poderá manter-se e ampliar as alianças com as classes subalternas ou semear a sua própria derrota.

REFERÊNCIAS BIBLIOGRÁFICAS

AROUCA, A. S. da S. *Salud en las sociedades en transición,* 2º Seminário Latinoamericano de Medicina Social, Manágua, Nicarágua, 15-18 setembro, 1982.

BOBBIO, N.; MATTEUCCI, N. e PASQUINO, G. *Dicionário de Política,* Brasília, Ed. Universidade de Brasília, 1986.

BOTTOMORE, T. (org.). *Dicionário do pensamento marxista,* Rio de Janeiro, Zahar, 1988.

CONFERÊNCIA NACIONAL DE SAÚDE, 8. Brasília, 17-21 março, 1986. *Relatório final* Brasília. 1986.

COUTINHO, C. N. *A democracia como valor universal e outros ensaios,* Rio de Janeiro, Salamandra, 1984.

______. *A dualidade de poderes,* São Paulo, Brasiliense, 1987a.

______. *Gramsci,* Porto Alegre, LPM, 1981.

______. "Nota à edição brasileira", in GRAMSCI, A. *A questão meridional,* Rio de Janeiro, Paz e Terra, 1987b.

ESCOREL, S. *Reviravolta na saúde*: origem e articulação do Movimento Sanitário. Dissertação de Mestrado, Rio de Janeiro, ENSP/FIOCRUZ, 1987.

GRAMSCI, A. *Antologia,* México, Siglo Vientiuno, s. d.

GRUPPI, L. *O conceito de hegemonia em Gramsci,* Rio de Janeiro, Graal, 1978.

MARX, K. "Crítica ao programa de Gotha", in MARX, K. e ENGELS, F. *Selected Works,* Nova Iorque, International Publishers, 1969.

TEIXEIRA S. M. F. *Estado, poder e democratizacão da saúde,* Rio de Janeiro, 1988, mimeo.

REFORMAS SANITÁRIAS NA ITÁLIA E NO BRASIL: COMPARAÇÕES

Sonia Fleury Teixeira
Maria Helena Mendonça

1. INTRODUÇÃO

Ao nos propormos a desenvolver um estudo comparativo das Reformas Sanitárias, tomando inicialmente os casos da Itália e Brasil, fomos confrontados com inúmeras dificuldades, desde a ausência de uma discussão teórico-conceitual consistente, até a dificuldade de se cotejar processos que ocorrem em conjunturas econômicas e políticas bastante distintas.

No entanto, a tarefa de identificar invariâncias e diferenciações parece ser imprescindível para que se possa abstrair desses processos históricos os elementos conceituais explicativos das mudanças que vêm ocorrendo em vários países sob a denominação de *Reformas Sanitárias.*

Nosso objetivo inicial é o de mapear os dois contextos nos quais emergiram os projetos de Reforma Sanitária, nos casos da Itália e do Brasil, buscando, para além de identificar diferenças e semelhanças, compreender o processo histórico, sua base social e as estratégias reformadoras.

A contextualização desses processos está orientada por um conjunto de hipóteses que desenvolvemos[1] na tentativa de sistematizar uma teoria em construção da Reforma Sanitária, dentre as quais destacamos:

a) *uma conceituação* — "O conceito de Reforma Sanitária refere-se a um processo de transformação da norma legal e do aparelho institucional que regulamenta e se responsabiliza pela proteção à saúde dos cidadãos que corresponde a um efetivo deslocamento do poder político em direção às camadas populares, cuja expressão material concretiza-se na busca do direito universal à saúde e na criação de um sistema único de serviços sob a égide do Estado".

b) *uma referência histórica* — "Regra geral, os processos da Reforma Sanitária emergem em um contexto de democratização (seja ele o da Nicarágua, Brasil, Espanha, Portugal ou Itália) e estão associados à emergência das classes populares como sujeito político (geralmente em aliança com setores médios)".

c) *uma visão processual* — "A (primeira) hipótese que podemos levantar afirma que a incorporação das demandas sanitárias por meio de um conjunto de dispositivos legais e institucionais, configurando distintas cidadanias, é, ao mesmo tempo que resultante da correlação de forças existentes, um elemento ativo na conformação de identidades políticas e sociais, isto é, no desenvolvimento subseqüente da luta política".

Assim sendo, ao buscar as origens e dinâmica dos processos de Reforma em uma análise sociopolítica das conjunturas nas quais emergiram e se realizaram, pretende-se não apenas confirmar as hipóteses mencionadas, como, principalmente, explicar as diferenças encontradas na análise comparativa. Neste sentido, elaboramos um conjunto de explicações elucidativas dessas diferenciações, considerando que "o formato e conteúdo político da Reforma vão ser uma decorrência da confluência de pelo menos alguns fenômenos que devem ser considerados na dinâmica desses processos":

1. o caráter político-ideológico da coalizão impulsionadora do processo de democratização e o curso de seus embates com as forças tradicionais;

2. a articulação do processo de Reforma Sanitária com as estratégias de transição à democracia (socialista ou capitalista);

---

1 Fleury Teixeira, Sonia. "Reflexões teóricas sobre democracia e Reforma Sanitária", nesta coletânea, NUPES, 1988.

3. o "timing" da reforma em relação ao processo de democratização, isto é, a sua inserção desde ser um precursor das lutas pela democratização até ser o resultado do processo de democratização;

4. a capacidade de alterar a cultura política prevalente em direção à universalização dos direitos sociais e a garantia de práticas administrativas participativas;

5. a capacidade de promover mudanças efetivas a nível da gestão institucional de forma a elevar a qualidade dos serviços (maior eficácia/eficiência) a fim de garantir a preservação de apoio social à reforma;

6. a existência de restrições de ordem política e financeira à construção de um sistema abrangente de proteção social;

7. o equacionamento dos conflitos gerados pelo processo de reforma com atores sociais, tais como o setor privado, os profissionais de saúde etc.;

8. A permeabilidade da burocracia às mudanças necessárias à efetivação do processo de reforma.

Para poder analisar essas diferenças e semelhanças entre os dois casos, torna-se necessário proceder a um breve histórico abrangendo desde os primeiros movimentos de elaboração de um projeto reformador até a sua institucionalização ao nível legal, tomada como marco de legitimação da proposta da reforma.

Em seguida, nosso objetivo é buscar identificar, na dinâmica das reformas, alguns elementos que possam dar conta do seu conteúdo político-institucional, tais como a composição da coalizão reformadora, a natureza e características do seu projeto, as práticas de participação e controle, o papel dos profissionais, as forças contra-reformadoras, as características do sistema único de saúde etc.

Finalmente, nos propomos a avaliar a partir da análise comparativa, os limites e possibilidades das reformas em curso nos dois países.*

---

* Há que se esclarecer que o material utilizado para realização desse ensaio é basicamente o produto de seminário com a mesma temática realizado pelo NUPES (Núcleo de Estudos Político Sociais da Saúde do Departamento de Administração e Planejamento de Saúde da Escola Nacional de Saúde Pública da FIOCRUZ), em julho de 1988 com a participação do senador Giovanni Berlinguer, a quem isentamos de responsabilidade sobre nossas conclusões.

2. CONDIÇÕES DE EMERGÊNCIA DAS REFORMAS

Itália: Da unidade antifascista à consolidação do papel do operariado na condução das reformas

Freqüentemente se fala que a Reforma Sanitária italiana demorou 20 anos de lutas até a promulgação da sua lei. Esse período é precedido por grandes transformações políticas e está marcado por algumas datas significativas como a insurreição antifascista de 25 de abril de 1945, a promulgação da Constituição democrática de 27 de dezembro de 1947, a nova situação política representada pelas alianças com os partidos de esquerda iniciadas na década de 60, fortalecidas e ampliadas pelo resultado das eleições de 20 de junho de 1976 e, finalmente, a promulgação da Lei da Reforma Sanitária em 16 de dezembro de 1978.

A unidade política que se construiu a partir da luta antifascista marcou profundamente a democracia italiana que pode ser considerada "de caráter popular (no sentido de que procura fundamentar os interesses reais das classes populares) mais que democracia liberal (baseada no asseguramento dos direitos abstratos do povo)" (Tavares, J. N., 1984).

Enrico Berlinguer (1978) defende a idéia de que a resistência rompeu com todo o desenvolvimento precedente, criando um Estado democrático que se distingue, em sua base popular e nos princípios jurídico-constitucionais, do Estado pré-fascista. Para esse líder político, tal movimento "representou uma revolução democrática e popular que mudou alguns dados de fundo da realidade italiana", especialmente pelo fato de que "a classe operária se consolidou como uma decisiva força política nacional (...)", "as grandes massas de trabalhadores da terra e as populações pobres meridionais entraram na cena política fazendo-o, pela primeira vez, em forma organizada", unindo suas forças com o operariado e demais forças democráticas dando origem aos grandes partidos de massa. Conformaram-se assim, no seu entender, as três grandes correntes da opinião pública: a comunista, a socialista e a católica.

A Constituição Republicana de 1947 expressou a força da unidade democrática desse vasto movimento renovador e, segundo Togliatti (1978) "contém em si elementos essenciais deste programa de desenvolvimento da sociedade e do Estado italiano", entre os quais destaca: descentralização e participação do povo no exercício do poder local; autonomia dos poderes; reconhecimento dos direitos democráticos e postulação do dever de eliminar os obstáculos à liberdade, igualdade e participação; reconhecimento da livre organização dos trabalhadores e de sua participação na definição da política nacional; função social da propriedade; direito a trabalho e salário suficientes para manter a vida digna da família etc.

A luta antifascista e pela constituição democrática não incluiu, no entanto, uma ampliação imediata do debate sobre a problemática da saúde: "no ano de 1945 não havia na esquerda, em nenhum partido, sensibilidade para os problemas da saúde. O fascismo havia destruído não somente as relações entre médicos e trabalhadores como também a cultura da família" (Berlinguer, G., 1988:31-32). No texto constitucional há apenas duas frases em que se aborda a questão saúde: "A República protege a saúde como direito fundamental do indivíduo e interesse da coletividade" e "o Estado assegura assistência gratuita aos pobres". Segundo Giovanni Berlinguer a incorporação desse primeiro princípio, que ele considera pioneiro e moderno, foi na realidade "fruto mais de uma maturação política, de um clima geral, de um impulso para reformas radicais do que uma específica pressão popular no tocante ao campo sanitário, e muito menos de um compromisso dos técnicos (médicos, profissionais ligados à previdência, administradores de instituições assistenciais)" (Berlinguer, G., 1988:32).

Logo após a promulgação da Constituição, a Itália começou a viver uma forte contra-ofensiva reacionária como parte da influência externa (clima de guerra fria e intervenção norte-americana) e da recomposição das forças internas, o que implicou o rompimento da Democracia Cristã com as demais correntes da unidade antifascista. Esse período de cerca de duas décadas foi vivido sob o monopólio da Democracia Cristã, caracterizando-se pela repressão ao movimento sindical; consolidação do poder dos grupos capitalistas em um processo de industrialização sem precedentes e de crescimento econômico perverso, constituição de um aparelho burocrático caracterizado pelas práticas clientelistas, pela ineficiência e pela dissipação dos fundos públicos.

"Devemos ter presente que em nosso país tivemos de enfrentar um capitalismo, com uma especificidade concreta de sua história e de sua dominação, em que está fortemente presente a vinculação com a renda, com fenômenos de parasitismo, com a tradição política e estatal de marca reacionária e não-liberal, enfim, com o bloco de poder monopolista concreto, pleno de atraso, fonte de desequilíbrios desagregadores e de desocupação, de miséria difundida" (Ingrao, P., 1980).

O processo de consolidação do poder dos monopólios e sua associação com os governos da Democracia Cristã nestes anos não impediu a crescente organização do movimento sindical, com a intensificação da industrialização nos anos 50, especialmente a partir de meados dos anos 60, deslocando a discussão da saúde para a esfera das relações de produção e trabalho. A trajetória da Reforma Sanitária insere-se neste processo de organização do movimento operário, sendo que as lutas pela saúde na fábrica constituíram-se no núcleo crítico problematizador de toda a discussão sobre a política de saúde.

Assim, na década de 50, o crescimento dos movimentos sindicais apoiados na força política dos partidos mais progressistas de esquerda — afastados das coalizões governamentais, mas permanecendo livres na oposição — tem nas reivindicações assistenciais decorrentes do crescimento da incidência de acidentes de trabalho e doenças profissionais o ponto de partida de sua ação política, para ampliar a consciência sanitária necessária para mobilização em favor da reforma.

Participaram deste processo as centrais sindicais — CGIL, CISL e UIL —[2] através da elaboração de documentos, realização de congressos, que foram discutindo paulatinamente a relação trabalho e saúde apoiada na divulgação do conhecimento que as ciências médicas e de engenharia avançaram em direção a novas técnicas de prevenção dos acidentes e doenças. Neste sentido, procurava-se reverter a tendência inicial de monetizar o risco pela discussão mais aprofundada do quadro sanitário e das possibilidades de modificá-lo, bem como da revisão das teses de culpabilidade do trabalhador no acidente.

Os partidos políticos desempenharam um importante papel, desde 1958, ao incluírem nos seus programas, mesmo que de forma imprecisa e fragmentada, a questão da saúde. Assim o PSDI apontava para a universalização; a Democracia Cristã tratava da unificação das pres-

---

2 Na Itália, os trabalhadores se reuniram em diversas centrais sindicais unitárias, de tendência política demarcada, em função de sua organização nas fábricas, no nível das províncias. Assim, tem-se a Confederazione Generale Italiana del Lavoro — CGIL, de tendência comunista e socialista; a Confederazione Italiana Sindicati Lavoratori — CISL, de tendência católica, e a Unione Italiana dei Lavoratori — UIL, de tendência socialista.

A nível nacional se reuniram em uma Federação CGIL — CISL — UIL, que conduziu suas plataformas unitárias.

3 Partido Socialista Democrático Italiano — PSDI; Partido Liberale Italiano — PLI; Movimento Sociale Italiano — MSI, de orientação fascista.

tações... Sem explicitar teses também o PLI e MSI.[3] Isto permitiu a inclusão de alguns princípios reformadores nos programas oficiais das coalizões governamentais, durante os vinte anos que antecederam a lei.

Neste processo, no entanto, destacou-se o PCI elaborando uma proposta mais concreta no sentido da instituição do Serviço Nacional Sanitário, que prestasse a todos os cidadãos uma assistência integral e global. Neste momento o objetivo principal é ainda democratizar os serviços e igualar a assistência prestada. O PCI, a partir do detalhamento de sua política sanitária, vai inclusive realizar, em 1963, o 1º Congresso sobre "Reforma Sanitária e Seguro Social", passando a ter uma ação mais concreta na busca de maior participação das bases nos movimentos sindicais e populares e aprofundar no meio universitário e institucional a análise das relações entre saúde e trabalho. Um momento decisivo foi em 1967, quando a pesquisa "Saúde nas Fábricas"[4] provocou intensa mobilização.

Apoiadas nos conhecimentos propiciados pelas pesquisas epidemiológicas sobre a saúde dos trabalhadores, as novas formas de organização, como as comissões de saúde nas fábricas, intensificam a luta pela reforma: "A divergência da classe operária quanto à organização da medicina na fábrica, na sociedade burguesa italiana, que antes provocava uma imobilização generalizada, logo após a crítica dentro do movimento e as lutas dos trabalhadores nos anos de 1967-1973, produziu dois resultados: a constatação da falência dos instrumentos de proteção da saúde até aí existentes; o surgimento (mas não ainda a consolidação) de novos poderes dos trabalhadores, da coletividade, do Estado democrático" (Berlinguer, G., 1977:XII) [tradução livre].

Os congressos organizados pelas centrais sindicais ou partidos tiveram sucesso em superar as resistências internas dos quadros institucionais de saúde, conquistando para a luta pela reformulação

---

4 A pesquisa "Saúde nas Fábricas" foi uma iniciativa do Partido Comunista Italiano, durante o período de setembro-dezembro de 1967. Ela fornece ao próprio movimento operário uma documentação feita mais de experiência do que de estatísticas. Trata de relato sobre a violenta e intensa exploração do capital sobre o trabalho na Itália, apontando para os sentimentos de revolta e indignação dos operários. O fruto imediato foi o avanço da luta sindical e política no sentido de abrir as fábricas à análise de ambientes de trabalho onde houvesse insalubridade. Isto corresponde ao nível da consciência sanitária do trabalhador à ruptura de uma visão monetarista, que buscava suprir seu desgaste psicofísico com benefícios pecuniários e adoção de uma prática mais ativa no controle das condições de trabalho.

da saúde, médicos, engenheiros, sindicalistas, dirigentes, políticos, cuja prática social se desenvolveu diretamente em contato com a população. Assim cresceu a consciência sanitária no conjunto das forças sociais italianas, direcionando a luta pela Reforma Sanitária.

Em meados dos anos 70, evidenciava-se o colapso do monopólio da Democracia Cristã, cujos governos caracterizaram-se por práticas clientelistas, centralização administrativa, falência do sistema previdenciário e incapacidade de atingir os patamares europeus em termos dos benefícios propiciados pelo *Welfare State*. As eleições de 1976 estabeleceram novas relações de força no parlamento, com a criação de um equilíbrio e de compromissos entre a Democracia Cristã e outros partidos como o Partido Socialista e o Partido Comunista Italiano (Gruppi, L., 1978:8). A proposta do "Compromisso Histórico" foi lançada pelo PCI com vistas a, segundo Gruppi, "constituir um bloco de poder que possua uma base social bastante ampla. Mas tal bloco social não poderia estar unido se não se expressasse, também, a nível político, em uma pluralidade de partidos e movimentos, aliados entre si, mas também em relações de competição e de luta democrática. Dito bloco de forças políticas não poderia manter-se por toda a vida no Estado se não estivesse baseado nas normas da democracia, na plena realização das liberdades políticas. Não poderia manter-se se não operasse uma pluralidade de instituições estatais (parlamento, regiões, municípios, conselhos de bairro etc.) e um enlace entre instituições democráticas estatais e instituições democráticas de base (conselhos de delegados de empresa, conselhos escolares e quantos possam nascer e desenvolver-se na vivência da luta das massas) (Gruppi, L., 1978:25).

Assim, para Gruppi, o pluralismo é considerado um meio e um objetivo da luta já que, "em lugar de contradizer a *hegemonia* do proletariado, a exige, como guia para a construção da aliança desta pluralidade de forças sociais, políticas e culturais" (Gruppi, L., 1978:30).

Já a partir do início dos anos 70 e, mais especificamente, depois de 1977, o sistema do *Welfare* italiano passou a viver uma nova era, com a ampliação dos setores participantes do processo decisório[5] e com reformas no *setor saúde*, no *setor habitacional* e na proposta

---

5 "Se nos anos 50 e 60 a gestão do *Welfare State* permanecia nas mãos da administração pública e dos partidos, no início dos anos 70 passa a ser institucionalizada a participação e poder decisório de três novos atores sociais: os sindicatos; as autonomias locais e as várias associações profissionais e de categoria".

de uma nova lei para *reforma das pensões* (Draibe, S. e Teixeira, S. F., 1987).

A Reforma Sanitária buscava alterar o sistema de saúde consolidado ao longo dos governos da Democracia Cristã, caracterizado por:

• ser misto do ponto de vista financeiro, identificando-se três subsetores: público, mutual ou semipúblico e privado;

• ter uma multiplicidade de estruturas de gestão dos serviços decorrente da fragmentação do sistema;

• setor público altamente centralizado, permitindo reduzido poder político, financeiro e técnico às instituições locais;

• predomínio do modelo privatizante e mercantilista, sustentado na assistência médica curativa, com ênfase na organização hospitalar privada dependente do financiamento das mútuas, mas com autonomia em relação à administração pública;

• ser deficitário financeiramente devido a sua forma de organização e pela incapacidade de o setor público controlar os gastos com saúde;

• oferecer uma baixa cobertura assistencial à população, com relativa superposição de benefícios;

• ter um caráter eminentemente clientelista, favorecendo privilégios e disparidades na distribuição dos recursos;

• ausência de uma ação racionalizadora na definição de necessidades e na alocação dos recursos.

Brasil: Do regime burocrático-autoritário à transição conservadora: o difícil começo da reforma

O Brasil viveu desde 1964 até meados dos anos 80 um período de 21 anos de governos militares de caráter conservador, nos quais muitos dos mecanismos democráticos de representação política foram abolidos e substituídos por um processo decisório altamente centralizado e concentrado.

As ditaduras militares que substituíram os governos populistas geraram um novo formato político — os regimes autoritário-burocráticos — caracterizados pela exclusão política e econômica dos setores desprotegidos da sociedade, desmobilização e despolitização da sociedade como um todo, a transnacionalização da estrutura produtiva do país e a instituição de uma tecnocracia civil e militar desfrutando uma enorme liberdade em sua capacidade de decisão.

O êxito econômico alcançado especialmente nos primeiros governos militares consolidou a associação dos capitais monopolistas transnacionais e nacionais mediados pela intervenção cada vez maior de um Estado ao mesmo tempo empresário e repressor.

Embora os valores que tenham inspirado as políticas econômicas da ditadura fossem de procedência liberal, defendendo a livre iniciativa e uma atuação apenas complementar do Estado, na prática, dada a debilidade crônica da burguesia nacional e os requisitos impostos pelo capital internacional, houve uma ampliação sem precedentes da intervenção estatal em todos os ramos das atividades produtivas e sociais. Por outro lado, tais valores econômicos liberais, como a defesa do livre mercado, estavam combinados com a adoção de uma postura política altamente repressora sobre as organizações da sociedade civil, o que ampliou a intervenção estatal.

A exclusão dos trabalhadores do novo pacto de poder e a desmobilização através de violenta repressão às suas organizações refletiu-se nos aparelhos de política social através da maior intervenção estatal no sistema previdenciário com o conseqüente afastamento dos trabalhadores de sua direção.

Com relação aos setores dominantes, o fechamento dos canais democráticos de representação de interesses implicou sua substituição por "anéis burocráticos", (Cardoso, F. H., 1975), isto é, formas de articulação de interesses envolvendo a burocracia pública (civil e militar) e a burocracia privada (da grande empresa nacional ou internacional), inserindo e organizando os interesses privados no interior do aparelho estatal.

Desta forma, interesses privados passaram a se incrustar nos aparelhos de política social, criando uma situação aparentemente paradoxal, no caso da assistência médica, na qual a crescente intervenção estatal foi o mecanismo que possibilitou a privatização da política pública.

No caso brasileiro, desde o início dos anos 70 acentuaram-se algumas tendências relativas à organização do sistema de saúde:

a) Extensão da cobertura previdenciária, de forma abranger a qualidade total da população urbana e ainda parte da população rural;

b) reorientação da política nacional de saúde para uma prática médica curativo-individual, especializada e sofisticada, em detrimento de medidas de saúde pública, de caráter preventivo e interesse coletivo;

c) desenvolvimento de um padrão de organização da prática médica orientado em termos da lucratividade, propiciando a mercantilização e empresariamento da medicina através da alocação preferencial dos recursos previdenciários para compra de serviços aos prestadores privados;

d) viabilização de um complexo médico-industrial com a crescente expansão da base tecnológica da rede de serviços e do consumo de medicamentos.

Todo esse processo foi acompanhado por uma modernização administrativa e institucional dos aparelhos governamentais destinados a lidar com as políticas sociais que caracterizou-se pela maior especialização de cada órgão, ao lado de uma crescente centralização e concentração dos recursos institucionais.

Ao final da década, este modelo já demonstrava suas enormes inadequações à realidade sanitária nacional.

Por outro lado, o processo de redemocratização iniciado ao final dos anos 70 colocou novas exigências em termos do equacionamento da enorme dívida social acumulada nos últimos anos, seja em termos do atendimento às necessidades, do aumento da eqüidade e justiça social na implementação das políticas públicas, da recuperação do princípio federativo e da melhoria da qualidade do serviço público.

O recente processo de redemocratização experimentado por diferentes países latinoamericanos traz à tona um conjunto de questões econômicas, políticas e sociais.

Esse processo coincide com o assustador endividamento das economias regionais e com os efeitos deletérios das políticas recessivas sobre os gastos públicos, especialmente em se tratando de setores tão frágeis como os serviços sociais.

Politicamente, o processo de democratização em curso nos leva a refletir sobre as limitações atualmente impostas e os paradoxos inerentes ao desenvolvimento da própria democracia. As mudanças na relação entre os poderes, o conseqüente fortalecimento do executivo na fase monopolista do capitalismo e a crescente burocratização da sociedade demonstram que não será possível controlar o Estado com os instrumentos políticos do século passado (Cardoso, F. H., 1984).

No caso brasileiro, além desses constrangimentos gerais à efetiva consolidação de uma sociedade democrática, há que se considerar as particularidades inerentes ao processo de transição que está em curso desde o final dos anos 70, quando os governos militares mostraram-se incapazes de manter as elevadas taxas de crescimento econômico para assim conseguir legitimar o exercício autoritário do poder.

O'Donnell (1988) distingue dois tipos de transição à democracia dentre os casos observados na América Latina: por colapso e pactada. No primeiro deles, incluem-se os regimes autoritário-burocráticos que, tendo sido economicamente destrutivos e altamente repressivos, tendem progressivamente a minar suas bases de apoio político, finalizando então por colapso. No caso dessas *transições por colapso*, o governo autoritário não consegue controlar a agenda de negociação com as oposições, de sorte que, embora em um contexto econômico extremamente desfavorável, os novos governos democráticos com seus quadros totalmente renovados alcançam graus de liberdade de ação relativamente amplos. No segundo caso, encontramos os regimes autoritário-burocráticos que, a exemplo do Brasil, obtiveram relativo sucesso econômico e fizeram uso menos extensivo e sistemático da repressão. O êxito econômico teria como conseqüência o comprometimento dos setores médios e empresariais beneficiados pelos governos militares, de sorte que as elites civis e militares que permaneceram ocupando postos no governo de transição têm condições de encaminhar uma *transição pactada*, impondo à oposição a sua agenda na negociação.

Em outros termos, o modelo de *transição pactada* no qual o Brasil se incluiria pode ser compreendido como uma *transição conservadora* já que reedita o caráter arcaico das relações entre as classes sociais, elites políticas e Estado, prevalentes em toda história política brasileira. Por outro lado, implica a existência de uma escala muito restrita de liberdade de ação dos governos democráticos insuficientes para alterar o dramático quadro social consolidado ao longo de dezenas de anos de desenvolvimento excludente.

Quais serão, neste contexto, as perspectivas do *Movimento Sanitário* organizado solidamente desde meados dos anos 70, envolvendo intelectuais, profissionais do sistema de saúde, parcela da burocracia, organizações populares e sindicais em torno da luta pela garantia do direito universal à saúde e construção de um sistema único e estatal de prestação de serviços? Estes objetivos, consolidados na proposta de uma ampla Reforma Sanitária, encontram seus limites nas próprias características da transição conservadora, bem como no projeto e estratégias de luta pela reforma.

Para entender as estratégias de mudança aglutinadas atualmente sob a denominação de *Reforma Sanitária*, torna-se necessário conhecer o processo de constituição do Movimento Sanitário, principal ator na condução das medidas reformadoras.

As origens do Movimento Sanitário (Escorel, S., 1987) remontam aos primeiros anos da ditadura militar, quando, com o fechamento de quase todos os canais de expressão política, a Universidade passou a ser o principal reduto de contestação do governo autoritário e nas faculdades de medicina, sob recomendação da Organização Panamericana de Saúde, foram criados os Departamentos de Medicina Preventiva, no interior dos quais aglutina-se e difunde-se o pensamento crítico na saúde. Através da incorporação das disciplinas sociais, o método histórico-estrutural passou a ser utilizado no campo da saúde buscando compreender processos como a "determinação social da doença" e a "organização social da prática médica".

Apesar de sua origem acadêmica, o Movimento Sanitário não se limitou à vertente de produção de um novo saber; ao contrário, em todos os momentos caracterizou-se por aliar a produção científica à busca de novas práticas políticas e à difusão ideológica de uma nova consciência sanitária. Mesmo dentro do âmbito universitário foram criadas alternativas à prática dominante nos serviços de saúde, através do desenvolvimento de projetos de "Medicina Comunitária". Na mesma linha, desenvolveram-se projetos experimentais em regiões mais pobres, por meio de convênios das Secretarias de Saúde com organismos internacionais.

Todos esses projetos caracterizaram-se pelo seu caráter experimental e localizado, sempre permanecendo à margem do sistema de saúde onde predominava a política de privatização já referida. No entanto, foi através deles que o Movimento Sanitário pôde experimentar na prática uma política alternativa para o setor saúde, na qual buscava-se desenvolver um sistema mais racional e adequado tanto ao quadro nosológico existente como aos recursos disponíveis no país.

A partir de 1975, com os primeiros sinais de esgotamento do modelo econômico dos governos militares refletindo-se no processo político — vitória do partido oposicionista nas eleições de 74 — a sociedade passou a viver um clima de crescente mobilização e organização na luta pela redemocratização.

Os médicos foram o primeiro setor dos trabalhadores a desafiar o governo militar e convocar uma greve geral por melhores condições salariais colocando as reivindicações corporativas no contexto das lutas por um sistema de saúde mais democrático, isto é, menos subordinado aos interesses empresariais, com melhores condições de atendimento da população, em melhores condições de trabalho e remuneração dos profissionais.

A incorporação das organizações sindicais médicas ao movimento sanitário, ainda quase que exclusivamente composto por intelectuais, deu uma dimensão política inusitada às reivindicações de transformação do sistema de saúde.

Na sua vertente político-ideológica, o Movimento Sanitário buscou, inspirado na experiência italiana, mecanismos capazes de difundir uma nova consciência sanitária, ao mesmo tempo que construir uma rede organizadora e canalizadora das diferentes manifestações de oposição à política de saúde.

Neste sentido, foi criado o Centro Brasileiro de Estudos de Saúde — CEBES, que passou a editar a Revista *Saúde em Debate* e um conjunto de livros em uma linha editorial com o mesmo nome. Através desse Centro de Estudos, de suas publicações, promoções de eventos, conferências etc., difundia-se uma nova proposta para a organização do sistema de saúde, inserida na luta mais geral pela democratização do país. Ao mesmo tempo, consolidara-se uma rede de relações envolvendo intelectuais, setores da burocracia, lideranças populares e sindicais, profissionais do sistema de saúde etc.

Claramente vinculado ao conjunto de forças que se organizava progressivamente em uma coalizão democratizante, o Movimento Sanitário preservou sempre seu caráter suprapartidário e policlassista, condição essencial para manutenção da unidade política.

A visibilidade que a questão saúde começava a alcançar expressou-se também ao nível do Parlamento, onde, em associação com o CEBES, foram realizados importantes simpósios discutindo a política de saúde. Dado a quase total fragilização imposta pelo governo militar às instâncias legislativas, na verdade, o papel importante desempenhado por estes simpósios ficou por conta do encontro, em igualdade de condições, dos vários protagonistas do setor saúde: empresários, burocracia, Movimento Sanitário. Até esse momento, o Movimento Sanitário havia sido tratado, e se auto-identificava, como um grupo subversivo, enquanto os empresários estabeleciam ligações invisíveis — anéis burocráticos — com a burocracia da Previdência Social. Assim, o valor simbólico dos debates travados nos Simpósios de Saúde foi o de trazer para uma arena democrática os interesses divergentes no campo das políticas de saúde, o que certamente contribuiu para alterar auto e hetero-identidades políticas dos diferentes grupos.

O Movimento Sanitário começou então a buscar explicitar, para além do nível ideológico, suas propostas para reestruturação do sistema de saúde, que assumiram um caráter bem mais pragmático.

A fragilidade do Movimento Sanitário decorria principalmente da incapacidade de ampliar suas bases de apoio, de forma a englobar os supostos principais interessados na mudança da política de saúde: a população deserdada pelo modelo econômico altamente concentrador levado a cabo pelos governos autoritários. Na realidade, a população mais pobre, além de estar voltada para a busca imediata da sua sobrevivência, apresentava um baixo nível de organização e participação política. Apenas uma pequena parcela distinguia-se dessa massa pouco politizada, estando organizada nas Comunidades Eclesiais de Base vinculada à Igreja católica progressista, adepta da Teologia da Libertação. Neste caso, porém, em geral predomina uma ideologia radical que rejeita qualquer possibilidade de alteração na política pública como estratégia de mudança social.

O Movimento Sanitário, embora carecendo de um apoio substancial por parte dos usuários do sistema de saúde, não abriu mão de sua estratégia de politização da discussão da saúde, ao lado da organização de um bloco de forças oposicionistas em torno de um projeto reformador cada vez mais detalhado e abrangente, além da ocupação progressiva dos espaços políticos que vão se tornando disponíveis.

No início dos anos 80, quando se evidencia a crise financeira da Previdência Social e, no interior dela, a crise do modelo privatizante do setor saúde — incapaz de expandir-se nas mesmas bases —, o Movimento Sanitário foi o único grupo capaz de oferecer uma alternativa concreta para reformulação do sistema de saúde.

Durante os anos anteriores, o Movimento Sanitário havia pouco a pouco construído essa condição, consolidando um projeto técnico-político claramente formulado em torno de um conjunto de diretrizes e princípios organizativos de um sistema público, universal e integral de atenção à saúde. Concomitantemente, fora tecida uma complexa teia de relações políticas que, embora estivesse situada externamente ao órgão principal na condução da política de saúde, a Previdência Social, cada vez mais dava mostras de que não poderia continuar por muito tempo a ser desconsiderada no processo de formulação e implementação dessa política.

Assim, alguns intelectuais desse movimento, claramente identificados com o projeto reformador, foram chamados a exercer altos postos na burocracia daquela instituição, com vistas a buscar solucionar o impasse enfrentado pela política de saúde.

A partir de então, o processo de luta pela mudança de política desloca seu eixo desde fora do principal órgão responsável pela atenção à saúde para o seu interior. Em outros termos, a burocracia da Previdência Social, que funcionara como ator político durante o período mais repressivo e centralizador dos governos militares, passou à condição de arena política na qual os interesses em conflito se enfrentam na definição da política de saúde (Lucchesi, G., 1988).

A incorporação do discurso crítico e das propostas reformadoras enquanto medidas racionalizantes que possam garantir a contenção do gasto público é nesse momento a condição de possibilidade para preservação da própria estrutura de poder do setor saúde. No entanto, ao introduzir essa abordagem no processo de formulação da política de saúde, corre-se o risco de se ter de incorporar neste processo as demandas do Movimento Sanitário que, para além das medidas racionalizantes, objetivam uma transformação na estrutura de poder e na organização do sistema de saúde.

A tensão entre essas duas direções tem estado presente desde então nas lutas que se travam no interior da burocracia pública do setor saúde, aumentando à medida que, com o processo de transição democrática, muitos outros espaços vêm a ser ocupados pelo Movimento Sanitário. Ao mesmo tempo, amplia as contradições existentes no interior do amplo arco de forças políticas abarcadas na luta pela Reforma Sanitária.

Algumas questões comparativas

Como será visto ao longo deste texto, o Movimento Sanitário brasileiro assemelha-se ao italiano por serem, no entender de Giovanni Berlinguer (1988a), os dois únicos casos de grande mobilização política e social em torno das reformas no sistema de saúde. No entanto, difere bastante deste em sua base social e suas estratégias de luta. No caso italiano, há uma concentração social e política nas questões relativas à saúde nas fábricas, já que as grandes centrais sindicais e os partidos de massa de base popular são as forças sociais impulsionadoras do processo da reforma. As conseqüências desse direcionamento vão se fazer sentir na trajetória da reforma, tanto no fenômeno de sua partidarização (forte conteúdo partidário na gestão do sistema) como na sua capacidade de ingerência ao nível de processo produtivo.

Além do fato de que, no caso italiano, há um controle efetivo do sistema de saúde e dos sindicatos sobre o processo de trabalho nas fábricas, há que se considerar as conseqüências deste fato político-institucional ao nível sanitário. No Brasil, as questões da saúde do trabalhador são o ponto mais frágil da reforma, evidenciado na impossibilidade de garantir qualquer controle na nova carta constitucional. Em conseqüência, impedida de controlar o processo produtivo, a reforma fica restrita a atender os efeitos deletérios de um processo de trabalho e consumo da saúde do trabalhador.

No caso brasileiro, a base social do Movimento Sanitário está concentrada, desde suas origens, nas camadas intelectuais e da burocracia pública, progressiva mas esporadicamente, ampliando essa composição com a inclusão das organizações sindicais e dos movimentos populares.

A ausência de partidos e organizações sindicais na base de apoio à reforma tem como conseqüência o deslocamento da luta para dentro do aparelho de Estado, correndo o risco de, ao assim fazê-lo, reduzir ainda mais as possibilidades de fortalecer uma organização social autônoma. Por outro lado, a maior organização política dos profissionais de saúde, o não-predomínio das práticas liberais, e a solidariedade e engajamento dos sindicatos profissionais na luta pela reforma no Brasil diferenciam-se fundamentalmente da experiência italiana, o que nos leva a pensar que no nosso caso existem maiores condições políticas de se contornar as contradições com os interesses corporativos que inevitavelmente se colocam nestes processos.

O núcleo da reforma não está centrado nas *condições de saúde do trabalhador,* mas sim no *direito à atenção à saúde do cidadão.* Esse deslocamento desde a esfera produtiva para a esfera da reprodução tem como correspondente, ao nível do paradigma teórico, o predomínio da análise da organização social da prática médica sobre os estudos da determinação social do processo saúde-doença. Com relação às lutas políticas, elas se concentram na organização do novo sistema de saúde e na extensão do direito à saúde a toda a população.

Coincidentemente, nos dois casos o processo da reforma tem início a partir de uma situação de crise político-institucional, com o colapso dos governos mais ou menos excludentes dos interesses populares. A perda de legitimidade de tais governos implicou a ampliação da coalizão governante, em ambos os casos sem a exclusão das forças que dominaram durante o período anterior, o que coloca a contradição no interior do próprio governo. Há também uma crise do sistema de prestação dos serviços sociais tanto em termos financeiros como na sua incapacidade de universalizar a atenção à saúde da população. Alia-se a isso o descrédito na administração pública, que acumulou durante anos práticas clientelistas de utilização da coisa pública em benefício de interesses privados.

A crise do sistema previdenciário, com seu modelo de atenção caracterizado por seu caráter excludente e pelas práticas curativas, é, nos dois casos, uma forte alavanca na luta pela criação do Sistema

Único de Saúde com a universalização do atendimento e a ênfase nas práticas preventivas. Este sistema único tem controle do Estado e fundamenta-se na diretriz de resgate da qualidade dos serviços públicos.

Diferentemente do Brasil, no caso italiano não ocorrera uma intensa privatização da política pública e dos serviços sociais — existindo mais bem uma prática liberal — o que explicaria a ênfase no papel do setor público assumido na reforma brasileira. Outra característica comum é a organização do sistema de saúde em bases municipais, como parte de uma efetiva descentralização político-administrativa. Embora esse seja um traço comum aos dois processos, diferencia-se em cada caso em função da tradição municipalista, que, na Itália, é uma das marcas mais fortes da sua história, o que vai se refletir na importância estratégica assumida pelas unidades locais de saúde.

Finalmente, podemos resumir que, em termos gerais, as estratégias de luta pela Reforma Sanitária foram marcadas por três direcionamentos básicos: a *politização da questão da saúde* visando aprofundar e difundir uma nova consciência sanitária; a *alteração da norma legal* necessária à criação do sistema único universal de saúde, *a mudança do arcabouço e das práticas institucionais* sob a orientação dos princípios democráticos.

Como já mencionamos, tanto o processo de politização como a nova legislação diferenciaram-se nos dois casos em função das características das bases sociais e da coalizão reformadora em cada caso. Porém, é em relação a mudanças do arcabouço e das práticas institucionais que estas diferenças se farão sentir de forma mais marcante. No caso italiano, a pressão para a mudança se faz sentir desde fora do aparato institucional, isto é, nos canais de representação de interesses da sociedade civil que são os partidos de massa e as centrais sindicais. Já, no Brasil, a ausência dessas organizações na condução da luta pela reforma acarreta o direcionamento do processo para dentro das instituições governamentais, que passam a ser ocupadas por elementos vinculados ao Movimento Sanitário. Essa estratégia repõe a cada passo as condições de reprodução ampliada do dilema reformista (Teixeira, S. Fleury, 1988b), já que as características da transição pactada impõem limites estreitos às mudanças propostas. Havendo que implementá-las desde "dentro" — sendo governo sem ser poder — corre-se o risco de comprometer assim todo o processo reformador.

3. BREVE HISTÓRICO DA REFORMA SANITÁRIA — ITÁLIA-BRASIL

A tentativa de traçar um histórico das lutas que acompanharam a discussão das propostas de Reforma Sanitária no Brasil e na Itália aponta que, independentemente de seu desenvolvimento e configuração únicos, tivemos em ambos os casos a constituição de um objeto através de processos históricos em que diversas forças sociais influíram, às vezes se confrontando, às vezes se unindo em torno de um projeto unitário mínimo, que exigia mudanças no sistema sanitário, correspondentes às mudanças mais gerais em cada uma dessas sociedades.

Como já foi mencionado e se observará no relato a seguir, a forte mobilização política e social em torno das reformas no Sistema de Saúde se transformou em pressões que permitiram, em ambos os casos, a incorporação do discurso crítico e de propostas reformadoras nos planos governamentais e na formulação das políticas de saúde que precederam e acompanharam a definição e instituição da norma legal que alteraria os Sistemas de Saúde vigentes.

Itália

Na Itália, em 1945, os Comitês de Liberação Nacional — primeiros órgãos político-administrativos da Itália liberada —, em pleno contexto do pós-guerra, lançaram a discussão do que seriam os princípios básicos da Reforma Sanitária: organização descentralizada de serviços, gestão unificada da atividade sanitária.

Essas propostas, embora refletissem o debate existente na sociedade civil do pós-guerra, não tiveram expressão na política governamental. Os primeiros governos após a queda do fascismo excluíam de sua coalizão os partidos democráticos de esquerda. Então, os Planos de Desenvolvimento aprovados pelos governos, no período de 1946-62, reforçaram a organização do Ministério da Saúde, paralelamente à ampliação do sistema mutualista.

Somente em 1962 surgiu uma nova coalizão que, incluindo o PSI, abre espaço para novas pressões da sociedade civil e demais partidos democráticos, no sentido de modificar a organização sanitária. Isto se materializa, principalmente, pelo crescimento do que se chama de "consciência sanitária" no seio do movimento operário italiano.

Em 1965, o PCI elaborou um projeto de lei, resultado da Mobilização popular e dos trabalhadores em torno da discussão acerca da relação trabalho, ambiente e saúde. Nesse momento, se coloca de forma mais elaborada o projeto reformador, que deveria constituir-se como um espaço de luta não somente para transformar os serviços de saúde, mas para melhorar as condições sociais que determinaram o quadro sanitário italiano. O projeto propunha a implantação de um serviço sanitário nacional, organizado com base no poder público, articulado de forma descentralizada e com uma assistência universalizada. Delineia-se, também, a unidade sanitária local como modelo de intervenção sanitária de base, com função preventiva e educativa.

A elaboração e apresentação desse projeto inicia, no Parlamento, a discussão sobre a Reforma Sanitária, que, no entanto, terá adiada sua aprovação até 1978, principalmente pelas divergências políticas em torno da proposta.

No entanto, o Programa de Desenvolvimento Econômico Qüinqüenal de 1965-1969 prevê a reforma, modificando a proposta inicial de construção do serviço sanitário nacional com funções integrais de proteção da saúde, substituindo-a por algumas medidas racionalizadoras na perspectiva de manutenção e expansão das mutualidades.

Sem dúvida, as pressões existentes em favor da reforma fizeram com que se incorporassem ao programa demandas por extensão de assistência sanitária a grupos específicos como os artesãos e pequenos proprietários agrícolas sindicalizados, até então com assistência diferenciada. Essa medida, na realidade, veio contribuir mais ainda para a crise financeira da previdência, pois foi tomada fora de qualquer plano unitário de revisão das leis que regem a economia e a sociedade italiana.

Na verdade, nos anos 67-70 foram grandes os debates da sociedade italiana por uma renovação dos processos políticos, econômicos e culturais que na área de saúde refletiram a conscientização da relação saúde-trabalho (Berlinguer, G., 1983).

Esses debates foram travados entre operários, médicos e instituições científicas que transformaram o objeto de luta dos trabalhadores e suas entidades representativas, bem como dos partidos democráticos, em um conjunto mais amplo de medidas de proteção social. Estas estariam presentes tanto na lei do estatuto dos trabalhadores como no projeto de Reforma Sanitária. Enquanto este último foi sendo adiado, em nível da atuação do governo, houve progressos na esfera da regulamentação do trabalho, dos contratos, dos riscos causados pelo ambiente de trabalho, no entanto, com o claro intento de desvincular esses temas da Reforma Sanitária. A principal resistência à adoção da vigilância sanitária nas fábricas partia do Ministério do Trabalho e seus órgãos ligados à medicina e higiene do trabalho.

Em 1972, foi realizada a Conferência intitulada "Proteção à Saúde no Ambiente do Trabalho" promovida pela Confederação Unitária dos Trabalhadores, cujas resoluções exprimiam boa parte dessas demandas acima referidas. Também eram defendidas reformulações adotadas na assistência psiquiátrica, além de leis para tutela da infância e maternidade e da lei do abordo com o objetivo de prevenção.

Essas medidas, embora positivas, tomadas isoladamente, são na opinião de Berlinguer "incompletas e precárias porque correm o risco de ser ineficazes sem uma reforma completa dos serviços sanitários e sem uma modificação da direção do Estado. O Serviço Sanitário Nacional proposto pela Confederação dos Trabalhadores, PCI e PSI, seria a síntese, unificação e o desenvolvimento necessário de processos já atuantes na sociedade italiana" (Gawryszewki, V., 1985).

Em 1973, o Governo da Democracia Cristã continuava ganhando tempo. O Ministro da Saúde, por um lado, prometeu apresentar um projeto de lei sobre a Reforma Sanitária, ao mesmo tempo em que outras esferas governamentais, argumentando sobre o alto custo da previdência, defendiam seu refinanciamento mediante um rearranjo de seu *déficit*.

Assim, em maio de 1974, o governo apresentava no Conselho de Ministros um decreto-lei que previa um repasse financeiro de 2,1 bilhões de liras para cobrir o déficit das mútuas, do Sistema Sanitário e dos hospitais, o qual é aprovado no Parlamento. Adiou-se, mais uma vez, o debate no Parlamento, por total ausência de um projeto governamental de Reforma Sanitária e frustrou-se as expectativas do conjunto de forças sociais que vinham defendendo o Projeto de Reforma proposto pelo PCI e PSI e centrais sindicais (Berlinguer, G., Teixeira, S. M. F. e Santos, Gastão, 1988).

O debate em torno do decreto-lei no Parlamento e sua passagem pela Comissão de saúde ocorreu com sucessivos recuos e ajustamentos em relação à proposta inicial, que implicava uma reformulação do Sistema Sanitário alheia às propostas da Reforma Sanitária. Tentar modificar esse encaminhamento exigiu mais uma vez a mobilização popular e dos partidos, tendo o PCI colocado em pauta a dissolução das mútuas e a transferência de suas funções ao Estado e às regiões, prevendo-se um prazo para a sua concretização.

O PCI apostava que os trabalhadores podiam manifestar seus interesses e se fazerem presentes na proteção à saúde no nível do público geral, do Estado, e não apenas pela autodefesa de cada grupo de trabalhadores. Acreditava na existência de uma identidade entre as necessidades de proteção à saúde e do poder das classes trabalhadoras com as necessidades gerais do país. Assim, ainda, propunha-se uma organização dos serviços que recuperasse o caráter democrático das mútuas antes do fascismo e dos governos democratas-cristãos que lhes conferiram um caráter clientelista.

A maioria parlamentar e o governo apresentaram alternativamente proposta de dissolução gradual das mútuas, através de um sistema de obrigações e prazos para a constituição de um Serviço Sanitário Nacional. Este será finalmente instituído mediante a aprovação da Lei nº 833, em dezembro de 1978.

O texto da lei, portanto, não é conclusivo, tendo encaminhado novas perspectivas para a da Reforma Sanitária, fundamentalmente pela definição de um processo transitório que conduziria ao Sistema Único de Saúde, com base num Serviço Sanitário Nacional público, que se nortearia pelos princípios da descentralização, universalização do atendimento e democratização na gestão.

Neste breve espaço de reconstituição dos movimentos sociais que conduziram a discussão do projeto até a aprovação da lei, cabe comentar que, sem dúvida, desde 1978, o processo de Reforma Sanitária italiana está aberto e passa certamente por resistência, dificuldades que exigem a manutenção e expansão de mobilização social e política ao seu redor. É certo que a aplicação da lei, na medida em que se sustenta no princípio da autonomia local, não se tem dado de forma homogênea, portanto, podendo no futuro ser avaliado comparativamente.

Brasil

No Brasil, a articulação de um movimento social pela saúde a partir de meados dos anos 70 se deu em parte pela constituição de um pensamento crítico definido por Escorel (1987) como de caráter contra-hegemônico, concretizador das propostas de transformação do Sistema de Saúde — constituído na primeira década do regime autoritário — que materializava a hegemonia da política de mercantilização da medicina sob o comando da Previdência Social. A autora situa a origem histórica do movimento sanitário na conjuntura de "Crises e Reformas" do modelo previdenciário que marca aquele período (Oliveira, J. A. e Teixeira, S. Fleury, 1986).

Do ponto de vista governamental, a elaboração do II Plano Nacional de Desenvolvimento para o qüinqüênio 1974-79 apontou o reconhecimento de que o desenvolvimento social deve ser perseguido conjuntamente com o desenvolvimento econômico e que para isso precisava-se avançar na definição de políticas sociais, com objetivos próprios. E referia-se especialmente aos problemas da área de saúde e educação que não tiveram uma resposta correspondente aos avanços econômicos do país. Neste sentido, criou-se, em 1974, o Conselho de Desenvolvimento Social para acompanhar a implementação das diretrizes do PND.

"As diretrizes do II PND, as orientações institucionais nele definidas foram as bases nas quais se assentaram as transformações que o setor atravessou ao longo da administração Geisel" (Escorel, S., 1987).

Estas transformações se deram a partir de uma nova organização institucional para o setor: criação do Ministério de Previdência e Assistência Social (1974), responsável pela assistência médica governamental; a Lei do Sistema Nacional de Saúde que sacraliza a dicotomia do sistema, dando ao Ministério da Saúde caráter eminentemente normativo e ações na área do interesse coletivo, e dando ao MPAS a responsabilidade pelo atendimento médico individualizado. Posteriormente, foi criado o SINPAS, em 1977, com intenção de modificar a estrutura técnico-gerencial da Previdência Social.

O que se destaca deste momento é que se foi reforçando através da Previdência Social o modelo privatizante ao mesmo tempo que se abriu espaço dentro dessa nova ordenação institucional para a discussão das ações governamentais de saúde, possibilitando a elaboração de programas através dos quais o Movimento Sanitário, com habilidade política, foi experimentando suas propostas de forma localizada e marginal. As principais diretrizes desses programas foram: utilização da rede pública para uma atenção integral; introdução de mecanismos de planejamento na administração dos serviços, introdução da perspectiva da co-gestão entre os órgãos públicos; participação dos profissionais e da população no controle da gestão de serviços.

Ainda, no contexto ditatorial, mas já caracterizado pela reestruturação dos movimentos sociais, apareceram instituições como o Centro Brasileiro de Estudos de Saúde — CEBES, criado por profissionais de saúde, na sua maioria médicos, em 1976. Esta é a instituição que vai apoiar a organização e a condução, em nível nacional, do processo de divulgação, discussão e politização da proposta de reorganização do Sistema Único de Saúde, a partir da perspectiva de redemocratização da saúde. A revista *Saúde em Debate* é o principal instrumento de divulgação do pensamento do CEBES.

O CEBES se constituiu também como uma entidade articuladora com outros movimentos sociais dentro do próprio setor, como sindicato dos médicos e demais profissionais de saúde, outras entidades corporativas médicas e com os movimentos sindical e popular, participando de encontros populares pela saúde.

Ainda em 1979, fechando esse momento de mobilização, surgiu a Associação Brasileira de Saúde Coletiva — ABRASCO — que progressivamente passará a ocupar um espaço de organização da prática acadêmica em torno da crítica do modelo assistencial e das propostas de sua reorganização e construção do Sistema Único de Saúde.

O início da década de 80 será marcado por um aprofundamento da crise financeira da Previdência Social, em parte produto do modelo de prestação de serviços, e que exigia do governo uma solução. Naquele momento, o Plano Prev-Saúde que "incorpora as principais teses de descentralização, hierarquização, regionalização e (dá) ênfase aos serviços (básicos) de saúde" (Rodrigues Neto, E., 1988b), configurou, portanto, uma tentativa de incorporar propostas do movimento à política pública. Esse plano, depois de suscitar intensos debates dentro do setor, não chegou a ser implementado, porém, observou-se a incorporação de alguns intelectuais do Movimento Sanitário na burocracia estatal, buscando solução para a crise. No final de 1981, a Presidência da República cria o Conselho Nacional de Administração da Saúde Previdenciária — CONASP — criando um foro na instituição para o confronto dos diferentes interesses em busca de resolver a crise da previdência, principalmente quanto à necessidade de redução dos gastos com saúde. O trabalho do CONASP se consubstanciou num plano de Reorientação da Assistência Médica da Previdência (agosto/82), que propunha oficialmente modificações no modelo privatizante, tais como a descentralização e utilização prioritária dos serviços públicos federais, estaduais e municipais na cobertura assistencial da clientela. Dentro dele, o projeto Ações Integradas de Saúde — AIS — avançou na adoção dos princípios de universalização, de eqüidade e de integração dos serviços de saúde.

Politicamente, o Plano do CONASP surgiu numa conjuntura em que o processo democrático vinha avançando e se realizavam modificações na correlação de forças político-partidárias, após as eleições estaduais para governadores no final de 1982. Em 1983, observa-se o crescimento do movimento pelas eleições diretas. Assim, as AIS, em 1983/1984, podem assumir o caráter de uma proposta estratégica intergovernamental, ou seja, que contemplava os interesses mais gerais dos novos governos estaduais e municipais, extrapolando a perspectiva exclusiva da Previdência, e do poder central. As AIS aumentam a permeabilidade do aparelho do Estado às propostas reformadoras.

Paim (1988) caracteriza as AIS "como estratégia-ponte para a reorientação das políticas de saúde e para a reorganização dos serviços", dado que a definia "como uma proposta (originalmente racionalizadora), mas com espaços democráticos de reserva, ressaltava que poderia ser aprofundada e ampliada pela ação dos movimentos sociais e dos partidos políticos (...)".

O processo de reformulação do Sistema, no seu entender, era tema para Constituinte e para a formulação de uma lei ordinária específica do setor saúde, o que exigia tempo cronológico e político. As AIS não contrariavam os princípios de democratização da saúde e permitiriam que a prestação de serviços não tivesse descontinuidade. Ao qualificar e buscar legitimar as AIS, Paim procurava contrapor a certos setores que defendiam a transferência imediata do Inamps para o Ministério da Saúde, como estratégia para implantar o Sistema Integrado de Saúde. Para esses setores, a reformulação do sistema de saúde se daria com a incorporação do Inamps ao Ministério da Saúde e o acoplamento de suas funções assistenciais com as funções do Ministério da Saúde, em oposição à idéia de unificação do sistema, a partir de reformas substanciais no aparato institucional.

Um núcleo do Movimento Sanitário, a partir de então presente de forma mais orgânica no governo e no conjunto das instituições de saúde, com o objetivo de fortalecer o setor público na prestação do cuidado médico, se move em três direções básicas: politização da questão saúde, alteração da norma constitucional e mudança do arcabouço e das práticas institucionais (Teixeira, S. F., 1988a).

Na direção da *politização da discussão* sobre a saúde, desencadeou-se, a partir de convocação do Ministério da Saúde, o processo de preparação e realização da 8ª Conferência Nacional de Saúde. O evento em nível nacional foi, na realidade, o desfecho de um trabalho de organização, em todas as unidades federadas, dos interesses em torno da questão saúde por parte dos profissionais de saúde, intelectuais, sindicatos e centrais de trabalhadores, movimentos populares e partidos políticos. Estas forças sociais se fizeram representar no plenário da Conferência, garantindo à proposta elaborada no relatório final a legitimidade e o apoio político de "um verdadeiro programa para a Reforma Sanitária", na medida em que resultou de um exaustivo debate em torno das demandas específicas das diferentes forças sociais presentes. Representou também um acordo político importante entre essas mesmas forças, em função da necessidade de implementação de mudanças na política de saúde, diante de interesses já consolidados no interior do setor saúde.

Outro aspecto fundamental foi a definição do princípio do "direito à saúde e dever do Estado" consagrado no texto do relatório final, que põe em evidência a demanda da sociedade pela universalização da atenção à saúde e pela constituição de uma base estatal para o sistema de saúde.

O avanço na mobilização social pela definição de um programa detalhado e aprofundado para a Reforma Sanitária apontado pela 8ª Conferência se reproduziu durante os trabalhos da Assembléia Nacional Constituinte.

No âmbito da *elaboração da Constituição*, de novo, se enfrentaram os interesses que incidem no setor saúde, basicamente os grupos ligados ao setor privado empresarial (nacional e multinacional) e suas representações e as forças renovadoras que se congregaram na Plenária das Entidades de Saúde em torno da defesa de uma emenda popular. A agilidade desta Plenária conseguiu assegurar que o novo texto constitucional atendesse uma boa parte das reivindicações do Movimento Sanitário, em prejuízo dos interesses do setor hospitalar, mas sem modificar a situação da indústria farmacêutica. Assim, garantiu-se, essencialmente, a constituição do Sistema Único de Saúde, cujas ações e serviços serão prioritariamente públicos e extensivos a toda população.

No plano da *alteração das práticas institucionais*, com o objetivo de promover a Reforma Sanitária, surgiu a proposta do SUDS — Sistema Unificado e Descentralizado de Saúde, em 1987, que aprofunda a política das AIS, revitalizando-a e ultrapassando seus limites. Apóia-se, essa medida, na organização descentralizada do Sistema de Saúde, com base no setor público executor da política de saúde, complementando suas necessidades de cobertura preferencialmente através de convênios com serviços filantrópicos, segmento a ser privilegiado dentro do setor privado, com contratos regidos pelas normas de direitos público. A proposta privilegiou ainda a utilização de instrumentos de planejamento na administração de serviços, objetivando a distribuição mais equânime dos recursos de saúde, a participação da população e dos profissionais na gestão e controle orçamentário e de qualidade dos serviços de saúde.

Essas três abordagens são concomitantes no processo em curso, de democratização da saúde. Nenhuma delas esgota os limites enfrentados pela Reforma Sanitária; ao contrário, vão exercendo influências mútuas e se complementando, nem sempre com uma visão unilinear.

4. A DINÂMICA DAS REFORMAS

Os projetos de Reforma Sanitária no Brasil e na Itália vêm se dando num contexto de democratização da sociedade, com tendências ao deslocamento de poderes para as classes populares. São processos que se redefinem permanentemente nas lutas pela democratização da sociedade, do Estado e das instituições. Identificaram-se alguns princípios básicos para comparação desses processos: unificação com descentralização e gestão autônoma dos serviços; participação e controle social, proteção à saúde de forma integral por todos os segmentos sociais.

O momento histórico desses processos é distinto. Na Itália, a Reforma Sanitária já foi definida do ponto de vista legal e do aparelho institucional, estando em curso uma transição prevista em lei, há dez anos, mas que ainda não se completou. No Brasil, o projeto vem sendo definido no atual jogo político da Constituinte, precisando ainda ser regulamentado, momento em que se determinará que avanços se consolidaram.

A constituição de um Sistema Único de Saúde tem sido o pano de fundo para qualquer discussão sobre a questão constitucional da Reforma Sanitária, ou seja, para a definição de uma nova configuração institucional que tenha por base princípios unitários.

A exigência de criação de um Sistema Único de Saúde nos casos da Itália e do Brasil se prende à crítica ao modelo vigente e à luta em torno da garantia efetiva dos direitos sociais de saúde a todos os cidadãos.

A unificação garantida nas leis permitiria a definição de uma Política Nacional para o setor, com base em princípios universais, reduzindo as desigualdades na distribuição dos recursos — técnicos, financeiros e humanos —, garantindo benefícios iguais para toda a população segundo necessidades definidas descentralizadamente.

Isto significa, em síntese, a transferência de funções político-administrativas por parte do poder central para a esfera das regiões, províncias e comunas (Itália) ou Estados e municípios (Brasil).

No processo italiano, o eixo central dessa discussão passava pela recuperação e reconhecimento da *municipalização* ou *autonomia local*. Dentro do antigo sistema de saúde, observava-se que as instituições sanitárias locais tinham pouco poder político, financeiro e técnico para garantir a eficiência de seus serviços no interesse da comunidade. O projeto da Reforma Sanitária, ao propor a redefinição das atribuições de cada instância governamental e definir a Unidade Sanitária Local — USL — como articulação administrativa fundamental do Serviço Nacional Sanitário deu um passo no sentido da reforma administrativa dentro do setor (Gawryszewki, V., 1985). A forte tradição de autonomia local legada do período pré-unificação da Itália, fortaleceu a perspectiva da organização política pela base, fazendo com que algumas administrações locais se articulassem rapidamente para a reorganização dos serviços de saúde.

Na década de 70, algumas reformas administrativas antecederam e apoiaram a Reforma Sanitária, pois ampliaram os poderes locais. Assim, a divisão do país em regiões que reconhecia as diferenças culturais e sócio-econômicas. A formação dos Conselhos Comunais, onde se geraram as discussões em torno da assistência psiquiátrica aos doentes mentais que indicaram, em alguns casos, a abertura dos manicômios e a reincorporação dos doentes na vida da comunidade, ou em torno da prevenção de acidentes, doenças profissionais ou decorrentes da contaminação do ambiente que conduziram ao controle da saúde na fábrica também são exemplos disso.

Quando as USL se estruturaram como órgão executivo das comunas para as ações de saúde, o cidadão tinha garantido seu direito de se fazer representar na sua gestão, via assembléia geral, cujos membros eram indicados pelos Conselhos Comunais. Este foi o espaço concreto de luta dos trabalhadores e outros movimentos populares por melhor atenção à saúde, maior segurança no trabalho e controle das condições ambientais na Itália.

No processo brasileiro, o eixo central do Sistema Único de Saúde estaria no preceito "*saúde: direito de todos e dever do Estado*".

Nesta expressão estavam contidas duas questões básicas. A primeira dizia respeito à garantia do atendimento *universal* à saúde em contraposição ao atual sistema que discriminava previdenciários e não-previdenciários, trabalhadores urbanos e rurais, tanto no acesso aos serviços quanto no nível de atenção à saúde que recebiam. A demanda pela universalização se deveu ao crescimento da consciência de cidadão, diante dos movimentos sociais ascendentes no Brasil após a segunda metade da década de 70. Estes movimentos lutaram por medidas de proteção social na esfera da reprodução social, ou seja, se voltaram especialmente para a prestação de serviços de saúde à comunidade como todo.

Assim, diferentemente da Itália, o projeto de reforma, no Brasil, tem sido impulsionado por um movimento social ampliado, com a presença mas sem o predomínio do movimento sindical e dos partidos mais próximos dos trabalhadores, em função da extensão do direito social à saúde para toda a população (Berlinguer, G., 1988a: 10-14).

A segunda questão se referia ao *papel do Estado* na garantia da saúde, ou seja, o movimento social demandava junto ao Estado a incorporação do direito e a sua efetividade no interior das políticas públicas, de modo a reduzir o risco de doenças e agravos. Propunha-se que o Estado deveria assumir o papel de executor preferencial, regulamentador e financiador das ações de saúde a partir de um Sistema Único de Saúde — SUS.

Um ponto fundamental para o novo sistema seria o resgate do setor público de saúde, principal responsável pelas medidas de proteção social no Brasil, desde a unificação dos institutos previdenciários, sob a égide do Estado em 1967. Desse sistema esperava-se a qualificação das instituições públicas de atenção à saúde para torná-las eficientes diante das necessidades de saúde da população. Mais ainda, pretendia-se a "incorporação de todas as ações e serviços de saúde financiadas pelos recursos públicos. Assim, mesmo que o setor privado fosse contratado pelo poder público, o seria sob as normas organizativas do SUS; só estariam fora do SUS os serviços privados que não se utilizassem de recursos públicos (Rodrigues Neto, E., 1988a:34). Neste sentido, reconhecia-se a necessidade de definir elementos organizativos como estrutura institucional, bases de financiamento, política de pessoal dentro dos serviços públicos etc.

Antecipando-se à reorganização do arcabouço institucional mais geral, a proposta do Sistema Unificado e Descentralizado de Saúde-SUDS desencadeou a descentralização administrativa do quadro institucional da Assistência Médica da Previdência Social — Inamps (Cordeiro, H., 1987). Este programa transferia para os Estados e municípios atribuições do Ministério da Previdência e Assistência Social e do Inamps, através da abertura das unidades assistenciais para elaboração de seus próprios programas e orçamentos, e da estimulação da unificação institucional para elaboração de projetos de estadualização e municipalização dos serviços. Avançou ainda no sentido de transferir a responsabilidade da gestão dos convênios e contratos entre a Previdência e o conjunto dos prestadores públicos e privados dependentes dos recursos públicos para a esfera do Estado, prevendo sua futura municipalização.

A implantação do SUDS foi polêmica, mas já se admite a sua importância enquanto uma reforma administrativa necessária à implantação da Reforma Sanitária.

Até então, o financiamento da saúde vinha sendo feito através das contribuições diretas à Previdência Social, o que lhe conferia uma vulnerabilidade grande, ainda mais evidenciada num período recessivo. Acrescia-se um percentual mínimo dos recolhimentos fiscais repassados ao ministério da saúde para desenvolvimento de suas atividades.

No novo texto constitucional, manteve-se a não-definição de um percentual da parcela financeira oriunda dos recursos fiscais e aumentou-se as contribuições diretas à Previdência pela inclusão nas mesmas de percentual sobre o faturamento e o lucro das empresas, embora não tenha sido aprovada a proposta de criação de fundos para saúde em cada um dos níveis de governo.

Na Itália, a lei da reforma conseguiu obter a criação do Fundo Nacional de Saúde que era dividido em cotas distribuídas à USL, segundo critérios que visavam a redução de disparidades regionais.

A lei previa que a médio prazo o sistema de saúde se tornasse inteiramente fiscal, eliminando-se as contribuições transitoriamente mantidas. No entanto, a ausência de uma reforma fiscal manteve a duplicidade dos recursos.

No Brasil e na Itália, ainda do ponto de vista financeiro, se propôs a gratuidade dos serviços, bem como sua eqüidade. Na Itália, hoje o sistema mantém alguns problemas de custos, que tiveram como conseqüência o rompimento oficial com esses princípios. Para fazer frente à questão dos gastos, propuseram práticas como distribuição de tickets para remédios e cobrança de exames laboratoriais, segundo a renda do usuário (Berlinguer, G., 1988a:25).

Sem dúvida, a dinâmica de qualquer processo impõe reformulações do projeto. No caso das bases de financiamento, a não-definição de fontes precisas de recursos, além da manutenção de um modelo médico tecnológico que absorve crescentemente mais recursos, poderia significar no futuro a perda de direitos hoje assegurados. Ou melhor, a não-implementação dos princípios defendidos, tais como universalidade, gratuidade e eqüidade.

O financiamento, no caso do Brasil e da Itália, tem sido um ponto de estrangulamento das reformas sanitárias. Sua discussão evidencia as contradições e limites da possibilidade de reformulação do sistema dentro do capitalismo. Na crise econômica atual, mesmo considerando os processos de reforma empreendidos, têm ocorrido tentativas de redução dos gastos públicos em saúde e cobrança de taxas de serviço.

O princípio democrático de participação na organização dos serviços e ações de saúde tem sido experimentado intensamente no processo de luta pela implantação da reforma, bem como na sua implementação.

Na Itália, os movimentos sindical e popular sempre exerceram pressão junto aos órgãos públicos de saúde e trabalho no sentido da prevenção da saúde e do controle do ambiente. Assim demandavam a eliminação de condições ambientais prejudiciais à saúde, a instalação nas fábricas e outros locais de trabalho de instrumentos e serviços adequados à preservação da saúde. Através dos Conselhos Comunais, já mencionados anteriormente, desenvolveu-se importante experiência no caso do controle das fábricas, na defesa da lei do aborto, na proteção aos idosos e doentes mentais intervindo nas atividades sociais das instituições de saúde. A função do Conselho era uma articulação direta entre o Serviço e a população organizada.

Com a instituição da reforma ampliou-se o espaço de participação, abrindo-se ao cidadão espaço na gestão da USL, tanto em nível do planejamento como do controle da execução dos serviços, através de indicação do conselho de representação comunitária na assembléia geral das USL (Gawryszewki, V., 1985).

Após a reforma, teve-se aberto um campo novo de lutas no tocante ao controle social da terapêutica ou da prática médica (Berlinguer, G. 1988b). Com a gestão dos hospitais sob o controle da USL, os pacientes e seus familiares tiveram maiores condições e informações para discutir as práticas de saúde, para questionar sobre as doenças geradas no espaço do hospital ou sobre práticas médicas inúteis como certas cirurgias, ou erros médicos como diagnósticos inexatos. Assim, ampliou-se a conscientização sobre o uso da tecnologia médica, refletindo sobre o planejamento mais racional da atenção e, por outro lado, o aparecimento mesmo que informal do tribunal dos pacientes, que defendem os direitos dos enfermos. A contribuição desses tribunais é na linha da humanização dos serviços, principalmente nos hospitais, onde a vida do doente tem de se ajustar rigidamente a normas voltadas apenas para o corpo técnico e sua funcionalidade (Berlinguer, G., 1988a).

No Brasil, originariamente, a noção de participação foi associada aos programas de Medicina Comunitária, que propunham a extensão dos serviços médicos na década de 70. Naquele momento se preconizava de alguma forma a inserção da população usuária em algum nível do sistema de saúde, seja como profissionais pouco ou nada remunerados (ex. agentes de saúde, parteiras etc.), seja como base de apoio político-ideológico a estruturas institucionais (p. ex. lideranças do movimento de bairro, religiosos etc.). Foi o conjunto desses elementos, atuantes no nível local, que deu origem ao Movimento Popular em Saúde — MOPS. Sua ação foi desenvolvida através da pressão junto às instituições municipais ou locais por melhoria das condições de saúde da população.[6]

Percebe-se uma clara evolução do conceito "participação", a partir mesmo de seu exercício efetivo, no sentido do controle social das práticas de saúde. Nesta direção foram os órgãos colegiados, criados pelas AIS a nível nacional, e mantidos pelos SUDS, que possibilitaram a ampliação do grau de participação da sociedade nos debates em torno dos programas de saúde, embora o processo tenha se dado de forma fragmentada.

Essas estruturas permitiram um processo político de interpelação mútua entre as instituições, usuários, profissionais que estão sendo a base material para a constituição de novos sujeitos políticos, como o MOPS, que lutam para a incorporação de algumas demandas nos programas e projetos institucionais relativos à ação de saúde. (Teixeira, S. Fleury, 1988c).

A participação da população ou de suas representações organizadas nos movimentos sociais na reformulação do sistema de saúde, no Brasil, se deu de forma ampliada, tendo como eixo a discussão da organização dos serviços de saúde.

---

6 "Movimento Popular em Saúde — MOPS", in *Relatório de pesquisa do projeto "Estudo das políticas e estratégias de construção do sistema de saúde. Perspectivas da Reforma Sanitária brasileira*". NUPES, 1º vol., 1988.

Sua dinâmica foi diferenciada nas instâncias onde ocorreu. Em nível local, nas estruturas colegiadas atuou no sentido do controle das práticas institucionais e na definição das necessidades de saúde da comunidade. Dependendo da autonomia local e da correlação de forças, debatiam sobre os programas a serem desenvolvidos, contratação de pessoal, expansão dos serviços, localização etc. Em nível nacional, apoiou a constituição de atores políticos que pressionassem pela incorporação de suas demandas nas políticas sociais, bem como na defesa do projeto de democratização da saúde no texto constitucional através da defesa da emenda popular pela saúde.

A dinâmica aqui analisada confluiu para um princípio básico que foi a defesa da tutela da saúde, de forma integral, por todos os segmentos sociais.

Sem dúvida para se atribuir à comunidade a tutela da saúde se deveria ter instituições públicas desenvolvidas tecnicamente e administradas democraticamente pelo povo e pelas administrações, supondo-se, então, a necessidade prévia de descentralização, gestão autônoma e democrática. Nesse espaço supostamente aberto à intervenção no conjunto das relações sociais que influíssem sobre a saúde, seja no local de trabalho, seja no local de moradia, a integralidade das ações seria uma função do Serviço Nacional Sanitário ou do SUS, fruto da formação de uma consciência sanitária, em torno dos fatores de risco (Berlinguer, G., 1976:95-96). Ampliar-se-iam, assim, as demandas de saúde do ponto de vista não só terapêutico, mas também preventivo.

O projeto reformador italiano se particularizou pela defesa da tutela da saúde no ambiente do trabalho, tendo à frente o movimento sindical cuja luta foi gradualmente se identificando com a defesa da tutela da saúde por toda a população. A partir do debate sindical em torno da segurança no trabalho e da prevenção de acidentes, outras questões foram sendo apontadas com respeito à saúde mental, a atenção à criança, à mulher, evidenciando-se sempre que as soluções teriam de ser não só médicas, mas também culturais, sociais e políticas já que o sistema vigente não protegia a integridade psicofísica do homem.

Ao comentar sobre avanço do capitalismo na Itália e suas conseqüências, Berlinguer aponta para o fato que "no capitalismo maduro" o corpo humano torna-se sede natural dos conflitos sociais e sofre coações e violências que lhe minguam o vigor, a unidade psicofísica, a saúde (Berlinguer, G., 1976:91). A partir desta evidência, acentua-se a política de prevenção em relação à política da terapia, pelo menos do ponto de vista conceitual.

No âmbito da saúde mental, na década de 70, essa tendência avançou muito com a efetividade de medidas como abertura das instituições psiquiátricas, a introdução de novas práticas terapêuticas, baseadas na participação dos pacientes na busca de modificar um modelo de assistência altamente repressivo e segregador. Essas medidas não foram tomadas sem resistência, seja dos órgãos judiciários, do próprio Ministério da Saúde e de um bom número de profissionais temerosos de intervir nas relações de poder que implicaram a dinâmica da regressão, doença e exclusão. O que significava essa intervenção? Significava necessariamente produzir conhecimento e informações que apoiassem modificações efetivas nas estruturas sanitárias existentes, no sentido da participação e do controle social do ambiente e das condições de vida por parte dos trabalhadores e cidadãos? Significava avançar na identificação das causas dos distúrbios psíquicos, na busca de explicação da relação entre homem-ambiente e principalmente reorganizar os serviços sanitários no sentido da valorização do homem e de sua liberação, dentro de um quadro mais amplo de transformação social? Dentro desse espírito, a prevenção foi pensada como atividade prioritária no contexto da reforma italiana.

Giovanni Berlinguer (1988a:22) recentemente comentava da atualidade da questão da predominância do modelo médico terapêutico ou produtor de demanda terapêutica e da dificuldade de se mudar isso. Ou melhor, como transformar a demanda terapêutica que vem sendo espontânea em demanda preventiva, que não é espontânea? Como romper com o modelo vigente e quebrar o domínio do ato terapêutico especializado, monopólio do profissional médico?

Segundo Berlinguer, até a ascensão do fascismo, havia uma forte cooperação entre os movimentos médicos e dos trabalhadores em torno de aspectos epidemiológico-higienistas, que foi rompida pela organização dos serviços do seguro. Estes privilegiam a ação terapêutica, diante da pressão dos processos de acidentes de trabalho e invalidez, frutos da exploração capitalista. Desta forma, cria-se uma oposição entre médicos e trabalhadores. O engajamento do médico na discussão da Reforma Sanitária contribuiu para neutralizar, mas não para derrubar essa oposição, na medida em que essa adesão se fez por parte de algumas associações médicas de cunho mais intelectual do que sindical. Isto trouxe para a organização do Serviço Nacional de Saúde instituído contradições, porque manteve certos privilégios aos médicos, garantindo, principalmente, a prática liberal tradicional, com base no ato terapêutico, através do conveniamento com a USL. Paralelamente, se organizou um conjunto de serviços ambulatoriais públicos, responsáveis pela ação preventiva, cuja demanda efetiva dependia da organização da comunidade e da democratização do poder local.

No Brasil, a discussão da proteção à saúde se deu no espaço do serviço, da unidade assistencial em torno da sua eficácia e resolutividade. Dada a concentração dos serviços existentes, em nível regional e local, grandes contingentes populacionais não tinham acesso a qualquer tipo de atenção ou, quando a tinham, nem sempre era adequada ao agravo apresentado. Isto era agravado pela discriminação do acesso ao serviço de grande parte da população que não tinha qualquer vínculo com a Previdência.

Tanto nos setores populares como nos setores médicos que apoiavam a reforma, as demandas para extensão dos serviços e universalização da atenção estiveram presentes e foram, através da potencialização de um movimento sanitário ampliado, assegurados na nova lei, mas precisam ser alimentadas por debate mais aprofundado quanto ao modelo assistencial a ser implantado.

Como ressaltou Berlinguer em relação à Itália, ainda existe uma hegemonia do modelo médico que é dominante. "E sua hegemonia é uma hegemonia sobre os técnicos, médicos, setor sanitário e sobre a população" (Berlinguer, G., 1988a:22). A reversão desse modelo ou a implantação e implementação da Reforma Sanitária passa pela possibilidade de uma consciência social mais avançada.

5. LIMITES E POSSIBILIDADES DAS REFORMAS

Tendo analisado o contexto socioeconômico no qual emergiram as reformas, suas bases sociais, suas estratégias e suas dinâmicas, podemos apontar alguns limites identificados nesta revisão, bem como as possibilidades descortinadas naquelas trajetórias.

Em primeiro lugar, torna-se necessário avaliar a saúde enquanto um espaço particular de luta política. Para Giovanni Berlinguer (1988a-3-4), a luta na esfera social é imediatamente política. Ademais, vê a saúde como um dos elementos unificantes — necessários à construção de um novo bloco histórico — por sua singularidade real, no sentido da *indivisibilidade da saúde*.

O pensamento marxista atual tem incorporado alguns valores considerados como universais ou indivisíveis. Embora tenha se erigido como uma teoria fundada na noção de conflito — a luta de classe —, cada vez são incorporadas noções voltadas para uma visão consensual, tais como a democracia como valor universal (Coutinho, C. N., 1980) ou a paz como indivisível (Gorbatchev, M., 1988) como aparece na *Perestroika.* Nesse mesmo sentido está a afirmação de Berlinguer sobre a singularidade da saúde, o que no entanto não pode ser confundido com uma concepção idealista. A nosso ver, "a saúde é um elemento potencial de consenso, a forma de distribuição desse 'direito consensual' é que é motivo de dissenso" (Escorel, S. 1988).

Nesse sentido afirmamos o caráter dual da saúde — que pode ser tomada ao mesmo tempo como valor universal e núcleo subversivo da estrutura social — o que a torna um campo especialmente privilegiado para construção de alianças suprapartidárias e policlassistas (Teixeira, S. Fleury, 1988d). As lutas na esfera da saúde dizem respeito tanto ao conceito abstrato da vida como a sua concretização enquanto corpos produtivos, o que certamente amplia as possibilidades políticas dos processos de Reforma Sanitária.

A concepção atual das Reformas Sanitárias pode, no entanto, ser confrontada com limites bastante estreitos. Um deles, apontado por Giovanni Berlinguer (1988a:48-53), diz respeito à adoção de um modelo baseado no *Welfare State*, que não leva em conta, na medida necessária, as condições de individualidade. Em outras palavras, esse modelo coloca o Estado na condição de provedor, o que tem implicado uma massificação das demandas sociais, isso pode ser constatado na afirmação de Berlinguer de que "os Estados nacionais são demasiado pequenos para os grandes problemas e demasiado grandes para os pequenos problemas da vida".

Essa "estatolatria" tem sido questionada atualmente tanto nos países capitalistas desenvolvidos, apondo-se a noção de uma sociedade de bem-estar ao tradicional conceito de Estado do bem-estar social (Draibe, R. e Henrique, W., s.d.) — quanto nos países como o Brasil em que o autoritarismo ensinou a lição de que nem tudo que é estatal é público.

Para além dessa dimensão, mas certamente em consonância com ela, está o pensamento de muitos setores de esquerda que absolutiza o papel dos trabalhadores nos processos sociais, insensível a demandas de grupos específicos, tais como as mulheres, os jovens etc., que são categorias que atravessam a sociedade, embora não se esteja desconhecendo as relações sociais que as informam. Berlinguer chama a atenção para o erro freqüente das esquerdas ao absolutizar o cidadão político e o cidadão trabalhador, desconhecendo um campo moderno da democracia que é o cidadão usuário.

Uma outra limitação apontada por este autor com relação ao pensamento das forças de esquerda, e que pode comprometer o processo da Reforma Sanitária, é a ignorância sistemática do papel das *forças destrutivas* enquanto se enfatiza as *forças produtivas* nas análises do desenvolvimento. Tais análises, considerando o desenvolvimento das forças produtivas e desconsiderando a atuação das forças destrutivas, tendem a limitar o campo da Reforma Sanitária ao primeiro ponto, isolando-a das lutas sociais atuais em torno da preservação da natureza, contra a guerra nuclear ou a experimentação visando a criação de novas espécies humanas, contra os diferentes efeitos da violência social e política.

Com relação à dinâmica das reformas, ressalta-se como um problema a ser enfrentado a sua burocratização, processo no qual as questões administrativas tendem a sobrepujar a força política das mudanças. É certo que a Reforma Sanitária sempre será uma reforma administrativa, mas ela transcende esse nível ao propugnar um efetivo deslocamento do poder. O risco que se corre é que os aspectos, necessários mas não suficientes, relativos à administração das mudanças, passem a ocupar lugar cada vez mais destacado em detrimento da essência revolucionária do processo que é a própria saúde, como considerada por Berlinguer. Assim, o caráter racionalizador embutido na proposta da reforma, ao invés de ser um dos elementos de fortalecimento e viabilização do projeto político, passaria, ao contrário, a comprometer e descaracterizar a proposta reformadora.

Esse dilema enfrentado pela reforma não pode ser ignorado na medida em que a base desse processo repousa no aumento da competência dos serviços públicos, requerida duplamente, em função das necessidades sociais a serem atendidas e da competição com os setores privados que, além de uma competição por poder, será também uma competição por competência. Berlinguer recomenda que a saída para esse paradoxo seja a manutenção da saúde como o núcleo político da reforma. Mais concretamente, que não seja realizada uma reunião sequer onde sejam discutidas apenas as medidas para implementação da reforma: normas, leis, portarias etc., sem discutir a questão saúde.

Um outro limite que se coloca nestas trajetórias tem sido o próprio governo que "teoricamente" deveria implementá-la e executá-la. Nos processos de transição democrática que não ocorreram pela via revolucionária subsistem, com maior ou menor grau de participação no governo, forças conservadoras que se aglutinam em uma contra-reforma. Tanto na Itália como, mais ainda, no Brasil essas forças participaram da coalizão governante à qual foi delegada a execução da reforma, portanto, com amplas condições de obstaculizá-la. No Brasil, na medida em que as forças reformadoras passaram a atuar desde dentro do aparelho governamental, por inexistência de organizações capazes de impulsionar o processo apenas pela pressão da sociedade civil, identificamos o risco de se comprometer o projeto da reforma com um governo conservador, reduzindo assim a sua base social e política. Em outro momento já apontávamos essa contradição: "ocupar os espaços institucionais e atuar de acordo com a dialética do possível aparece como uma decorrência natural de um projeto de transformação setorial em direção a uma democracia social fundada na concepção do cidadão como sujeito de um direito a ser garantido pelo Estado. No entanto, esse projeto também se fundamenta na concepção das classes como sujeito, não de um direito, mas de um processo de transformação da natureza do Estado capitalista, enquanto pacto de dominação" (Teixeira, S. Fleury, 1988b).

Finalmente, a contra-reforma será sustentada pelos setores empresariais desalojados da situação de impunidade e ausência de controles existentes antes da reforma. Será também ampliada, caso não se alcance uma clara definição do papel dos profissionais de saúde, alcançando sua solidariedade e engajamento na efetivação das mudanças propostas.

Todos esses problemas apontam na direção da necessidade de uma profunda transformação ético-cultural, envolvendo usuários, profissionais, formuladores de políticas, cientistas, de forma a reverter o paradigma tecnológico-intervencionista predominante na nossa cultura sanitária. Essa revolução cultural é requerida para que a reforma não se transforme apenas em um processo racional e eficiente de extensão generalizada do "modelo médico" entendido por Menendez (1978) como "uma construção social na qual intervêm tanto o pessoal (basicamente o médico), como a sociedade hegemônica, como os diferentes setores sociais que se constituem em uma formação social". A negação do caráter social e histórico dos processos de saúde/enfermidade é uma das características centrais desse modelo, bem como aquelas outras ligadas à prestação do cuidado médico como a mercantilização da prática; a concentração monopólica em nível estatal e/ou privado da apropriação da enfermidade; a inserção profissional e social como assalariados dependentes, empresários, profissionais liberais; uma incorporação e consumo de tecnologias de forma exponencial e muitas vezes iatrogênica (Menendez, E., 1978).

O rompimento com esse modelo hegemônico implica na conformação de uma nova consciência sanitária, em uma nova ética profissional, em um novo paradigma científico fundado em uma teoria social da doença, e, finalmente, em uma transformação das práticas sanitárias. Ao que parece, as Reformas Sanitárias enquanto processos setoriais não são capazes de efetuar estas mudanças, que requerem a construção de uma nova hegemonia, em cujo processo as lutas da saúde devem ser parte atuante, mas que, com certeza, não se esgota aí.

REFERÊNCIAS BIBLIOGRÁFICAS

BERLINGUER, Enrico. *La alternativa comunista*, Barcelona, Ed. Bruguera, 1978.

BERLINGUER, Giovanni. *Análise comparativa das Reformas Sanitárias — Itália/Brasil*, Rio de Janeiro, NUPES, out. 1988a, mimeo.

______. *La salute nelle fabbriche*, Itália, Atti De Donato Editore, 1977.

______. "Os direitos do doente", in BERLINGUER, G. et al. *A Reforma Sanitária Itália e Brasil*, São Paulo, CEBES-Hucitec, 1988b.

______. "Psiquiatria e política sanitária", in *Psiquiatria e poder*, Belo Horizonte, Ed. Inter-livros, 1976.

______. *A saúde nas fábricas*, São Paulo, CEBES/Hucitec, 1983.

BERLINGUER, G.; TEIXEIRA, S. M. F.; SANTOS, Gastão. *A Reforma Sanitária Itália e Brasil*, São Paulo, CEBES-Hucitec, 1988.

CARDOSO, F. H. *Autoritarismo e democratização*, Rio de Janeiro, Paz e Terra, 1975.

______. "La sociedad y el Estado", in *Pensamiento Iberoamericano*, Revista de Economia Política, n. 5, jan./jun. 1984.

CORDEIRO, Hésio. *Bases e estratégias para a Reforma Sanitária — Sistemas Unificados e Descentralizados de Saúde*, Brasília, MPAS, 1987, mimeo.

COUTINHO, C. N. *A democracia como valor universal*, São Paulo, Livraria Editora Ciências Humanas, 1980.

DRAIBE, Sonia e HENRIQUE, Wilnês. *Políticas públicas e gestão da crise, um balanço da literatura internacional*, s. d., mimeo.

DRAIBE, Sonia e TEIXEIRA, Sonia Fleury. "Sistemas previdenciários comparados: padrões de financiamento e gestão da seguridade social em perspectiva internacional", in *Relatórios de pesquisa*, UNICAMP, EBAP/MPAS, 1987, mimeo.

ESCOREL, S. *Reviravolta na saúde: origem e articulações do Movimento Sanitário*, Tese de Mestrado, Rio de Janeiro, ENSP, 1987.

______. "Saúde: uma questão nacional", (nesta coletânea), NUPES, 1988.

GAWRYSZEWKI, Virginia. *Reorganização dos serviços de saúde da Itália e algumas reflexões sobre a experiência brasileira*, Tese de Mestrado, Rio de Janeiro, ENSP, 1985.

GORBATCHEV, M. *Perestroika — Novas idéias para o meu país e o mundo*, São Paulo, Best-Seller, 1988.

GRUPPI, L. "La propuesta del compromiso histórico", in *El compromiso histórico*, Barcelona, Editorial Crítica, 1978.

INGRAO, P. *As massas e o poder*, Rio de Janeiro, Civilização Brasileira, 1980.

LUCCHESI, G. "Burocracia e política de saúde: arena ou ator?" (nesta coletânea), NUPES, 1988.

MENENDEZ, E. "El modelo médico y la salud de los trabajadores", in BASAGLIA et. al. *La salud de los trabajadores — Aportes para una política de la salud*, México, Editorial Nueva Imagen, 1978.

"Movimento Popular em Saúde — MOPS", in *Relatório da pesquisa* "Estudo das políticas e estratégias de construção do sistema de saúde. Perspectivas da Reforma Sanitária brasileira", NUPES, 1º vol., 1988.

O'DONNELL, G. e REIS, F. W. *A democracia no Brasil — dilemas e perspectivas*, São Paulo, Ed. Vértice, 1988.

OLIVEIRA, J. A. e TEIXEIRA, S. Fleury. (*Im*) *Previdência social*: *60 anos de história da Previdência Social no Brasil*, Rio de Janeiro, Vozes/Abrasco, 1986.

PAIM, Jairnilson. "A democratização da saúde e o SUDS, o caso da Bahia", in *Saúde em Debate*, n. 21, CEBES, junho 1988.

RODRIGUEZ NETO, Eleutério. "A saúde na Nova República: uma avaliação", in *Saúde em Debate*, n. 21, CEBES, junho 1988a.

______. "Reunião da ABRASCO em Cachoeira, Bahia", in *Saúde em Debate*, n. 20, CEBES, abril 1988b.

TAVARES, J. Nilo. *Democracia*: *Itália e Brasil*, Rio de Janeiro, PUC, 1984.

TEIXEIRA, Sonia Fleury. *From Rethoric to Reality: Health Policie in the Brazilian Conservative Transition to Democracy*, EBAP/FGV, 1988a, mimeo.

______. "O dilema reformista na Reforma Sanitária brasileira", in BERLINGUER, G. et al. *Reforma Sanitária Itália/Brasil*, São Paulo, CEBES-Hucitec, 1988b.

______. "Participação popular. Uma prioridade a ser repensada", in *TEMA/RADIS*, n. 1, Rio de Janeiro, FIOCRUZ, 1988c.

______. "Reflexões teóricas sobre democracia e Reforma Sanitária" (nesta coletânea), NUPES, 1988d.

TOGLIATTI. "Constitución y via democrática", in *El compromiso histórico*, Barcelona, Editorial Crítica, 1978.